Betriebswirtschaftslehre II für das Höhere Wirtschaftsdiplom HWD

Grundlagen mit Beispielen, Repetitionsfragen und Antworten

Compendio-Autorenteam

3., überarbeitete Auflage 2022

Betriebswirtschaftslehre II für das Höhere Wirtschaftsdiplom HWD
Grundlagen mit Beispielen, Repetitionsfragen und Antworten
Compendio-Autorenteam

Grafisches Konzept und Realisation, Korrektorat: Mediengestaltung, Compendio Bildungsmedien AG, Zürich
Druck: Edubook AG, Merenschwand
Illustrationen: Oliver Lüde, Winterthur
Coverbild: © Martin Barraud / gettyimages

Redaktion und didaktische Bearbeitung: Fabienne Streit und Rea Wagner

Printausgabe
ISBN: 978-3-7155-4934-7
Artikelnummer: 18186
Auflage: 3., überarbeitete Auflage 2022
Ausgabe: U2022
Sprache: DE
XHWD 004

E-Book-Ausgabe
ISBN: 978-3-7155-4994-1
Artikelnummer: E-18312
Auflage: 3., überarbeitete Auflage 2022
Ausgabe: U2022
Sprache: DE
XHWDE 004

Die Printausgabe dieses Buchs ist klimaneutral in der Schweiz gedruckt worden. Die Druckerei Edubook AG hat sich einer Klimaprüfung unterzogen, die primär die Vermeidung und Reduzierung des CO_2-Ausstosses verfolgt. Verbleibende Emissionen kompensiert das Unternehmen durch den Erwerb von CO_2-Zertifikaten eines Schweizer Klimaschutzprojekts.
Mehr zum Umweltbekenntnis von Compendio Bildungsmedien finden Sie unter: www.compendio.ch/Umwelt

Inhaltsverzeichnis

Zur Reihe «Höheres Wirtschaftsdiplom VSK» (HWD VSK)

Höchstes Ziel des Verbands Schweizerischer Kaderschulen (VSK) ist es, zeitgemässe Ausbildungen für die immer anspruchsvolleren Aufgaben in Führungs- und spezialisierten Sachbearbeitungsfunktionen zu erarbeiten. Die vom VSK angebotenen oder anerkannten Abschlüsse umfassen verschiedenste betriebswirtschaftliche Bereiche. Sie sind nicht nur geeignetes Sprungbrett für den Erwerb von eidgenössischen Diplomen der Höheren Berufsbildung, sondern verbessern auch die individuellen Karrierechancen der Absolventinnen und Absolventen nachhaltig. Mitglieder des VSK sind ausschliesslich führende private Kaderschulen mit einem ausgewiesenen Qualitätssicherungssystem. Die Schulen sind verpflichtet, die Lehrgänge entsprechend den Vorschriften des Verbands und den gesetzlichen Vorgaben durchzuführen.

Das «Höhere Wirtschaftsdiplom VSK» (HWD VSK) ist eine betriebswirtschaftliche Generalisten-Ausbildung. Sie richtet sich an Personen mit einer kaufmännischen Vorbildung. Als fundierte betriebswirtschaftliche Grund- und Führungsausbildung bereitet sie Berufsleute auf eine Kaderfunktion in Unternehmen aller Grössen und Branchen vor. Die Ausbildung ist auf dem Markt breit etabliert und wird von verschiedenen Organisationen anerkannt (Näheres unter www.vsk-fsec.ch).

Das vorliegende Lehrmittel ist in Zusammenarbeit mit Compendio Bildungsmedien entstanden. Es soll Absolventinnen und Absolventen während des Lehrgangs unterstützen und ihnen helfen, sich optimal auf die Modulprüfungen zum Erwerb des «Höheren Wirtschaftsdiploms VSK» (HWD VSK) vorzubereiten. Wir sind überzeugt, Ihnen mit dem vorliegenden Werk ein wertvolles Hilfsmittel für einen erfolgreichen Abschluss an die Hand zu geben.

Wir wünschen Ihnen die unerlässliche Beharrlichkeit beim Studium und vor allem das Erreichen Ihrer beruflichen Ziele!

Verband Schweizerischer Kaderschulen (VSK)

Der Vorstand

Vorwort zur 3. Auflage

Die Lehrmittel Betriebswirtschaftslehre I und Betriebswirtschaftslehre II für das «Höhere Wirtschaftsdiplom VSK» behandeln grundlegende Fragen und Zusammenhänge des Managements. Sie ermöglichen Ihnen, Ihre praktischen Erfahrungen mit theoretischem Wissen zu verbinden und nützliche Erkenntnisse für Ihre berufliche Tätigkeit zu gewinnen. Die beiden Lehrmittel enthalten folgende Inhalte:

Lehrmittel	Inhalte
Betriebswirtschaftslehre I	Volkswirtschaftliche Grundlagen, Haftpflicht und Vertragsrecht, Gesellschaftsrecht und Kommunikationsrecht
Betriebswirtschaftslehre II	Betriebswirtschaftliche Grundlagen, Ordnungsmomente, Prozesse, Entwicklungsmodi

Dieses Buch wurde gemäss den Lernzielen und Inhalten von Reglement und Wegleitung «Höheres Wirtschaftsdiplom VSK» (Version 14 / Januar 2022) zusammengestellt.

Inhalt und Aufbau des Lehrmittels Betriebswirtschaftslehre II

- Im **Teil A** geht es um die betriebswirtschaftlichen Grundlagen. Wir erläutern zuerst einige betriebswirtschaftliche Grundbegriffe und erklären dann das Unternehmen als System und behandeln seine Umweltsphären und Anspruchsgruppen und den Zielsetzungsprozess im Unternehmen.
- **Teil B** befasst sich mit den Ordnungsmomenten. Die Begriffe «Strategie», «Struktur» und «Kultur» werden behandelt.
- Im **Teil C** erhalten Sie eine Einführung in die Management- und Geschäftsprozesse des Unternehmens.
- **Teil D** beschäftigt sich mit den Entwicklungsmodi wie der Qualitätsverbesserung und der Innovation.
- **Teil E** enthält den Anhang mit den kommentierten Antworten zu den Repetitionsfragen und einem Stichwortverzeichnis.

Zur aktuellen Auflage

Dieses Lehrmittel wurde gemäss den Inputs der Dozierenden und Studierenden, die wir in der letzten Zeit erhalten haben, korrigiert.

In eigener Sache

Haben Sie Fragen oder Anregungen zu diesem Lehrmittel? Sind Ihnen Tipp- oder Druckfehler aufgefallen? Über unsere E-Mail-Adresse postfach@compendio.ch können Sie uns diese gerne mitteilen.

Wir wünschen Ihnen viel Spass und Erfolg beim Studium dieses Lehrmittels!

Zürich, im Februar 2022

Rea Wagner, Redaktorin

Fabienne Streit, Redaktorin

Teil A

Betriebswirtschaftliche Grundlagen

1 Angebot und Nachfrage

Lernziele

Nach der Bearbeitung dieses Kapitels können Sie ...

- erklären, woher menschliche Bedürfnisse stammen, und sie anhand der Maslow'schen Bedürfnispyramide einteilen.
- zeigen, wie sich Bedürfnisse zur wirtschaftlich relevanten Nachfrage entwickeln.
- Güter kategorisieren.
- die Produktionsfaktoren benennen, mit denen Unternehmen ihre Güter erstellen.

Schlüsselbegriffe

Angebot, Arbeit, Bedarf, Bedürfnis, Betriebsmittel, Dienstleistungen, freie Güter, (im)materielle Güter, Investitionsgüter, Kaufkraft, Know-how, Konsumgüter, Markt, Maslow'sche Bedürfnispyramide, Nachfrage, Produktionsfaktoren, Rechte, Werkstoffe, Wirtschaftsgüter

Um ein Unternehmen führen zu können, müssen Sie zunächst die grundlegende Funktionsweise der Wirtschaft verstehen, in der sich ein Unternehmen bewegt. Unternehmen möchten Produkte oder Dienstleistungen verkaufen und sind dafür auf Märkten tätig. Es erleichtert den Einstieg ins Thema, wenn Sie sich zunächst folgende Situation auf dem Wochenmarkt vorstellen:

Es ist ein sonniger Samstagmorgen im Sommer. Auf dem Hauptplatz in der Stadt findet der grosse Wochenmarkt statt. Seit dem frühen Morgen schon sind die Händler dabei, ihre Stände aufzustellen und die mitgebrachten Waren zum Verkauf bereitzulegen: Gemüse, Früchte, Käse, Fisch, Fleischwaren, Delikatessen, Brot, Blumen, allerlei Handarbeiten, Kleider, Schuhe, Haushaltsartikel, Bücher und vieles mehr.

Allmählich belebt sich der Markt mit Besuchern: Manche schlendern gemächlich und wissen noch nicht genau, was sie kaufen wollen – sie lassen sich bewusst vom vielfältigen Angebot inspirieren. Andere haben eine Einkaufsliste bei sich und steuern gezielt bestimmte Verkaufsstände an und vergleichen die angebotenen Waren und Preise.

Wenn wir uns auf diesen Wochenmarkt begeben, sind wir mittendrin im Wirtschaftsgeschehen: Menschen haben Wünsche nach bestimmten Gütern. Jene, die sie nicht selbst herstellen können oder wollen, kaufen sie mit ihrem Geld ein. Darum gehen sie auf den Markt. Dort bieten verschiedene Produzenten oder Händler ihre Güter zum Verkauf an. Auf dem Markt treffen damit Nachfrage (Menschen, die aufgrund der Bedürfnisse etwas kaufen möchten) und Angebot (Händler, die Produkte anbieten, um die Bedürfnisse zu befriedigen) zusammen. Diesen Basismechanismus des Wirtschaftens sehen wir uns nun genauer an.

1.1 Bedürfnisse als Motor der Wirtschaft

Begeben wir uns noch einmal auf den Wochenmarkt:

Beispiel

Claudia und Stefan Walder haben für heute Abend Gäste eingeladen. Gemeinsam gehen sie auf den Wochenmarkt, um die verschiedenen Zutaten für das Essen einzukaufen. Sie brauchen dazu unter anderem Brot, Olivenöl, Zitronen, Spinat und Fische, die sich zum Braten eignen. Claudia und Stefan kommen an einem Blumenstand vorbei. «Sieh nur, diese wunderschönen Tulpen», ruft Stefan aus und kauft spontan einen grossen Strauss davon.

Alle Handlungen des Menschen entstehen aus Bedürfnissen, die nach Befriedigung drängen. Ein Bedürfnis ist ein Gefühl des **Mangels** (z. B. Hunger und Durst), verbunden mit dem Wunsch, den Mangel zu beseitigen (durch Essen und Trinken).

Nicht alle Bedürfnisse lassen sich durch Produkte befriedigen: unser Bedürfnis nach Freundschaft und Liebe, nach frischer Luft oder Freiheit beispielsweise. Für viele Bedürfnisse bietet der Markt jedoch die Möglichkeit der Befriedigung an, wie unser Beispiel zeigen soll:

Beispiel

Stefan Walder kann sein Bedürfnis nach Natur zwar nicht direkt befriedigen – er kann sich jedoch ein Stück Natur in die Wohnung holen, indem er einen Strauss Tulpen kauft.

Sobald also die Möglichkeit besteht, ein bedürfnisgerechtes Produkt anzubieten, werden Bedürfnisse wirtschaftlich interessant. Bedürfnisse oder Wünsche verändern sich ständig und ein bestimmtes Bedürfnis lässt sich oftmals auf unterschiedliche Weise befriedigen. Man kann zwischen verschiedenen Angeboten wählen.

Es gibt einige **grundlegende Bedürfnisse,** die alle Menschen haben (z. B. Bedürfnis nach Nahrung, nach Schutz vor Kälte). Viele weitere Wünsche sind **individuell, kulturell und situativ** (d. h. von den momentanen Umständen) geprägt. Wie und in welchem Masse der Einzelne seine Bedürfnisse befriedigt, hängt ebenfalls von verschiedensten Einflüssen ab:

- Kulturelle, religiöse oder moralische Wertvorstellungen
- Gesetzliche oder gesellschaftliche Bestimmungen
- Soziales und persönliches Lebensumfeld
- Produkte, die man bereits kennt
- Gewohnheiten, Mode
- Usw.

Beispiel

Wir beobachten diese unterschiedlichen Bedürfnisse und Einflüsse auch auf Wochenmärkten:

- Sie finden auf einem islamischen Wochenmarkt kein Schweinefleisch, weil es aus religiösen Gründen nicht gegessen wird.
- Bekanntlich gibt es in jeder Region andere Wurstspezialitäten: Vielleicht kaufen auch Sie am liebsten jene, die Sie schon als Kind mochten.

1.1.1 Bedürfnisarten

Es gibt verschiedene Ansätze, um Bedürfnisse einzuteilen. Der bekannteste Ansatz ist die **Bedürfnispyramide** des Psychologen A. H. Maslow. Er stuft die menschlichen Bedürfnisse in fünf Kategorien ein:

- Die **Grundbedürfnisse** sichern die Erhaltung des Lebens. Sie haben eine körperliche Grundlage und werden daher auch physiologische Bedürfnisse genannt. Hierher gehört z. B. das Bedürfnis nach Nahrung, Schlaf, Wärme und Sauerstoff.
- In die zweite Stufe setzt Maslow die Bedürfnisse nach Schutz vor möglichen Bedrohungen oder Gefahren. Er nennt diese Gruppe **Sicherheitsbedürfnisse.** Sie werden durch Sicherung eines bestimmten Einkommens, durch Dienstleistungen der Feuerwehr und der Polizei und durch Versicherungen, z. B. für den Krankheitsfall oder für die Altersvorsorge, befriedigt.
- **Kontakt- oder soziale Bedürfnisse** sind der Wunsch nach Geborgenheit, Zugehörigkeit und Akzeptiertwerden, mit anderen zusammen zu sein und Zuneigung zu erfahren.
- Es folgen die **Bedürfnisse nach Achtung und Anerkennung,** d. h. nach Wertschätzung, Status, Prestige, Einfluss und Macht in der eigenen Umwelt. Man will nicht nur dazugehören und aufgenommen sein, man möchte auch mitreden und mitgestalten.
- An der Spitze der Pyramide steht der Wunsch nach **Selbstverwirklichung.** Der Mensch will seine persönlichen Möglichkeiten und Fähigkeiten voll ausschöpfen und sich so bestmöglich entfalten.

Abb. [1-1] **Maslow'sche Bedürfnispyramide**

Die Bedürfnispyramide besagt Folgendes: Sind die Bedürfnisse der jeweils unteren Stufe befriedigt, strebt der Mensch nach der nächsthöheren Stufe. Hat man eine Bedürfnisart erreicht, bemüht man sich um die nächste.

Betrachten wir die verschiedenen Bedürfnisstufen am Beispiel «Schuhe»:

Beispiel

Zunächst besteht das Grundbedürfnis nach irgendeinem Paar Schuhe, um die Füsse zu schützen. Ist dieses Grundbedürfnis gedeckt und kann man sich dies leisten, entsteht der Wunsch nach zweckdienlichen Schuhen, die mehr Sicherheit geben (z. B. durch eine rutschfeste Sohle), oder nach mehr Komfort (z. B. durch ein gepolstertes Fussbett).

Die Mode sendet Botschaften an die Mitmenschen aus und befriedigt unser Bedürfnis nach sozialem Kontakt. Man will dazugehören und auffallen; so wünscht man sich ein modisches Paar Schuhe. Auch das Bedürfnis nach Anerkennung lässt sich befriedigen: Man verschafft sich ein bestimmtes Image, indem man Schuhe einer begehrten – und teuren – Marke trägt.

Die Maslow'sche Bedürfnispyramide ist ein guter Anhaltspunkt, um Bedürfnisse erklären zu können. Jedoch ist zu beachten, dass Bedürfnisse in der Realität nicht immer stufenweise erfolgen. Bedürfnisse unterschiedlicher Stufen können gleichzeitig bestehen oder in einer anderen Reihenfolge gewichtet werden.

Beispiel

- Trotz Hungersnot haben Menschen auch das Bedürfnis nach Liebe.
- Älteren Leuten sind soziale Kontakt oftmals wichtiger als langfristige Sicherheit.

1.1.2 Vom Bedürfnis zur Nachfrage

Nicht jedes Bedürfnis ist wirtschaftlich interessant. **Drei Bedingungen** müssen erfüllt sein, damit Ihre Bedürfnisse für die Wirtschaft interessant werden:

1. Ihr Bedürfnis muss mit einem **herstellbaren Gut** (in Form von Produkten oder Dienstleistungen) befriedigt werden können.
2. Sie müssen bereit sein, **Geld** für dieses Gut auszugeben.
3. Sie müssen über das nötige Geld verfügen, um das entsprechende Gut kaufen zu können. Es geht um Ihre **Kaufkraft.**

Nur wenn diese drei Bedingungen erfüllt sind, wird das Bedürfnis zur **wirtschaftlichen Nachfrage:** Ein Bedürfnis wird zum Bedarf, wenn es sich im Wunsch nach und in der Zahlungsbereitschaft für bestimmte Produkte und Dienstleistungen konkretisiert. Nachfrage entsteht, wenn Kaufkraft dazukommt. Die Formel «**Nachfrage = Bedarf + Kaufkraft**» fasst dies zusammen.

Beispiel

Wir haben ein Bedürfnis nach mündlicher Kommunikation über Distanzen hinweg. So entstand der Bedarf nach Kommunikationsinstrumenten, die dies ermöglichen. Der Telefonapparat zu Hause, im Büro oder in der öffentlichen Telefonkabine befriedigte dieses Bedürfnis vorerst, doch entstand allmählich der Wunsch, ortsunabhängiger telefonieren zu können. Es entwickelte sich ein Bedarf nach mobilen Telefongeräten.

Dank Fortschritten in der Telekommunikation wurde die serienmässige Fertigung in den 1990er-Jahren möglich. Dadurch konnten die Preise massiv gesenkt und Mobiltelefone somit für viele erschwinglich gemacht werden. Es entstand weltweit ein Nachfrageboom. Heute können sich die meisten Menschen ein Leben ohne Mobiltelefon nicht mehr vorstellen.

1.1.3 Unbegrenzte Bedürfnisse, beschränkte Ressourcen

Die Wirtschaftstätigkeit vollzieht sich im Spannungsfeld unbegrenzter Bedürfnisse und beschränkter Mittel. Das zwingt laufend zu Entscheidungen:

- Der einzelne Mensch als Kunde entscheidet, welche Produkte und Dienstleistungen seine Bedürfnisse am besten befriedigen und auf welche er verzichten will oder muss.
- Die Unternehmen als Produzenten bzw. Anbieter entscheiden, welche Produkte und Dienstleistungen sie herstellen und anbieten wollen.

Beide entscheiden, indem sie den **Nutzen** verschiedener Möglichkeiten gegeneinander abwägen. Sie wählen das, was ihnen den grössten Nutzen verspricht.

Schauen wir genauer, was es bedeutet, dass die Bedürfnisse unbegrenzt und die Mittel begrenzt sind:

- Die **Bedürfnisse** und Wünsche der Menschen sind **unbegrenzt**. Man hat ein Auto und möchte noch ein Motorrad, ein Mountainbike, ein Boot, einen Heissluftballon ...
- Die Herstellung von Produkten und Dienstleistungen ist immer mit dem **Einsatz von beschränkten Ressourcen** verbunden: mit Arbeitseinsatz, Fachwissen, Maschinenleistung, Rohstoffen usw. Die Natur stellt uns nur wenige Güter frei zur Verfügung wie Tageslicht, Luft, Wasser usw. Die meisten müssen wir selbst herstellen. Der Aufwand dafür ist beträchtlich, die Mittel dazu sind begrenzt.
- **Wirtschaftsgüter** sind daher immer **knapp**. Während wir in Westeuropa mit Produkten und Dienstleistungen überschwemmt werden, hat die Mehrheit der Weltbevölkerung knapp oder nicht einmal das Nötigste zum Überleben. Wir entwickeln immer neue Bedürfnisse und Wünsche, die befriedigt sein wollen. Es werden jedoch nie alle alles haben können, was sie möchten.
- Grenzen werden der Güterproduktion mehr und mehr auch von der **Natur** gesetzt. Die natürlichen Ressourcen (z. B. Rohstoffvorräte, Trinkwasser, Boden) und ihre Belastbarkeit für Schadstoffe und Abfälle sind begrenzt.

Die Knappheit der Mittel zwingt zu einer **umsichtigen Denk- und Handlungsweise**. Das übergeordnete Ziel, an dem sich wirtschaftliches Handeln orientiert, ist der Nutzen.

1.2 Angebot von Produkten und Dienstleistungen

Auf dem **Markt** treffen Händler als Anbieter von Gütern und die Kunden als Nachfrager dieser Güter zusammen. Sie sind bereit, Produkte und Dienstleistungen gegen Geld (als Gegenleistung) auszutauschen.

Abb. [1-2] **Markt**

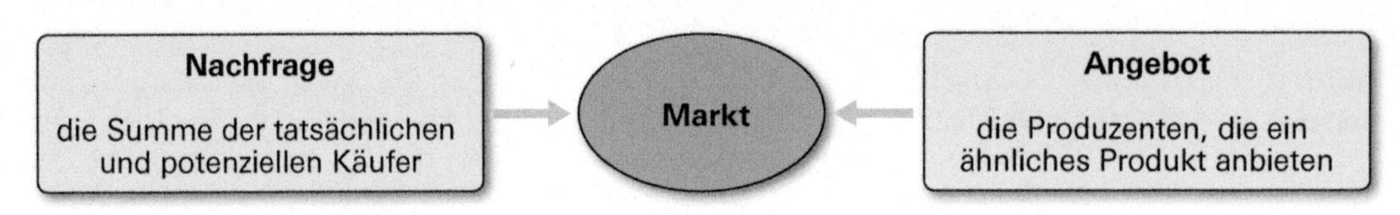

Der Austausch erfolgt, wenn beide Seiten **Wert und Gegenwert** gegeneinander abgewogen haben und den Austausch als lohnend erachten:

- Die Kunden auf dem Wochenmarkt sind bereit, jene Produkte zu kaufen, die den gewünschten Nutzen bringen und die ihren Preis wert sind.
- Die Händler auf dem Wochenmarkt sind bereit, ihre Produkte zu einem Preis zu verkaufen, der sich für sie lohnt. Mit dem Gewinn erzielen sie ihren Nutzen.

Der **Nutzen** ist das verbindende Element von Angebot und Nachfrage: Er reguliert das wirtschaftliche Geschehen zum Vorteil aller Beteiligten, die jeweils versuchen, den für sie grösstmöglichen Nutzen zu erzielen bzw. den Nutzen zu optimieren.

1.2.1 Güter (Produkte und Dienstleistungen)

Unternehmen erstellen **Produkte** und **Dienstleistungen** (zusammengefasst **«Güter»**) um Bedürfnisse zu befriedigen. Güter lassen sich wie folgt gruppieren:

Abb. [1-3] **Die Einteilung der Güter**

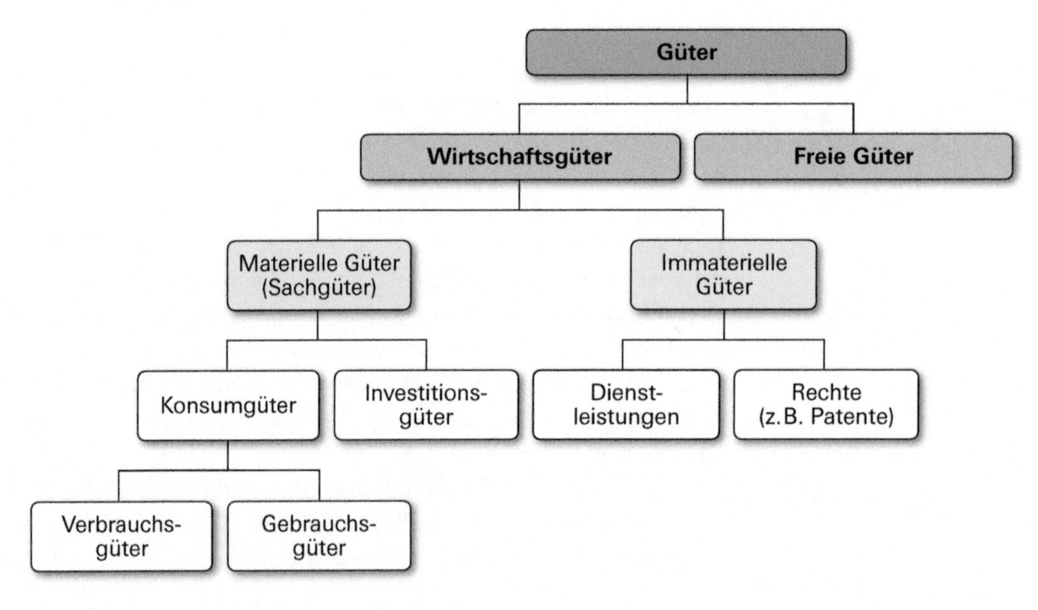

Wir unterscheiden zwischen **Wirtschaftsgütern** und **freien Gütern**. Wirtschaftsgüter sind nur begrenzt verfügbar, daher immer **knapp** und haben immer einen **Preis.** Freie Güter sind natürliche Ressourcen (z. B. Luft, Sand, Wasser), die niemandem direkt gehören und frei zugänglich sind. Doch auch sie werden durch den steigenden Verbrauch zunehmend knapp.

Innerhalb der Wirtschaftsgüter unterscheiden wir zwischen **materiellen Gütern** (Sachgütern) und **immateriellen Gütern.** Materielle Güter sind stofflich, aus Material hergestellt und physisch fassbar – im Gegensatz zu den immateriellen Gütern.

Materielle Güter werden in Konsum- und Investitionsgüter unterteilt. **Konsumgüter** werden zu persönlichen Zwecken ge- oder verbraucht:

- Die **Verbrauchsgüter** existieren nach dem Gebrauch nicht mehr.
- Die **Gebrauchsgüter** dienen während längerer Zeit der gleichen Bedürfnisbefriedigung.

Investitionsgüter (auch Produktionsgüter oder Input-Güter) werden über längere Zeit zur Produktion neuer Güter verwendet.

Beispiel

- Typische Verbrauchsgüter sind Nahrungsmittel, Kosmetika, Medikamente usw.
- Typische Gebrauchsgüter sind Staubsauger, Waschmaschinen, Autos, Kleider usw.
- Typische Investitionsgüter sind Maschinen, Produktionsanlagen und Gebäude.

Die zweite grosse Gruppe von Wirtschaftsgütern sind die **immateriellen Güter:** Produktion und Verbrauch fallen bei **Dienstleistungen** zeitlich oft zusammen. Man kann Dienstleistungen daher nicht auf Vorrat produzieren und lagern. Dienstleistungen haben in den letzten vierzig Jahren enorm an wirtschaftlicher Bedeutung gewonnen.

Beispiel

Typische Dienstleistungen sind Beratungsleistungen jeglicher Art, Verkauf, ärztliche oder psychologische Hilfeleistungen, Reisen und Freizeitangebote, Schulunterricht, Fernsehnachrichten usw.

Unter den **Rechten** haben **Patente** (Recht an einer Erfindung) einen besonders hohen wirtschaftlichen Anteil. Sie können als Lizenz verkauft werden; der Lizenznehmer erhält damit das Recht, die Erfindung zu nutzen. Urheberrechte und Baurechte sind weitere relevante Rechte.

1.2.2 Produktionsfaktoren

Um ein Gut selbst anbieten zu können, muss das Unternehmen das Gut erst selbst herstellen. Die Herstellung – auch **Produktion** genannt – kann einfach bis hoch kompliziert sein.

Beispiel

Stellen Sie sich nur einmal die Stahlerzeugung vor. Stahl ist nicht direkt in der Natur verfügbar, stattdessen muss zunächst Eisenerz abgebaut und von Verunreinigungen und anderen Metallen gereinigt werden. Anschliessend schmelzen Stahlkocher das Eisen unter enormer Hitze im Hochofen und giessen das flüssige Eisen in die gewünschte Form, beispielsweise in lange Träger. Danach wird das Eisen oxidiert und sein Kohlenstoffanteil gesenkt, um Stahl zu erzeugen. Der Stahl wird abschliessend mit weiteren Metallen wie Nickel oder Chrom legiert.

Um Güter zu produzieren, setzen Unternehmen die vielfältigsten Mittel ein, sogenannte **Produktionsfaktoren** bzw. **Input.** Unternehmen nehmen ein oder mehrere Produktionsfaktoren und verändern, kombinieren und transformieren sie. Diese Transformation wird **Produktion** genannt. Ihr Ergebnis ist der **Output,** also das fertige Gut (Produkt oder Dienstleistung).

Abb. [1-4] **Transformationsprozess: Produktionsfaktoren werden zu Gütern**

Analysieren wir drei Produkte, die auf dem Wochenmarkt angeboten werden:

Beispiel

- Input = Milch, Salz, Wasser, Kenntnisse über die Käseherstellung, Lagerraum → Output = Käse
- Input = Stoff, Schnittmuster, Faden, Reissverschluss, Knöpfe, Nähmaschine → Output = Hose
- Input = Papier, Informationen, Fotos, Computer, Drucker, Klebemittel → Output = Zeitschrift

Grundlage jeder Produktion ist die Inputseite. Die Mittel, die ein Unternehmen als Input benutzt um Güter herzustellen, nennt man **Produktionsfaktoren.** Die Produktionsfaktoren bilden somit die Bausteine jeder betrieblichen Leistung. Sie setzen sich zusammen aus der Arbeit, dem Know-how, den Betriebsmitteln und den Werkstoffen.

Abb. [1-5] **Produktionsfaktoren**

Produktionsfaktor	Erklärung
Arbeit	Arbeitskraft umfasst körperliche und geistige Leistungen von Menschen, die für die Erzeugung eines Produkts oder einer Dienstleistung eingesetzt werden.
Know-how	Know-how umfasst sämtliches Können, Wissen und Informationen, die für die Erzeugung eines Outputs notwendig sind. Know-how ist eng mit dem Produktionsfaktor Arbeitskraft verknüpft.
Betriebsmittel	Zu den Betriebsmitteln gehören alle Güter, die nicht Bestandteil des Outputs werden: Maschinen, Werkzeuge, Boden, Gebäude und Geld. Der Boden hat eine dreifache wirtschaftliche Bedeutung: • Er ist zum einen Lieferant von Rohstoffen für den Produktionsprozess (Wasser, Erdöl, Kohle, Kupfer usw.) und dient damit als Abbauboden. • Zum anderen kann er in gewissen Gewerben als Anbauboden genutzt werden (z. B. für Gemüse in der Landwirtschaft). • Und drittens wird der Boden als Grundlage für die Gebäudeinfrastruktur benötigt und somit als Standort genutzt.
Werkstoffe	Als Werkstoffe gelten die Güter, die im Produktionsprozess zu einem Output verarbeitet werden: • Rohstoffe (Agrar- und Energierohstoffe, Baustoffe, Metalle usw.) • Hilfsstoffe (Schrauben, Nägel, Faden, Leim usw.) • Vorfabrizierte Einzelteile (Halb- und Fertigfabrikate) • Betriebsstoffe (Energieträger, Kühl-, Schmier-, Putzmittel usw.)

Die Produktionsfaktoren müssen vom Unternehmen beschafft werden. Es gibt daher nicht nur den Markt, auf dem das Unternehmen seine Güter verkauft, sondern auch den Markt, auf dem es Input-Güter einkauft:

- **Beschaffungsmärkte** sind jene Märkte, auf denen das Unternehmen seine Produktionsgüter einkauft, etwa der Arbeitsmarkt für Arbeitskräfte, Banken und Finanzmärkte für Kredite, Rohstoffmärkte für Kohle und Stahl usw.
- Auf **Absatzmärkten** bietet das Unternehmen seine eigenen Produkte und Dienstleistungen an. Kunden können private Endverbraucher (Konsumenten) sein, andere Unternehmen oder der Staat.

Je nach Perspektive ist derselbe Markt ein Beschaffungsmarkt und ein Absatzmarkt **zugleich:** Der Arbeitsmarkt ist für viele Unternehmen (Bäcker, Bank, Verlag usw.) ein Beschaffungsmarkt, um Personal zu suchen. Für eine Personalvermittlungsagentur ist der Arbeitsmarkt ihr Absatzmarkt.

Zusammenfassung

Bedürfnisse sind Gefühle des Mangels, verbunden mit dem Wunsch, den Mangel zu beseitigen. Viele Bedürfnisse werden durch **Güter** befriedigt.

Die **Maslow'sche Bedürfnispyramide** unterscheidet fünf Bedürfnisstufen:

- Grundbedürfnisse
- Sicherheitsbedürfnisse
- Soziale Bedürfnisse
- Bedürfnis nach Anerkennung
- Bedürfnis nach Selbstverwirklichung

Wirtschaftsgüter sind immer knapp. Sie teilen sich in **materielle** (anfassbare) und **immaterielle Güter.** Materielle Güter befriedigen Bedürfnisse **(Konsumgüter)** oder werden zur Herstellung von Konsumgütern benötigt **(Investitionsgüter).** Konsumgüter werden weiter unterteilt in **Verbrauchs-** und **Gebrauchsgüter.** Zu den immateriellen Gütern zählen **Dienstleistungen** und **Rechte.** Zu den wichtigsten Rechten gehören Patente.

Bedürfnisse sind im Prinzip **unbegrenzt,** aber die Mittel sind beschränkt. Daher kauft der Mensch nur die Güter, die ihm den grössten Nutzen bringen. Wenn Zahlungsbereitschaft herrscht – und damit ein Bedarf – und der Mensch die nötige Kaufkraft aufbringt, entsteht eine Nachfrage **(Nachfrage = Bedarf + Kaufkraft).**

Unternehmen befriedigen die Nachfrage, indem sie Güter produzieren und anbieten. Unternehmen erschaffen das **Angebot,** um Gewinne zu erzielen, die ihnen ihr Überleben sichern.

Jede betriebliche Leistung ist das Ergebnis eines **Transformationsprozesses:** Aus einem Input in Form der **Produktionsfaktoren** Arbeit, Know-how, Betriebsmittel und Werkstoffe wird ein Output in Form von **Gütern** erzeugt.

Repetitionsfragen

1 Ordnen Sie die Bedürfnisse gemäss den fünf Arten nach Maslow den Aussagen zu. Mehrfachzuweisungen sind möglich.

A Grundbedürfnisse

B Sicherheitsbedürfnisse

C Kontakt- oder soziale Bedürfnisse

D Bedürfnisse nach Achtung und Anerkennung

E Bedürfnis nach Selbstverwirklichung

Bedürfnis	Aussage
	Herr De Weck kauft Milch und Brot im Supermarkt.
	Als Ausgleich zum Berufsleben malen Sie in der Freizeit Bilder.
	Marcel Rossi geht samstags in sein Stammlokal, um Freunde zu treffen.
	Corinne bildet sich mit Abendkursen weiter.
	Zwei Freundinnen verkaufen auf dem Markt billig Secondhandkleider.
	Stefan freut sich über ein Lob seiner Vorgesetzten.
	Daniel Gerber verbringt den Abend vor dem Computer, um zu chatten.
	Ein Ehepaar installiert eine Alarmanlage im Haus.

2 Viele Bedürfnisse lassen sich mit Gütern befriedigen. Markieren Sie die richtigen Aussagen.

Richtig?	Aussage
☐	Jedes Bedürfnis ist wirtschaftlich interessant.
☐	Bedarf entsteht, wenn Kaufkraft dazukommt.
☐	Nachfrage = Bedarf + Kaufkraft.
☐	Freie Güter sind für die Wirtschaft nicht interessant.
☐	Die Nachfrage nach einem wirtschaftlichen Bedürfnis kann erst durch Kaufkraft realisiert werden.

3

Um welche Güter handelt es sich bei den in der Tabelle aufgeführten Beispielen?

Tragen Sie den richtigen Buchstaben in die Tabelle ein. Zuordnungen sind mehrfach möglich. Je Beispiel können mehrere Buchstaben zutreffen.

A Materielle Güter
B Rechte
C Investitionsgüter
D Verbrauchsgüter
E Gebrauchsgüter
F Immaterielle Güter
G Dienstleistungen

Güterart	Beispiel
	Neue Kaffeeröstanlage in einer Rösterei
	Beratungen durch Steuerberater
	Patente für die Herstellung von Energie aus Kompost
	Putzmittel im Haushalt
	Autos von Privatpersonen
	Haarschnitte beim Coiffeur
	Zwei moderne Autowaschanlagen
	Medikamente gegen Migräne

4

Die für die Produktion von Gütern eingesetzten Mittel nennt man Produktionsfaktoren. Davon gibt es 4. Markieren Sie die Produktionsfaktoren in der Tabelle.

Produktions-faktoren	Faktoren
☐	Know-how
☐	Arbeit
☐	Arbeitslosigkeit
☐	Werkstoffe
☐	Betriebsmittel
☐	Ressourcen
☐	Konsumgüter

5

Wir haben verschiedene Güterarten kennengelernt. Markieren Sie alle richtigen Aussagen. Es können zwei oder mehr Aussagen richtig sein.

Richtig?	Aussage
☐	Ein Schraubenzieher gehört zur Kategorie der Verbrauchsgüter.
☐	Milch für den Sohn ist ein Konsumgut.
☐	Ein Auto für ein Taxiunternehmen ist ein Investitionsgut.
☐	Immaterielle Güter und freie Güter zählen nicht zu den Wirtschaftsgütern.
☐	Luft gilt als freies Gut.

6

Beim Lotto kann man an diesem Wochenende CHF 4 Mio. gewinnen. Ein Reporter fragt mehrere Lottospieler, was sie mit dem Gewinn machen würden.

Ordnen Sie die folgenden Wünsche der befragten Personen den Bedürfnisebenen zu:

A] Alexander: «Ich würde mir einen verrückten Traum erfüllen und einen Ferrari kaufen.»

B] Barbara: «Ich bin sehbehindert. Das gewonnene Geld würde ich deshalb für den besten Augenchirurgen der Welt einsetzen, damit er meine Augen operiert.»

C] Carlo: «Ich würde morgen schon meinen jetzigen Job kündigen und mindestens ein Jahr lang durch Australien und die Südsee reisen.»

D] Denise: «Ich will eine eigene Firma gründen, der Hauptgewinn wäre mein Startkapital.»

E] Eric: «Ich würde einen Teil des Gelds für eine gute Lebensversicherung aufwenden und den Rest in Wertschriften anlegen.»

7

Erklären Sie in zwei, drei Sätzen die Aussage «Nachfrage = Bedarf + Kaufkraft».

8

Vanessa ist mit ihrer Freundin im Einkaufszentrum. Sie stöbern in den Kleiderläden, probieren Schuhe, Sonnenbrillen, Shorts und Hosen an. Auf ihre Kaufwünsche angesprochen, antwortet Vanessa: «Ich will nicht irgendeine Sporthose, sondern eine von Puma!»

Was zeigt dieses Beispiel auf, was für Bedürfnisse sehr charakteristisch ist?

9

Um welche Art von (klassischen) Gütern handelt es sich im Folgenden?

A] Ein bekannter Pianist gibt ein Wohltätigkeitskonzert.

B] Ein Wasserkraftwerk erzeugt Strom.

C] Ein Uhrenunternehmen erwirbt die Herstellungslizenz für eine Luxusuhrenmarke.

D] Eine Diätköchin kocht für Zuckerkranke.

E] Ein Unternehmen stellt Schokolade für Diabetiker her.

F] Ein Bauunternehmer baut für die Familie X ein Einfamilienhaus und im Auftrag der Firma Y ein neues Betriebsgebäude.

10

Claudio Cescutti betreibt in der Innenstadt einen Coiffeursalon für Damen und Herren. Welche Produktionsfaktoren setzt er dabei ein? Nennen Sie pro Produktionsfaktor zwei Beispiele.

11

Nennen Sie für jedes der folgenden Unternehmen jeweils einen wichtigen Beschaffungsmarkt, den es beobachten muss:

A] Möbelproduzent

B] Immobilienhändler

C] Airline (Fluglinie)

12

Gehören die in der Tabelle aufgeführten Personengruppen zum Beschaffungs- oder zum Absatzmarkt? Markieren Sie die zutreffende Antwort.

Beschaffungsmarkt	**Absatzmarkt**	**Personengruppe**
☐	☐	Lieferanten
☐	☐	Kunden
☐	☐	Konkurrenz
☐	☐	Mitarbeitende
☐	☐	Kapitalgeber

2 Wertschöpfung und Kenngrössen der Wirtschaftstätigkeit

Lernziele

Nach der Bearbeitung dieses Kapitels können Sie ...

- die Wertschöpfung in eigenen Worten erklären.
- Beispiele für primäre und sekundäre Aktivitäten nennen sowie ihre Bedeutung für die Wertschöpfung erläutern.
- beschreiben, welche Aufgaben die zentralen Aktivitäten im Unternehmen beinhalten.
- wichtige Kennzahlen des wirtschaftlichen Handels erklären und berechnen.

Schlüsselbegriffe

Aufwand, Effektivität, Effizienz, Erfolg, Ertrag, Gewinn, Mehrwert, primäre Aktivitäten, Produktivität, sekundäre Aktivitäten, Verlust, Wertkette, Wertschöpfung, Wirtschaftlichkeit

Gegenüber dem Input stellt der Output einen **Mehrwert** dar:

- Denn erstens können die Kunden die Produktionsfaktoren erst durch die Transformation in ein neues Gut auf eine neue Art und Weise benutzen. Viele Input-Güter eignen sich in ihrem natürlichen Zustand nicht zur Bedürfnisbefriedigung, sondern erst nach ihrer Bearbeitung. Die Anbieter leisten somit auch einen Beitrag an die Gesellschaft. Unternehmen handeln **gesellschaftsorientiert.**
- Und zweitens versorgen Unternehmen die Gesellschaft nicht aus Idealismus mit Gütern, sondern um davon zu leben. Sie müssen also an ihren Gütern etwas verdienen. Erfolgreiche Anbieter von Gütern und Dienstleistungen verstehen es, so zu produzieren, dass sie mehr verdienen, als sie ausgeben müssen. Sie erzielen dadurch für sich Gewinne. Unternehmen handeln somit **gewinnorientiert.**

Beispiel

Der Roggen auf dem Feld kann das Bedürfnis des Konsumenten nach Nahrung vorerst nicht befriedigen. Erst wenn der Roggen geerntet, zu Mehl und schliesslich zu Brot verarbeitet wird, sieht der Konsument einen Nutzen. Zugleich verdient der Brotproduzent mit dem Brotverkauf Geld.

Im obigen Beispiel erzielen beide, der Konsument und der Produzent von Brot, einen Nutzen. Der Konsument kann damit sein Bedürfnis nach Nahrung befriedigen und der Produzent verdient mit dem Brotverkauf Geld. Es wurde Wert geschaffen (oder «Wert geschöpft»).

2.1 Die Wertkette

Um **Wertschöpfung** zu betreiben, führt das Unternehmen unterschiedliche Aktivitäten aus. Die Aneinanderreihung aller nötigen betrieblicher Aktivitäten durch die ein Produkt bzw. eine Dienstleistung entworfen, hergestellt, vertrieben, ausgeliefert und unterstützt wird, nennt man **Wertkette** (auch: Wertschöpfungskette). Der Begriff wurde von Michael E. Porter, Professor für Wirtschaftswissenschaften, entwickelt.

In der Praxis wird in der Regel jede Aktivität von einer bestimmten Abteilung übernommen. Die Abteilungen stehen miteinander in Beziehung, sie arbeiten zusammen und tauschen Informationen aus. Je nach Branche und Grösse des Unternehmens sind einige Aktivitäten wichtiger, andere weniger wichtig oder existieren gar nicht. Bei **kleinen Betrieben,** die z. B. nur aus fünf Personen bestehen, werden die Aktivitäten häufig erst gar nicht formal voneinander abgegrenzt und eine Person übernimmt mehrere Aktivitäten. So kann sich etwa der Betriebsleiter sowohl um den Einkauf des Betriebsmittels als auch um den Verkauf des Guts kümmern.

Porter gliedert die Aktivitäten nach ihrem Einfluss auf den Leistungserstellungsprozess in primäre und sekundäre Aktivitäten:

- Die **primären Aktivitäten** leisten einen **direkten Beitrag zum Kundennutzen,** indem sie sich mit der Herstellung, dem Verkauf und der Übermittlung von Produkten und Dienstleistungen (Service) für den Kunden befassen. Sie sind direkt an der Wertbildung für den Kunden beteiligt.
- Die **sekundären Aktivitäten beeinflussen den Kundennutzen indirekt,** indem sie die primären Aktivitäten massgeblich unterstützen. Sie sind folglich indirekt an der Wertbildung für den Kunden beteiligt.

Abb. [2-1] **Wertkette nach Porter**

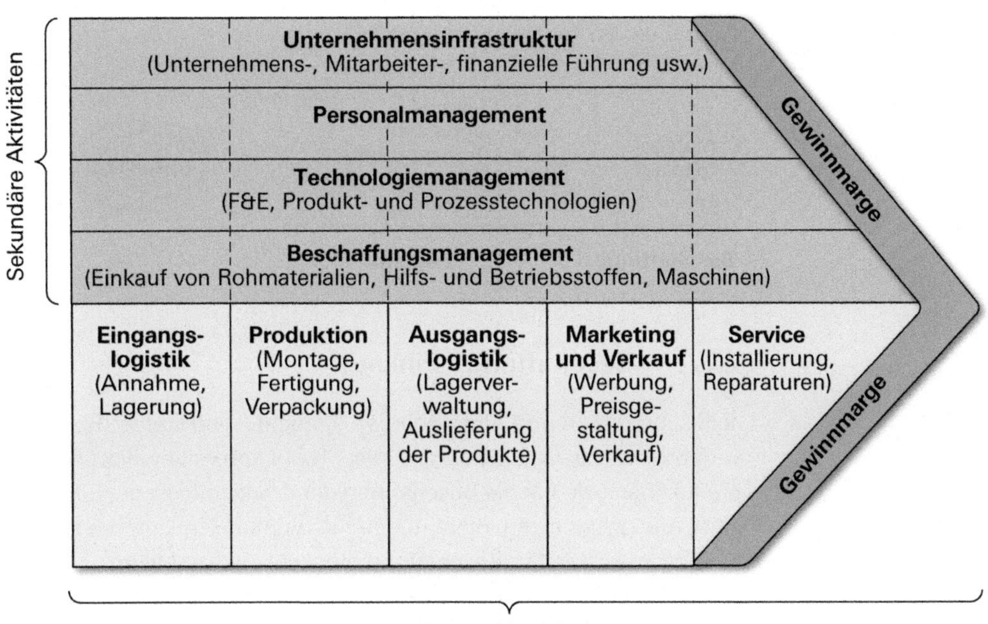

Beispiel

Ein Stahlproduzent vollzieht folgende Hauptaktivitäten, um möglichst viel Wert zu schöpfen:

- Schritt 1: kostengünstiger Einkauf von Roheisen in der passenden Qualität
- Schritt 2: effiziente Produktion des Stahls zum richtigen Zeitpunkt
- Schritt 3: Verkauf des Stahls zu einem marktfähigen Preis

Diese drei Aktivitäten (Einkauf, Produktion und Verkauf) sind der Kern eines jeden Unternehmens. Damit sie reibungslos funktionieren, muss das Unternehmen aber noch weitere, unterstützende Aktivitäten ausüben, die somit ebenfalls zur Wertschöpfung beitragen. Diese befassen sich z. B. mit den Fragen: Wie findet das Unternehmen das richtige Personal? Welche IT-Systeme benötigt es? Welche rechtlichen Vorgaben sind massgebend? Wie kann es die finanzielle Lage kontrollieren?

2.2 Primäre Aktivitäten

Als primäre Aktivitäten gelten diejenigen, in denen der **Transformationsprozess** vom **Input** zum **Output** stattfindet. Die **Wertschöpfung** des Unternehmens wird somit hauptsächlich mittels der drei primären Aktivitäten Materialwirtschaft, Produktion sowie Marketing / Vertrieb erbracht.

Abb. [2-2] **Primäre Aktivitäten**

Die Materialwirtschaft teilt sich weiter in die **Beschaffung** sowie die **Logistik.**

Hinweis Weil die Beschaffung eng mit der Logistik verknüpft ist und innerhalb der Wertschöpfung eine zentrale Rolle einnimmt, wird sie hier, anders als in Porters Modell, als primäre Aktivität aufgeführt.

Abb. [2-3] **Aufgaben der Materialwirtschaft**

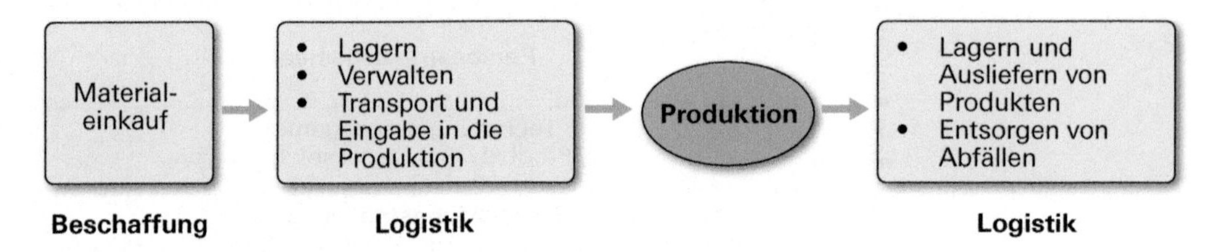

2.2.1 Beschaffung / Einkauf

Jedes produzierende Unternehmen braucht Werkstoffe (Roh-, Hilfs- und Betriebsstoffe, vorfabrizierte Einzelteile), die es in der Produktion weiterverarbeitet und aus denen es ein Endprodukt herstellt. Für die Beschaffung der Werkstoffe ist der Einkauf zuständig. Das Hauptziel ist es, die geeigneten Lieferanten mit den optimalen Lieferbedingungen zu finden und dabei die Gesamtkosten der Beschaffung möglichst tief zu halten.

Bei der Beschaffung fallen vor allem die folgenden Aufgaben an:

- Die **Beschaffungsplanung**
- Die **Beziehungspflege** mit den Lieferanten
- Der **Einkauf** gemäss Beschaffungsplanung mit den entsprechenden Verhandlungen über den Preis und die Beschaffungsbedingungen (Mindest- oder Maximalmengen, Zahlungskonditionen, Liefertermine und -bedingungen usw.)
- Die **Qualitätssicherung** der gelieferten Werkstoffe oder Produkte

Das wichtigste Ziel der Beschaffungsplanung ist die rechtzeitige Bereitstellung der Werkstoffe und Handelsprodukte in der erforderlichen Menge und Qualität. Dabei müssen wirtschaftliche Überlegungen und Sicherheitsüberlegungen gegeneinander abgewogen werden:

- **Wirtschaftlichkeitsziele:** Mit der Beschaffung von Werkstoffen oder Handelsprodukten wird Kapital gebunden, das während der Lagerung der Güter unproduktiv bleibt und keine Rendite erzielt. Es wird deshalb auch als «totes Kapital» bezeichnet. Wirtschaftlichkeitsüberlegungen sprechen deshalb für eine geringe Vorratshaltung.
- **Sicherheitsziele:** Ein Sicherheitsvorrat (eiserner Bestand) an Werkstoffen überbrückt allfällige Lieferengpässe. Nachschubprobleme führen zwangsläufig zu Produktionsausfällen, die schwerwiegende finanzielle Konsequenzen für das Unternehmen haben können. Sicherheitsüberlegungen sprechen für eine grosszügige Vorratshaltung.

Die Beschaffung ist eng mit dem Marketing und Vertrieb verbunden, denn die Grundlagen für die Beschaffungsplanung liefern die erwarteten Absatzzahlen des Unternehmens.

Abb. [2-4] **Einflussgrössen der Beschaffungsplanung**

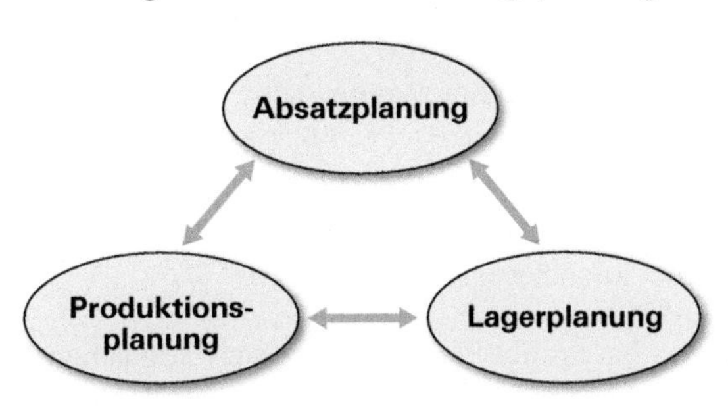

Aus der **Absatzplanung** ergeben sich die für den Planungszeitraum benötigten Mengen an Endprodukten. Aufgrund der Absatzplanung legt die **Produktionsplanung** fest, welche Mengen an Endprodukten zu welchem Zeitpunkt und an welchem Standort herzustellen sind. Daraus leitet sich der mengenmässige Bedarf an Werkstoffen für den Planungszeitraum ab. Die Bedarfsplanung ergibt sich aus dem Vergleich der Produktionsplanung mit der **Lagerplanung.**

2.2.2 Logistik

Mit dem Logistikbegriff verbindet man Transport, Lagerung und Umschlag von Gütern:

- Im **Lager** eines Unternehmens sind oft unzählige Arten von Materialtypen und Materialteilen (Schrauben, elektronische Bauteile usw.) zu bewirtschaften. Das Lager muss optimiert werden: Grosse Lager binden Geld, aber sie dürfen auch nicht zu klein sein, weil die Produktion auf lückenlosen Materialnachschub angewiesen ist.
- Traditionell ist mit dem **Transport** die Lieferung von einem Ort A zu einem Ort B mit Bereitstellung der Waren zu einem bestimmten Termin gemeint.
- Moderne Logistik beinhaltet die Steuerung der gesamten Produktströme vom Lieferanten bis zum Kunden. Dies geschieht mit modernen IT-Systemen und schliesst ergänzende Dienstleistungen ein wie Qualitätsprüfung, auftragsbezogene Kommissionierung, kundengerechte Teilelieferung, Transportabwicklung, Zwischenlagerung und Bestandsführung. Man spricht in diesem Zusammenhang vom **Supply Chain Management.**

2.2.3 Produktion

In der **Produktion** werden die verschiedensten Materialien be- und verarbeitet, werden Bauteile montiert usw. Hier entstehen die Produkte, die das Unternehmen auf den Absatzmärkten anbietet. Das Produktionsmanagement umfasst verschiedene Planungs- und Ausführungsaufgaben:

Abb. [2-5] **Aufgaben des Produktionsmanagements**

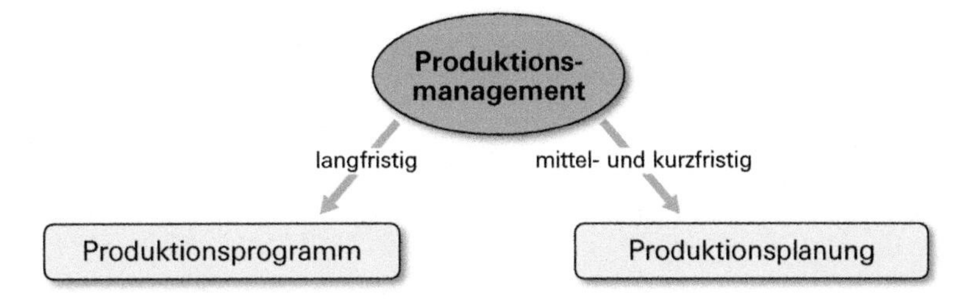

Bei der Festlegung des **Produktionsprogramms** geht es um eine langfristige Entscheidung: Welche Produkte stellen wir her?

Die **Produktionsplanung** ist mittel- und kurzfristig ausgerichtet und befasst sich mit den Produktionsabläufen. Dabei geht es um folgende Fragen:

- Welche Produktionsstandorte produzieren welche Produkte oder Leistungen?
- Wie durchlaufen einzelne Aufträge die Produktion?
- Wie werden die vorhandenen Kapazitäten optimal ausgelastet?
- Wie werden die einzelnen Produktionsschritte terminiert?
- Wie werden die Produktionstermine eingehalten?

Das Ziel der Produktion ist es, die Produkte in der erforderlichen Qualität und Menge, im richtigen Zeitpunkt und auf rentable Weise herzustellen. Die Wirtschaftlichkeit in Form von möglichst geringen Kosten steht dabei im Zentrum: Wie setzt man die Mittel optimal ein? So wenig Abfälle und Ausschuss wie möglich, eine bestmögliche Auslastung von Maschinen, Hotelbetten usw., die optimale Abstimmung von Arbeitskräften und Betriebsmitteln.

Aus diesem Grund und um die Produktion besser auf die Marktbedürfnisse ausrichten zu können, hat sich in vielen produzierenden Unternehmen die **Just-in-Time-Produktion (JIT)** durchgesetzt. Damit ist die **Produktion auf Abruf** gemeint: Es wird jederzeit nur so viel produziert wie notwendig. Die Lagerbestände bleiben bei der JIT-Produktion möglichst klein. Problematisch wird es jedoch, falls die Zulieferer die benötigten Teile nicht rechtzeitig liefern. Dann steht eventuell die eigene Produktion still.

2.2.4 Marketing

Diese Aktivitäten werden in der Regeln von einer **Marketing- und / oder Vertriebsabteilung** wahrgenommen. Das Ziel besteht darin, die Produkte des Unternehmens so im Markt zu positionieren, dass Kunden die produzierten Güter kaufen. Der Erfolg eines Unternehmens hängt davon ab, ob es seinen Kunden einen besonderen Nutzen oder tiefen Preis bieten kann, sodass man sich von der Konkurrenz abheben kann.

Erfolgreiches Marketing bedeutet, sämtliche Massnahmen auf die **Bedürfnisse der Zielgruppe** auszurichten. Ein Unternehmen muss seine Kunden genau kennen, um ein passende Preis-Leistungs-Verhältnis zu schaffen. Damit wird den Produkten und Dienstleistungen des Unternehmens ein **unverwechselbares Profil** gegeben.

Beispiel

Luxusgüter sind in einer gepflegten Atmosphäre und mit individueller Beratung zu verkaufen. Sonst lässt der Kunde sich kaum von ihrer Exklusivität und dem dafür zu zahlenden hohen Preis überzeugen.

Der Discounter dagegen kann seine Produkte in einfach gestalteten Räumen und mit einem Mindestmass an Beratung anbieten. Seine Kunden suchen primär den Preisvorteil.

Mittels **Marktanalysen** und **Marktforschung** ermittelt die Marketingabteilung die Kundenbedürfnisse. Informationen über Märkte und Käufer werden systematisch erfasst und ausgewertet. Auf Basis dieser Auswertungen werden die Marketinginstrumente optimal ausgewählt und eingesetzt. Die vier **Marketinginstrumente,** bekannt als die **4 P,** im Überblick:

Abb. [2-6] **Die 4 P**

Marketing-instrumente	Beschreibung
Product	• Produktmerkmale bestimmen. (Welche funktionalen, qualitativen und ästhetischen Eigenschaften soll unser Produkt aufweisen? Wie soll die Verpackung aussehen?) • Sortiment festlegen. (Wie gross ist das Sortiment? Welche unterschiedlichen Produkte wollen wir anbieten?) • Unter welcher Marke vermarkten wir unser Produkt? (Wie können wir die Wiedererkennung des Produkts sicherstellen? Welche Wort-/Bildmarke passt zu unserem Produkt?) • Welche Services bieten wir neben dem Hauptprodukt an? (Garantien, Treueprogramme, Hauslieferungen etc.)
Price	• Wie hoch sollen wir den Preis anlegen, damit die Kundschaft bei uns und nicht bei der Konkurrenz einkauft? • Arbeite ich mit Preisdifferenzierungen – also variierenden Preisen? (z. B. höhere Preise in der Hauptsaison, tiefere in der Nebensaison, Verbilligungen für bestimmte Zielgruppen, Mengenrabatte für Grosskunden etc.)
Place	• Wie gelangen meine Produkte an den Endkunden? Führe ich eigene Läden oder vertreibe ich die Produkte über Händler?
Promotion	• Wie kann ich mein Produkt bekannt machen? Wie kann ich das Kaufverhalten von bestehenden und potenziellen Kunden beeinflussen? Wie kann ich das Image des Produkts / des Unternehmens prägen? • Mögliche Massnahmen: Werbung (Inserate, Plakate, TV-Spots, Social Media Posts …), Public Relation (Event-Marketing, Sponsoring, Medienbeiträge …), Verkaufsförderung (Gratismuster, Degustationen, Wettbewerbe …)

Die Abstimmung der 4 P aufeinander nennt man **Marketingmix.**

2.2.5 Vertrieb

Der Vertrieb, auch Verkauf genannt, ist Teil des Marketings. In der Praxis finden sich aber häufig eigene Vertriebs-/Verkaufsabteilungen, weshalb hier eine getrennte Darstellung gewählt wurde.

Das Hauptziel des Vertriebs ist der **Verkaufsabschluss.** Hierzu bearbeitet er die verfügbaren Absatzkanäle, wovon es zwei Arten gibt:

Abb. [2-7] **Direkte und indirekte Absatzkanäle**

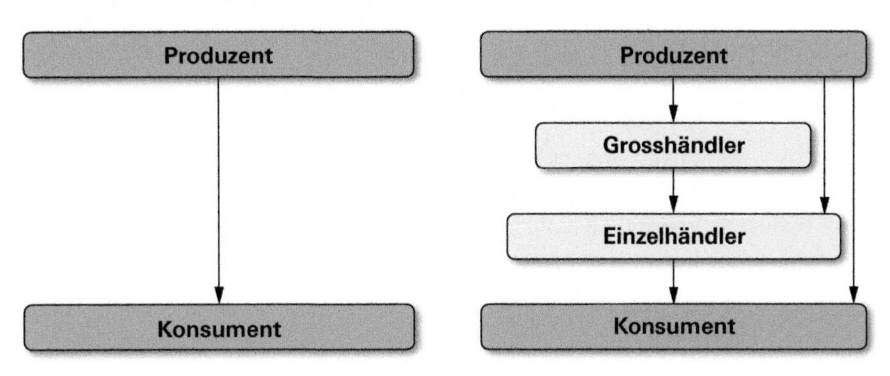

Beispiel

Direkt: Ein Computer-Produzent verkauft seine Produkte übers Internet an die Endverbraucher.

Indirekt: Ein Computer-Produzent verkauft seine Produkte an Einzelhändler, die die Computer verschiedener Hersteller an die Endverbraucher weiterverkaufen.

Bei den **direkten Absatzkanälen** erfolgt der Verkauf direkt zwischen dem Produzenten und dem Konsumenten. Bei den **indirekten Absatzkanälen** werden eine oder mehrere Zwischenhandelsstufen eingeschaltet.

2.3 Sekundäre Aktivitäten

Als sekundäre Aktivitäten werden alle den Wertschöpfungsprozess unterstützenden Aufgabenbereiche eines Unternehmens bezeichnet. Einige zentrale Aktivitäten dieser Kategorie werden im Folgenden vorgestellt:

2.3.1 Finanzen, Rechnungswesen und Controlling

Das Hauptziel der Aktivitäten aus dem Bereich Finanzen, Rechnungswesen und Controlling ist das Erfassen und Überwachen von Geldflüssen im Unternehmen sowie mit Dritten. Die Finanzabteilung in einem Unternehmen muss jederzeit den vollständigen Überblick über die vorhandenen Mittel, über Vermögen und Schulden des Unternehmens haben. Sie versorgt sämtliche Bereiche im Unternehmen, vor allem die Unternehmensleitung, mit finanzwirtschaftlichen Daten. Ohne sie sind fundierte Führungsentscheidungen nicht möglich.

Abb. [2-8] **Tätigkeiten innerhalb des Finanzbereichs**

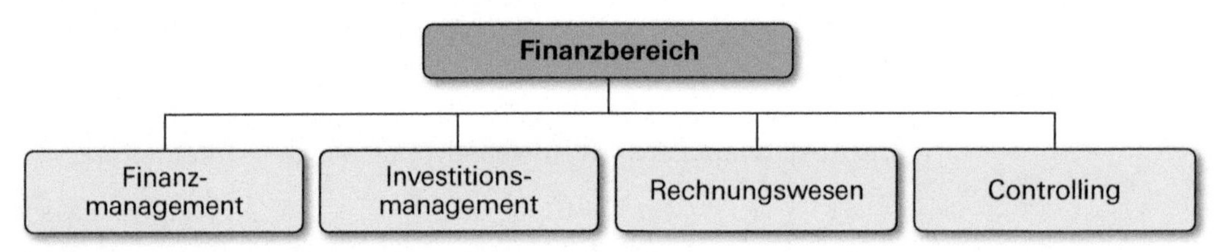

A] Finanzmanagement

Rentabilität und **Liquidität** sind zwei gleichberechtigte Unternehmensziele. Unternehmen müssen rechtzeitig über finanzielle Mittel verfügen, um Betriebsmittel, Werkstoffe, Know-how, Arbeitskraft und Rechnungen zu bezahlen. Ein Unternehmen kann noch so rentabel arbeiten: Wenn es laufenden Zahlungsverpflichtungen nicht nachkommt, besteht die Gefahr eines Konkurses.

Das Problem besteht darin, die Zahlungsströme so zu managen, dass auf der einen Seite die jederzeitige **Zahlungsbereitschaft gewährleistet** bleibt, während auf der anderen Seite **unnötige Finanzreserven** nach Möglichkeit **vermieden** werden. Lieber sollten die Finanzmittel zinsbringend angelegt oder für Investitionsvorhaben eingesetzt werden.

Der Finanzmanager befasst sich somit damit, wie sich ein Unternehmen **optimal finanziert.** Er beschäftigt sich unter anderem mit folgenden Fragen: Wie kann Geld beschafft werden (z. B. Investitionen des Eigentümers vs. Kreditaufnahme bei der Bank)? Wann muss das Geld zurückbezahlt werden (steht das Geld lang- oder kurzfristig zur Verfügung)? Wie stelle ich sicher, dass ich meine offenen Verpflichtungen (z. B. gegenüber Lieferanten) jederzeit begleichen kann?

Beispiel Ein Getränkehersteller überlegt, ob er in eine neue Abfüllanlage investieren soll. Die neue Anlage würde es ihm erlauben, deutlich mehr Flaschen am Tag abzufüllen, also seine Produktivität und seinen Output zu erhöhen. Für die Investition benötigt das Unternehmen aber Kapital. Das Finanzmanagement stellt sich daher Fragen, wie das Kapital beschafft werden soll: Genügen die eigenen Finanzmittel? Soll das Unternehmen einen Kredit aufnehmen? Auf dem Finanzmarkt oder bei einer Bank? Bei welcher Bank? Zu welchem Zins und zu welcher Laufzeit? Usw.

B] Investitionsmanagement

Das **Investitionsmanagement** ist sehr eng mit dem Finanzmanagement verknüpft. **Finanzieren** ist **Mittelbeschaffung, Investieren** ist **Einsatz dieser Mittel.** Konkret bedeutet Investieren: das Unternehmen so mit Vermögenswerten (Gebäude, Maschinen, Labors, Fahrzeuge, Materialvorräte usw.) ausstatten, dass es optimal arbeiten kann. Investitionen erfordern oft hohe Geldbeträge; nicht nur bei Grosskonzernen, sondern auch bei mittelständischen Unternehmen können Investitionen leicht 6-stellige Beträge annehmen oder gar in Millionenhöhe gehen. Investitionsentscheidungen haben daher eine weitreichende Bedeutung für das Unternehmen, denn sie müssen sich langfristig lohnen (also rentabel sein).

C] Rechnungswesen

Das Rechnungswesen gibt Aufschluss darüber, wo ein Unternehmen steht und wohin es sich entwickeln kann. Ein gut ausgebautes Rechnungswesen gibt auf alle wichtigen unternehmerischen Fragen in Form von finanziellen Daten Auskunft, wie die folgenden Beispiele zeigen:

Beispiel

- Wie sieht die Ertragskraft des Unternehmens aus?
- Mit welchen Produkten erzielen wir welchen Anteil am Gewinn?

Man unterscheidet zwei Bereiche des Rechnungswesens, das finanzielle und das betriebliche.

Im **finanziellen Rechnungswesen,** d. h. in der **Finanzbuchhaltung,** werden alle wertmässigen Transaktionen erfasst, die im Unternehmen und mit seiner Umwelt stattfinden.

Beispiel

- Innerhalb des Unternehmens: die Auszahlung der Löhne an die Mitarbeitenden
- Zwischen dem Unternehmen und seiner Umwelt: der Verkaufserlös aus den verkauften Produkten

Die einzelnen Geschäftsfälle werden wertmässig abgebildet (verbucht), dokumentiert (mit Belegen) und für Auswertungen bereitgestellt. Man spricht in diesem Zusammenhang von der Rechnungslegung des Unternehmens. Dazu gehören die folgenden Berichte:

- Bilanz: Vermögen (Aktiven) und Kapital (Passiven)
- Erfolgsrechnung: Aufwände und Erträge
- Kapital- oder Mittelflussrechnung: finanzielle Mittelzu- und -abflüsse
- Finanzkennzahlen: Messgrössen für den finanziellen Zustand eines Unternehmens

Ein **betriebliches Rechnungswesen,** d. h. eine Betriebsbuchhaltung zu führen, ist – im Gegensatz zur Finanzbuchhaltung – gesetzlich nicht vorgeschrieben, jedoch für die Planung, Steuerung und Kontrolle von Prozessen unerlässlich. Man nennt sie auch **Kostenrechnung.**

Deren **Hauptaufgaben** sind:

- Kosten für die betriebliche Leistung in einer Rechnungsperiode erfassen.
- Betriebserfolg und Erfolg einzelner Kostenträger (d. h. der kostenverursachenden Organisationseinheiten im Unternehmen) ermitteln.
- Informationsdaten für die Kosten- und Erfolgskontrolle sowie für die Kalkulation und für die Planung der zukünftigen betrieblichen Leistungen aufbereiten.

Beispiel Die Kostenrechnung zeigt detailliert auf, wo welche Personalkosten in welcher Höhe anfallen. In einem weiteren Schritt werden die Kosten auf die einzelnen Kostenträger heruntergebrochen. Man will z. B. feststellen, wie hoch die Personalkosten für das Produkt X oder jene für das Produkt Y sind. Aus dem Vergleich der Gesamtkosten mit dem Gesamtertrag des Produkts X lässt sich feststellen: Ist das Produkt X für uns rentabel – erzielen wir damit einen Gewinn?

D] Controlling

Das Controlling dient dazu, frühzeitig zu erkennen, wo ein Unternehmen steht und wohin es sich entwickeln kann. In vielen Unternehmen unterstützen Spezialisten die Führungskräfte bei der Wahrnehmung ihrer Controllingaufgaben. Das Ziel des Controllings ist das Schaffen einer Art **Frühwarnsystem,** um aktuelle und potenzielle finanzielle Risiken frühzeitig zu erkennen und Massnahmen zur Gegensteuerung und Zielerreichung zu treffen. Darüber hinaus werden als **Richtlinien für das betriebliche Rechnungswesen** einheitliche Methoden und Verfahren für die Ermittlung und Messung von Kosten und Ergebnissen festgelegt.

Aus der Aufgabenbeschreibung wird klar: Die wesentlichen Grundlagen für das Controlling liefert das Rechnungswesen. Daher werden die Controllingaufgaben, besonders in KMU-Betrieben, oftmals direkt von den Rechnungswesenverantwortlichen übernommen.

2.3.2 Personalmanagement

Unter **Personalmanagement** (englisch: **Human Resources Management**) verstehen wir die Summe aller Entscheidungen und Massnahmen, die den einzelnen Mitarbeiter und seinen Arbeitsplatz, aber auch die Zusammenarbeit mit anderen betreffen. Das Personalmanagement strebt wirtschaftliche Ziele (z. B. Personalkosten minimieren) und soziale Ziele (etwa hohe Arbeitszufriedenheit der Mitarbeitenden) an.

Für das Personalmanagement sind die Personalabteilung und der Linienvorgesetzte zuständig. Die Aufgaben des Personalmanagements lassen sich in vier Hauptbereiche aufteilen. Sie sind eng miteinander verknüpft – deshalb die Verbindungspfeile in der unten stehenden Abbildung.

Abb. [2-9] **Die Hauptaufgaben des Personalmanagements**

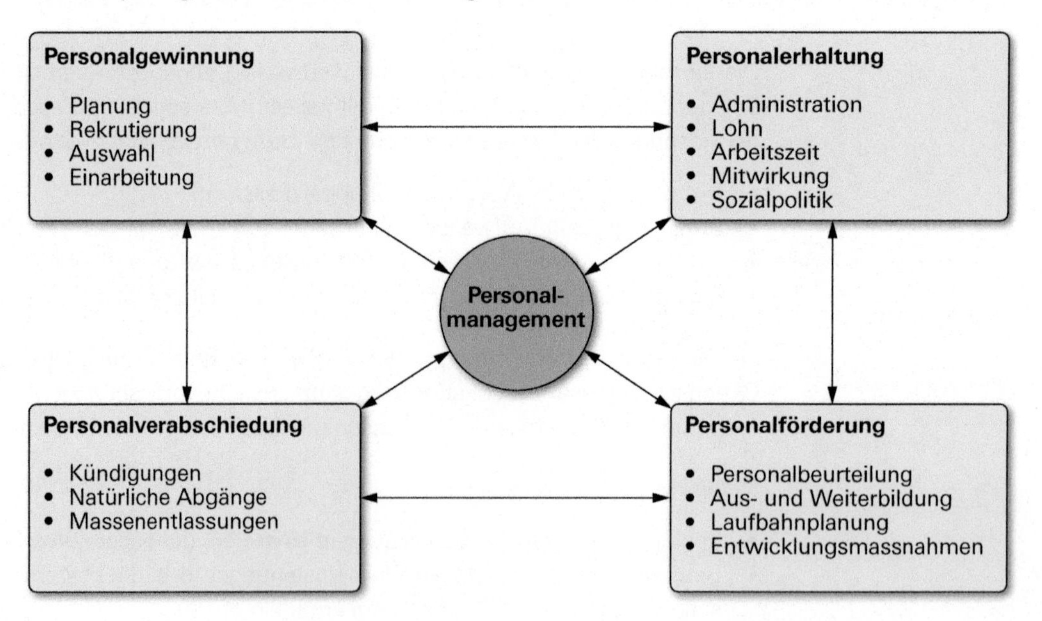

Personal muss **gewonnen (eingestellt)**, aber auch **verabschiedet (gekündigt)** werden. Personal wird **erhalten** über die Arbeitsbedingungen (Lohn, Arbeitszeit usw.) und **gefördert** (z. B. mit Weiterbildungen).

2.3.3 Forschung und Entwicklung

Wenn ein Unternehmen ein Produkt (oder eine Dienstleistung) auf den Markt bringt, setzt es dieses dem Wettbewerb aus. Es kann sich auf dem Markt nur behaupten, wenn es dem Kunden **Vorteile gegenüber den Konkurrenzprodukten** bieten kann. Dieser Vorteil ist jedoch in der Regel nicht von Dauer, weil die Konkurrenz ihn mit zusätzlichen Neuerungen und Nachahmerprodukten zu übertreffen sucht.

Will ein Unternehmen auf dem Markt langfristig bestehen können, muss es deshalb sein Sortiment an Produkten und Dienstleistungen und seine Produktionsverfahren immer wieder überprüfen, anpassen, optimieren und gezielt erneuern. Der rasante technische Fortschritt der letzten Jahrzehnte, die Globalisierung der Märkte und die wachsende Konkurrenz in fast allen Branchen zwingen die Unternehmen, immer bessere Lösungen zu finden und Neuentwicklungen rasch voranzutreiben. Diese **Innovationskraft** ist ein wichtiger **Überlebensfaktor** für jedes Unternehmen. Um sie aufrechtzuerhalten, muss es ständig in Forschung und Entwicklung investieren und versuchen, der Konkurrenz stets einen Schritt voraus zu bleiben.

Als **Produktentwicklung** werden alle **Forschung-und-Entwicklungs-Tätigkeiten** bezeichnet, aus denen neue oder verbesserte Produkte oder Verfahren entstehen. Die Produktentwicklung von der Ideensuche bis zum verkaufsfähigen (serienreifen) Produkt bedeutet einen sehr komplexen, oft auch langwierigen Prozess.

Was und wie muss das Produkt sein? – Wie gross, schwer, teuer, hell, durchsichtig, griffig darf oder muss es sein, welche spezielle Funktion soll es erfüllen, was darf es auf keinen Fall können usw.? – Solche Schlüsselfragen beschäftigen die Entwicklungsspezialisten. Besonders in technologischen Branchen arbeiten die Forschung-und-Entwicklungs-Abteilungen von Unternehmen eng mit öffentlichen Forschungsinstituten wie Universitäten zusammen, um von noch mehr Wissen zu profitieren.

2.4 Kennzahlen der Wirtschaftstätigkeit

Der materielle Wert eines Guts oder einer Dienstleistung drückt sich im Preis aus: Jede betriebliche Leistung ist so viel wert, wie sie kostet. Die **gesamte Wertschöpfung** aller an der Produktion beteiligten Unternehmen entspricht somit dem Verkaufspreis.

Aber nur in Ausnahmefällen erarbeitet ein Unternehmen die gesamte Wertschöpfung selbst. Fast immer beschafft es einen Teil der Leistungen durch Zukäufe von Dritten und verarbeitet sie weiter. Die zugekauften Leistungen bezeichnet man als **Vorleistungen.**

Beispiel

- Eine Autofabrik bezieht viele Bestandteile (Autositze, Stossdämpfer usw.) von Fremdlieferanten.
- Ein Fernsehsender beschafft die Nachrichten über spezialisierte Agenturen und die ausgestrahlten Filme von aussenstehenden Produktionsstudios.

Der Wertschöpfungsanteil der betrieblichen Leistungserstellung entspricht somit nicht dem Verkaufspreis, sondern wird durch die Vorleistungen vermindert. Die folgende Gleichung drückt dies aus:

Wertschöpfung des Unternehmens = Verkaufspreis – Vorleistung

Jede Leistungserstellung ist mit Kosten verbunden: Ein Teil dieser Kosten wird durch die **Vorleistungen** (also die Zukäufe) verursacht. Die restlichen Kosten entfallen auf die **Betriebskosten,** d. h. auf die Erstellungskosten für den eigenen Wertschöpfungsanteil. Die Differenz zwischen dem Verkaufserlös der Leistung und der Summe aller Kosten wird als **Erfolg** bezeichnet. Im positiven Fall, wenn die Kosten kleiner sind als der Erlös, ist dieser Erfolg ein **Gewinn.** Im negativen Fall, wenn der Erlös die Kosten nicht deckt, ist der Erfolg ein **Verlust.**

Abb. [2-10] **Wertschöpfung, Kosten und Erfolg**

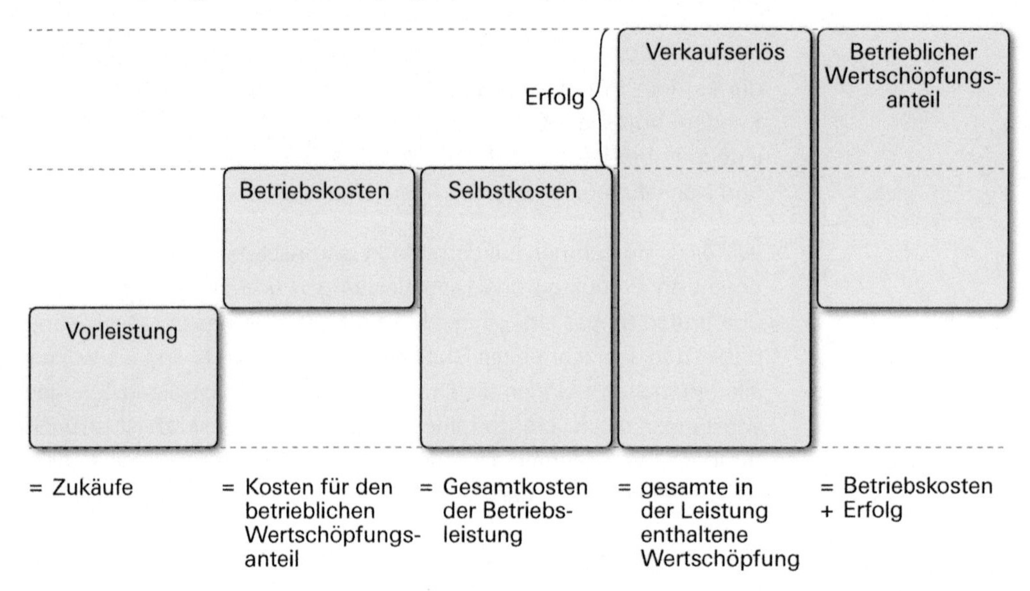

= Zukäufe	= Kosten für den betrieblichen Wertschöpfungs-anteil	= Gesamtkosten der Betriebs-leistung	= gesamte in der Leistung enthaltene Wertschöpfung	= Betriebskosten + Erfolg

Aus diesen Zusammenhängen lassen sich die drei **Erfolgsziele** eines Unternehmens ableiten: Erfolg, Wirtschaftlichkeit und Produktivität. Dem Verständnis dieser drei Kennzahlen liegt die Unterscheidung zwischen Effizienz und Effektivität zugrunde:

- Als **Effizienz** bezeichnet man die Leistungsfähigkeit, d. h. das Verhältnis zwischen der erbrachten Leistung und dem dafür benötigten Einsatz von Mitteln. In der unternehmerischen Tätigkeit wird die Effizienz mit der Produktivität gleichgesetzt.
- Als **Effektivität** bezeichnet man die Wirksamkeit einer Leistung, d. h. den Grad der Zielerreichung. In der unternehmerischen Tätigkeit zeigt sich die Effektivität vor allem im Erfolg und in der Wirtschaftlichkeit.

2.4.1 Produktivität

Die Produktivität misst die Effizienz der erbrachten Leistung. Man kann den Produktionsprozess rein quantitativ, also mengenmässig, betrachten: als **Verhältnis zwischen Input- und Outputmenge.**

$$\text{Produktivität} = \frac{\text{Menge des Outputs}}{\text{Menge des Inputs}}$$

Das Ermitteln der Gesamtproduktivität eines Unternehmens ist kaum möglich, weil verschiedenste Grössen (Arbeitsstunden, Gütermengen, Geldeinheiten usw.) miteinander in Beziehung gesetzt werden müssen.

Es ist einfacher, das Verhältnis von nur zwei Messgrössen zu berechnen. Die häufigsten Produktivitätskennzahlen sind **Arbeitsproduktivität** und **Maschinenproduktivität.**

$$\text{Maschinenproduktivität} = \frac{\text{Produktionsausstoss (Menge des Outputs)}}{\text{Maschinenstunden}}$$

$$\text{Arbeitsproduktivität} = \frac{\text{Produktionsleistung (Menge des Outputs)}}{\text{Arbeitsstunden}}$$

Beachten Sie bei Produktivitätskennzahlen stets die Einheiten von Input und Output.

Beispiel

- Arbeitsproduktivität: **Anzahl** produzierter Schrauben je **Arbeitsstunde** des Arbeiters
- Maschinenproduktivität: **Anzahl** produzierter Schrauben je **Maschinenstunde**
- Maschinenproduktivität: **Anzahl** produzierter Schrauben je eingesetzter **Tonne Stahl**

Die Arbeitsproduktivität ist ein sehr entscheidender Faktor, weil die Personalkosten in vielen Branchen den grössten Teil der Produktionskosten ausmachen. Allerdings stellen Löhne für die Unternehmen nicht nur einen Kostenfaktor dar, sondern sie kommen ihnen indirekt wiederum zugute: Denn die Lohnempfänger geben das verdiente Geld zu einem grossen Teil wieder für den Konsum von Gütern und Dienstleistungen aus.

2.4.2 Wirtschaftlichkeit und Erfolg

Wirtschaftlichkeit und Erfolg messen die Effektivität der erbrachten Leistung.

Damit ein Unternehmen langfristig überleben kann, müssen die Einnahmen aus dem Verkauf von Gütern über den Kosten für deren Erstellung liegen. Die Ökonomen nennen den Wert des Inputs Aufwand, den des Outputs Ertrag. Zieht man den Aufwand vom Ertrag ab, bleibt der **Erfolg:**

$$\text{Erfolg} = \text{Outputwert (Ertrag)} - \text{Inputwert (Aufwand)}$$

Ist der **Ertrag grösser als der Aufwand,** hat das Unternehmen einen **Gewinn** (positiven Erfolg) erzielt; ist der Ertrag **kleiner** als der Aufwand, liegt ein **Verlust** (negativer Erfolg) vor. Gewinn und Verlust werden in Geldeinheiten (etwa CHF) ausgedrückt. Der Erfolg zeigt dem Unternehmen also den Geldbetrag, den es erwirtschaftet bzw. verloren hat.

Die **Wirtschaftlichkeit** setzt den Wert von Input und Output **ins Verhältnis.** Wirtschaftlichkeit ist das Verhältnis von Ertrag und Aufwand:

$$\text{Wirtschaftlichkeit} = \frac{\text{Outputwert (Ertrag)}}{\text{Inputwert (Aufwand)}}$$

Wenn die Wirtschaftlichkeit über 1 liegt, hat das Unternehmen einen Gewinn erzielt. Je höher der Betrag über 1 liegt, desto effizienter hat das Unternehmen gewirtschaftet. Die Wirtschaftlichkeit lässt sich so interpretieren, wie viel Franken Ertrag das Unternehmen je eingesetzten Franken erzielt hat. Beträgt die Wirtschaftlichkeit 1, liegt weder Gewinn noch Verlust vor. Beläuft sich die Wirtschaftlichkeit hingegen auf unter 1, hat das Unternehmen einen Verlust erwirtschaftet.

Hinweis

Anders als der Erfolg hat die Wirtschaftlichkeit selbst keine Einheit (die Geldeinheiten von Ertrag und Aufwand kürzen sich heraus beim Teilen). Man kann also aus der Wirtschaftlichkeit nicht direkt ablesen, wie viel Geld das Unternehmen verdient bzw. verloren hat.

Obwohl Produktivität und Wirtschaftlichkeit eng miteinander zusammenhängen, folgt die Wirtschaftlichkeit nicht automatisch aus der Produktivität. Ein Unternehmen kann durchaus produktiv und trotzdem unwirtschaftlich sein.

Beispiel

Ein Autohersteller wäre äusserst produktiv, wenn er pro Stunde 100 Autos herstellen würde. Diese hohe Produktivität garantiert ihm aber nicht das Überleben, wenn etwa die Herstellungskosten je Auto bei CHF 30 000 liegen, während er sie jeweils nur zu CHF 25 000 verkaufen kann. Da in diesem Fall die Herstellungskosten über dem Verkaufspreis liegen, erzielt der Hersteller keinen Gewinn. Die Wirtschaftlichkeit wäre nicht gegeben und der Autohersteller wird langfristig nicht überleben können – trotz seiner hohen Produktivität.

Die Wirtschaftlichkeit hat für ein Unternehmen somit eine höhere Priorität als die Produktivität. Denn auf Dauer kann es nur überleben, wenn am Ende so viel Geld vorhanden ist, dass alle Produktionsfaktoren bezahlt werden können: die Löhne für die Arbeitskräfte, die Kosten für das eingesetzte Material, die Zinsen für das dem Unternehmen zur Verfügung gestellte Kapital usw.

Zusammenfassung

Unternehmen leisten mit ihrer Produktion einen **Mehrwert,** auch **Wertschöpfung** genannt. Das Unternehmen führt verschiedene Aktivitäten aus, um Wertschöpfung zu generieren. Die Aneinanderreihung dieser Aktivitäten nennt man **Wertkette.**

Die **primären Aktivitäten** sind die wichtigsten Elemente der Wertkette:

- **Beschaffung / Einkauf:** zuständig für die Beschaffungsplanung, die Beziehungspflege mit den Lieferanten, den Einkauf und die Qualitätssicherung hinsichtlich der Werkstoffe.
- **Logistik:** Beschäftigt sich mit Transport, Lagerung und Umschlag von Gütern.
- **Produktion:** Ziel der Produktion ist es, die Produkte in der erforderlichen Qualität und Menge, im richtigen Zeitpunkt und auf rentable Weise herzustellen.
- **Marketing:** Gestaltung des Angebots (Produkt, Preis, Place, Promotion) nach den Bedürfnissen der Kunden.
- **Vertrieb:** Ausgestaltung des Verkaufs (direkt an den Endkunden oder indirekt über Zwischenhändler).

Sie werden unterstützt von den **sekundären Aktivitäten:**

- **Finanzen, Rechnungswesen, Controlling:** zuständig für die Mittelbeschaffung, den Mitteleinsatz und die Gewährleistung der Zahlungsfähigkeit eines Unternehmens. Ziel ist, ein ständiger Überblick über die finanzielle Lage, um Führungsentscheidungen zu ermöglichen.
- **Personalmanagement:** zuständig für Gewinnung, Verabschiedung, Erhaltung und Förderung der Mitarbeitenden.
- **Forschung und Entwicklung:** Ermöglicht Innovation und somit das Schaffen von Wettbewerbsvorteilen gegenüber der Konkurrenz.

Der **Wertschöpfungsanteil,** der in der betrieblichen Leistungserstellung enthalten ist, entspricht dem Verkaufspreis der Leistung abzüglich der Vorleistungen in Form von Zukäufen:

Wertschöpfungsanteil des Unternehmens = Verkaufspreis – Vorleistung

Ein Unternehmen orientiert sich an drei **Erfolgszielen:**

- Die **Produktivität** misst die Effizienz der erbrachten Leistung. Sie zeigt, wie gross (quantitativ) der Output bei einem bestimmten Input ist. Je weniger Input ein Unternehmen für einen möglichst grossen Output benötigt, desto produktiver ist es.
- Der **Erfolg** ist eine Effektivitätskennzahl und entspricht dem Outputwert (Ertrag) abzüglich des Inputwerts (Aufwand). Ist der Ertrag grösser als der Aufwand, resultiert ein Gewinn. Ist er kleiner, resultiert ein Verlust.
- Die **Wirtschaftlichkeit** misst ebenfalls die Effektivität der erbrachten Leistung. Sie setzt den Wert (in Geldeinheiten) von Input (Aufwand) und Output (Ertrag) ins Verhältnis. Die Wirtschaftlichkeit lässt sich so interpretieren, wie viel Franken Ertrag das Unternehmen je eingesetzten Franken erzielt hat.

13 Markieren Sie die richtigen Aussagen in der Tabelle.

Richtig?	Aussage
☐	Die Materialwirtschaft ist zuständig für Lagerung, Verteilung und Entsorgung der Güter. Den Einkauf übernimmt das Marketing.
☐	Damit kein Produktionsunterbruch entsteht, ist es sinnvoll, möglichst grosse Lager zu unterhalten.
☐	Unter Transformation versteht man die Umformung von Produkten.
☐	Die Produktion sollte möglichst flexibel gestaltet werden.
☐	Die Wirtschaftlichkeit ist bei der Produktion kein zentrales Ziel.

14 Die Zürcher Firma «Black Socks» verkauft ihre Produkte über das Internet. Der Kunde löst ein Abonnement und sein Ersatzbedarf an Socken oder Unterwäsche wird ihm jeweils nach Hause geliefert.

Welches Vertriebssystem setzt «Black Socks» ein?

15 Welcher Zielkonflikt ergibt sich bei der Beschaffungsplanung?

16 Das Marketing arbeitet mit vier Instrumenten. Ordnen Sie die folgenden Aktivitäten den 4 P zu:

- Pressekonferenzen organisieren.
- Produkte via Internet verkaufen.
- Sortimentsbreite festlegen.
- Gratismuster eines verbesserten Produkts abgeben.

17 Welchen primären oder sekundären Aktivitäten eines Unternehmens ordnen Sie die folgenden Aufgaben zu?

A] Bewerbungsgespräche für die Stelle der Verkaufsleiterin führen.

B] Kundenrechnungen (Debitoren) verbuchen.

C] Verhandlungen mit Lieferanten im Hinblick auf bessere Konditionen führen.

D] Ein Inserat für die Weihnachtsverkaufsaktion in den Tageszeitungen schalten.

18 Im Unternehmen gibt es primäre und sekundäre Aktivitäten. Welchen Aktivitäten können die Tätigkeiten in der Tabelle zugeordnet werden?

Aktivität	Tätigkeit
	Beschaffung des nötigen Kapitals
	Beschaffung, Betreuung und Weiterbildung von Mitarbeitenden
	Termingerechte Herstellung von Gütern in der notwendigen Menge und Qualität
	Vermarktung von Gütern und Dienstleistungen
	Dokumentation der finanziellen Tätigkeiten
	Ausstattung des Unternehmens mit Vermögenswerten

19 Warum unterscheiden Unternehmen zwischen primären und sekundären Aktivitäten?

20 A] Nennen Sie die zwei Hauptaufgaben des Rechnungswesens.

B] Worin unterscheiden sich die Finanz- und die Betriebsbuchhaltung?

21 Wirtschaften heisst, mit der Knappheit von Ressourcen und Gütern umzugehen. Verschiedene Prinzipien helfen, Entscheide zu treffen. Markieren Sie die richtigen Aussagen.

Richtig?	Aussage
☐	Eine hohe Produktivität ist erreicht, wenn mit geringem Input ein mengenmässig hoher Output erzielt werden kann.
☐	Für ein Unternehmen ist es wichtiger, eine hohe Produktivität zu haben, als eine hohe Wirtschaftlichkeit zu erzielen.

22 Eine Firma erzielt einen Umsatz von CHF 600 000. CHF 200 000 davon gehen für den Einkauf von Material, das weiterverarbeitet wird, drauf. Zusätzlich entstehen im Betrieb Kosten von CHF 300 000. Berechnen Sie:

A] Vorleistung

B] Betriebskosten

C] Selbstkosten

D] Verkaufserlös

E] Betriebliche Wertschöpfung

F] Erfolg

23 Eine Türproduktionsfirma beschäftigt 5 Mitarbeitende und fertigt 20 000 Türen im Jahr. Die Mitarbeitenden arbeiten je 2 000 Stunden und die Fertigungsstrasse ist während 4 000 Stunden pro Jahr im Einsatz. Eine Tür wird für durchschnittlich CHF 500 verkauft. Der Gesamtaufwand der Firma beträgt CHF 8 Mio., das Eigenkapital CHF 1 Mio. und das Fremdkapital CHF 2 Mio. Berechnen Sie:

A] Mitarbeiterproduktivität je Mitarbeiter

B] Mitarbeiterproduktivität je Stunde

C] Maschinenproduktivität je Maschinenstunde

D] Wirtschaftlichkeit des Gesamtunternehmens

E] Eigenkapitalrentabilität

F] Umsatzrentabilität

24 Das Hotel Gravos hat im letzten Jahr 18 200 Logiernächte abgewickelt. Der Gesamtumsatz des Hotels (ohne Restaurant und Wellness) betrug im letzten Jahr CHF 3.2 Mio. und die Gesamtaufwendungen CHF 2.9 Mio. Das Eigenkapital des Hotels beträgt CHF 2 Mio. Das Hotel beschäftigt 40 Mitarbeitende.

Berechnen Sie

A] eine sinnvolle Produktivitätskennzahl Ihrer Wahl.

B] die Wirtschaftlichkeit des Hotelbereichs.

C] die Eigenkapitalrentabilität.

D] die Umsatzrentabilität.

25

Christa Müller und Eleanora Holiday sind gute Freundinnen. Sie haben sich auf dem Wochenmarkt kennengelernt, wo sie beide jeweils ihre eigenen, selbst produzierten T-Shirts anbieten. Christa hat einen etwas geringeren Qualitätsanspruch als Eleanora:

Christa kauft für CHF 1 000 Stoff, verarbeitet ihn zu T-Shirts und erzielt damit auf dem Wochenmarkt einen Verkaufserlös von CHF 3 000.

Eleanora kauft für CHF 1 500 Stoff, verarbeitet ihn zu T-Shirts und erzielt damit auf dem Wochenmarkt einen Verkaufserlös von CHF 3 300.

A] Welche Kennzahlen können Sie anwenden, um herauszufinden, wer wirtschaftlicher produziert – Christa oder Eleanora?

B] Wer produziert wirtschaftlicher? Begründen Sie Ihre Antwort in einigen Stichworten.

C] Unter welchen Voraussetzungen gilt Ihre Antwort bei B]?

26

Sie führen einen Getränkeabholmarkt im Auftrag des Eigentümers Ueli Trauter. Er erteilt Ihnen den Auftrag, die Beschaffungsmenge der Getränke für den Abholmarkt zu optimieren.

A] Nennen und erklären Sie stichwortartig je einen Vor- und Nachteil eines hohen Lagerbestands.

B] Sie haben sich zum Ziel gesetzt, die Wirtschaftlichkeit im Abholmarkt bis Mitte nächstes Jahr um 10% zu erhöhen. Was versteht man unter dem Begriff «Wirtschaftlichkeit»?

C] Nennen Sie zwei mögliche Massnahmen zur Erhöhung der Wirtschaftlichkeit im Abholmarkt.

3 Unternehmen als System / Unternehmensmodell

Lernziele

Nach der Bearbeitung dieses Kapitels können Sie ...

- ein Unternehmen als komplexes System interner und externer Verflechtungen beschreiben.
- das St. Galler Management-Modell anwenden, um die Funktionsweise eines Unternehmens zu beschreiben und Problemstellungen im Alltag strukturiert bearbeiten zu können.
- die sechs Elemente des St. Galler Management-Modells nennen und anhand eines Beispiels deren Bedeutung für den Erfolg eines Unternehmens erklären.

Schlüsselbegriffe

Anspruchsgruppen, Entwicklungsmodi, Interaktionsthemen, Ordnungsmomente, Prozesse, St. Galler Management-Modell, Umweltsphären

Ein Unternehmen erstellt ein Produkt oder erbringt eine Dienstleistung in mehreren Schritten entlang der Wertkette. Neben der **internen Sicht** auf die Effizienz der Prozesse muss es auch einen **Blick auf seine Aussenwelt** werfen. Dort ändern sich laufend die Rahmenbedingungen (veränderte Kundenbedürfnisse, Währungskurse, Gesetze, Technologien usw.) und verschiedene Personengruppen stellen ihre Forderungen ans Unternehmen (Klimaschutz, Arbeitsbedingungen usw.).

Beispiel

Ryan Kuster führt ein traditionsreiches Unternehmen, das Elektrowerkzeuge für den Heimgebrauch herstellt. Er weiss, dass neben einer qualitativ einwandfreien Produktion diverse andere Faktoren für seinen Erfolg mitverantwortlich sind. Er achtet daher darauf, dass er

- stets über die neuesten rechtlichen Erlasse informiert ist, um die Vorschriften bezüglich Energieklassen bei seinen Produkten (insbesondere den Akkus) einzuhalten.
- sich an sich ändernden gesellschaftlichen Bedürfnissen orientiert, um am Puls der Zeit zu bleiben und keine Kunden zu verlieren. (In den 1970er-Jahren wollten alle Leute Spannteppich zu Hause und entsprechend die zum Verlegen benötigten Werkzeuge. Heute möchten alle Parkett. Stellen Sie sich vor, Ryan Kuster hätte seine Produkte nicht mitgewandelt ...)
- seine Konkurrenten beobachtet, um im Vergleich ein noch besseres Leistungsangebot zu kreieren.
- die neuesten technologischen Entwicklungen mitverfolgt, um innovativ zu bleiben, neue Kundengruppen zu erschliessen sowie effizient und preiswert produzieren zu können.
- nicht nur ökonomische (finanzielle), sondern auch ökologische Bedenken der Kunden ernst nimmt und entsprechende Zusatzservices anbietet (langjährige Ersatzteilgarantie, Unterhalt und Reparaturen statt Entsorgungen etc.).

Ein Unternehmen ist somit nicht ein auf sich gestelltes, isoliertes Gebilde, sondern es ist im ständigen Austausch mit seiner Umwelt. Daraus ergeben sich komplexe Abhängigkeiten. Nur wenn das Unternehmen die Entwicklungen in der Umwelt sorgfältig beobachtet und sein Tun danach ausrichtet, kann es langfristig bestehen.

3.1 Merkmale des Systems «Unternehmen»

Unternehmen können als Systeme beschrieben werden. Systeme sind abgrenzbare Einheiten, die aus zahlreichen Elementen bestehen, die in vielfältiger Weise zusammenspielen. Folglich können diese Elemente nicht losgelöst voneinander betrachtet und gesteuert werden.

Was zeichnet das Unternehmen als System besonders aus?

- Das Unternehmen ist ein **komplexes System**, weil viele Elemente in ihm zusammenwirken.
- Das Unternehmen ist ein **offenes System**, weil es in ständigem Austausch mit seiner Umwelt steht.

- Das Unternehmen ist ein **dynamisches System:** Es entwickelt sich laufend weiter.
- Das Unternehmen ist ein **soziotechnisches System:** Um eine Leistung zu erstellen, braucht es den Einsatz von Betriebsmitteln (Maschinen, Anlagen usw.) und Werkstoffen (Rohstoffe, Energie usw.). Da Menschen den Einsatz dieser Mittel planen und mit ihnen arbeiten, bedeutet die Leistung des Unternehmens ein Zusammenwirken von technischen und menschlichen Leistungen, also ein soziotechnisches System.
- Das Unternehmen ist ein **ökonomisch orientiertes System,** denn es plant seine Tätigkeiten nach wirtschaftlichen Richtlinien.

3.2 Das St. Galler Management-Modell

Grundsätzlich bilden Modelle die Wirklichkeit in vereinfachter Form ab. Dadurch bieten sie eine Orientierungs- und Entscheidungshilfe bei der Bewältigung vielschichtiger Problemstellungen. Das **St. Galler Management-Modell (SGMM)** hilft somit dabei, ein Unternehmen strukturiert zu betrachten und seine komplexe Funktionsweise zu verstehen.

Abb. [3-1] **Das St. Galler Management-Modell**

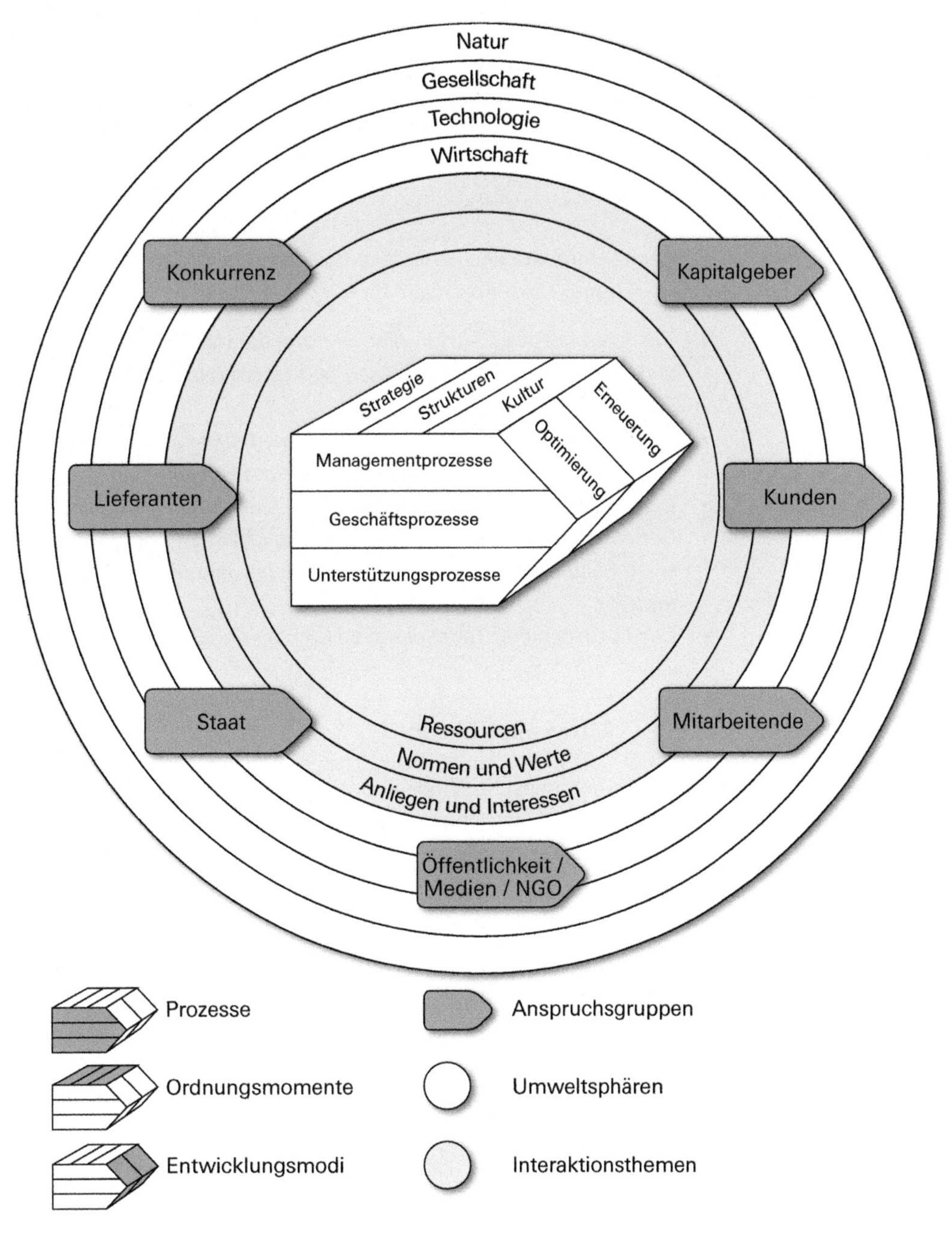

Quelle: Rüegg-Stürm, J.: Das neue St. Galler Management-Modell, Bern 2003

Das St. Galler Management-Modell versteht das Unternehmen als **komplexes, dynamisches System** und verbindet damit die **innere und die äussere Perspektive** auf ein Unternehmen.

Im St. Galler Management-Modell werden **sechs Begriffskategorien** verwendet, die in der nachfolgenden grafischen Darstellung abgebildet sind und in den folgenden Abschnitten kurz vorgestellt werden. Jede Begriffskategorie wird mit einem durchgängigen Praxisbeispiel veranschaulicht.

Das Unternehmen selbst umfasst drei Dimensionen, die im Zentrum der Grafik abgebildet sind:

- Prozesse
- Ordnungsmomente
- Entwicklungsmodi

In den äusseren Kreisen ist die Umwelt des Unternehmens eingezeichnet:

- Umweltsphären
- Anspruchsgruppen
- Interaktionsthemen

Hinweis

Das Fundament des St. Galler Management-Modells wurde in den 1960er-Jahren an der Universität St. Gallen (auch als «HSG» für Hochschule St. Gallen bekannt) unter der Leitung von Prof. Hans Ulrich gelegt. Die 3. Version, erschienen 2002, stellt die Wertschöpfungsprozesse sowie die Beziehungen eines Unternehmens zur Umwelt ins Zentrum. Weil sie die inhaltlichen Anforderungen des TK-Lehrgangs am besten abdeckt, wird sie in diesem Buch behandelt, obschon seit 2017 eine 4. Version des Modells existiert.

Die sechs Elemente des St. Galler Management-Modells werden anhand der **fiktiven Eventfirma «Thuner Lake Festival AG»** kurz vorgestellt:

- Das Lake Festival in Thun ging vor drei Jahren das erste Mal über die Bühne. Regionale und internationale Musikgrössen begeistern das Publikum seither jeweils während dreier Tage im Juli.
- Das Festival am Thunersee gilt als eine der wichtigsten Sommerveranstaltungen in der Region und zieht jährlich mehrere Tausend Besucherinnen und Besucher an.
- Die Festivalleitung will vor allem lokale Lieferanten berücksichtigen.
- Neben den üblichen Verpflegungsmöglichkeiten (Hotdogs, Pizza etc.) will das Festival seine Gäste auch mit speziellen, sich jedes Jahr ändernden Speisen und Getränken überraschen.
- Das Festival bietet Tagespässe zu CHF 99 und 3-Tages-Pässe zu CHF 269 an.

3.2.1 Umweltsphären

Jede unternehmerische Tätigkeit beeinflusst die Umwelt und wird von ihr beeinflusst. Es gilt daher für jedes Unternehmen, wichtige Veränderungsimpulse aus seiner Umwelt frühzeitig wahrzunehmen und daraus die notwendigen Rückschlüsse für die unternehmerische Tätigkeit zu ziehen. Im neuen St. Galler Management-Modell werden **vier Umweltsphären** unterschieden:

- Die umfassendste Umweltsphäre ist die **Gesellschaft.** In ihr drücken sich insbesondere die sozialen, kulturellen, politischen und rechtlichen Entwicklungen aus.
- In der Umweltsphäre **Natur** wird thematisiert, wie die Gesellschaft die Natur wahrnimmt und mit welcher Haltung sie ihr gegenüber auftritt. Zudem beinhaltet sie ökologische Entwicklungen, die ein Unternehmen beeinflussen können.
- Die Umweltsphäre **Technologie** beschreibt die für Unternehmen relevanten technischen Entwicklungen, aber auch die Risikowahrnehmung der Gesellschaft bei der Einführung von neuen Technologien.

- Die Umweltsphäre **Wirtschaft** erfasst die Entwicklungen auf den für das Unternehmen überlebenswichtigen Teilmärkten, den Beschaffungs-, Absatz-, Arbeits- und Finanzmärkten.

Abb. [3-2] **Umweltsphären der Thuner Lake Festival AG**

Umweltsphäre	Beschreibung
Gesellschaft (gesellschaftliche Sphäre)	Das Festival wird beeinflusst von • sich ändernden Sitten und Verhaltensweisen. Vorlieben bei Speisen und Getränken sowie der Musikgeschmack unterstehen der Veränderung. Insbesondere prägen internationale Entwicklungen die Musikszene. • neuen Gesetzen und Regulierungen (z. B. bezüglich Lärmemissionen, Naturschutz und / oder Alkoholausschank).
Natur (ökologische Sphäre)	Das Unternehmen ist damit konfrontiert, dass • sein Erfolg von meteorologischen Einflüssen abhängig ist (Ausbleiben der Besucher und mögliche Überschwemmung des Festivalgeländes durch starken Regen und Gewitter). • es mit seiner Tätigkeit das Festivalgelände (Wiesen, Wege, Insekten- und Wildtierhabitate usw.) belastet und Licht-, Lärm-, Abfallemissionen produziert.
Technologie (technologische Sphäre)	Im Bereich Technologie bieten sich für das Unternehmen Chancen. Werden diese nicht genutzt, besteht die Gefahr, hinter der Konkurrenz zurückzubleiben: • Neue Promotionsmöglichkeiten im Bereich Social Media sowie technologische Neuerungen auf Buchungs- und Bewertungsplattformen für mehr Benutzerfreundlichkeit • Qualitätsverbesserungen und Neuentwicklungen im Bereich Soundtechnik für ein zeitgemässes Musikerlebnis
Wirtschaft (ökonomische Sphäre)	Die wirtschaftliche Situation des Festivals ist geprägt durch • ein Überangebot an Festivals im Sommer und damit verbunden der Schwierigkeit, Künstler und Publikum anzulocken. Diese Konkurrenzsituation erschwert es, eine einmalige Position im Markt zu finden. • die allgemeine konjunkturelle Lage und entsprechend das Spar- und Freizeitverhalten der Bevölkerung. Eine allfällige Inflation (Teuerung) könnte sich darauf auswirken, dass die Ticketpreise angepasst werden müssen. Die Arbeitslosenquote bestimmt darüber, wie einfach das Festival Personal gewinnen kann.

3.2.2 Anspruchsgruppen

Anspruchsgruppen sind **Personen oder Institutionen,** die Ansprüche an ein Unternehmen stellen – vom Unternehmen also etwas erwarten.

Einerseits setzen Anspruchsgruppen **Rahmenbedingungen** und stellen **Ressourcen** bereit: Konkurrenz, Lieferanten, Staat, Öffentlichkeit und Nichtregierungsorganisationen (NGOs). Zum anderen gibt es Anspruchsgruppen, die von der unternehmerischen **Wertschöpfung direkt** betroffen sind: Kapitalgeber, Kunden und Mitarbeitende.

Jedes Unternehmen muss sich überlegen, welche Ansprüche von Gruppen, Organisationen und Institutionen als besonders wichtig zu berücksichtigen sind und wie es mit diesen umgeht, denn es lassen sich **nicht** immer **alle Ansprüche gleichzeitig** erfüllen.

Abb. [3-3] **Anspruchsgruppen der Thuner Lake Festival AG**

Anspruchsgruppe	Ansprüche
Kapitalgeber	• Fremdkapitalgeber (Bank): fristgerechte Zins- und Amortisationszahlungen des Kredits, der für Investitionen in die Festival-Infrastruktur gewährt wurde • Eigenkapitalgeber (Aktionäre): angemessene Rendite in Form einer Dividende, damit sich die Beteiligung am Festival aus ihrem Privatvermögen auszahlt
Kunden	• Vernünftige Ticketpreise und coole Bands • Ein vielfältiges Verpflegungsangebot am Festival • Strikte Einhaltung der Sicherheitsvorschriften • Schutz vor sexuellen Übergriffen
Mitarbeitende	• Faire, marktgerechte Entlöhnung für ihren Einsatz • Hilfe im Umgang mit Problemen und klare Anweisungen des Führungspersonals • Freiwillige Helferinnen und Helfer: Gratis-Festival-Pass als Gegenleistung für ihren Einsatz
Institutionen (Öffentlichkeit / Medien / NGOs)	• Medien (z. B. die «Berner Zeitung»): Hintergrundinformationen sowie Interviewzeit mit Künstlern und Festivalbetreibern • Nichtregierungsorganisationen (NGOs, z. B. Umweltschutzorganisationen wie Greenpeace): richtige Abfallentsorgung, genügend Mülleimer • Gewerkschaften (z. B. Unia): Nichtüberschreiten der Höchstarbeitszeit und generell Einhalten der Arbeitsverträge • Sponsoren (z. B. Aldi): prominentes Erscheinen mit dem Namen auf der Bühne und Verbesserung des Images
Staat	• Gewerbepolizei: Einhaltung der mit der Bewilligung des Festivals zusammenhängenden gesetzlichen Auflagen (Lärm-, Sicherheits-, Entsorgungsvorschriften usw.) • Kanton und Gemeinde: Bezahlung der Festivalsteuern sowie der Gewinnsteuer der AG
Lieferanten	• Pünktliche Bezahlung der offenen Rechnungen und regelmässige Bestellungen (Treue) • Eingerichtete und vom Personal betreute Annahmestelle für alle Warenlieferungen
Konkurrenz	• Fairer Wettbewerb (kein «Schlechtmachen», Nachahmen etc.) • Kooperation bei der Gewinnung internationaler Stars (es ist wahrscheinlicher, dass ein Musiker anreist, wenn er an mehreren Schweizer Festivals ein Engagement hat statt nur an einem)

3.2.3 Interaktionsthemen

Zwischen dem Unternehmen und seinen Anspruchsgruppen bestehen Austauschbeziehungen – sogenannte Interaktionen. Im St. Galler Management-Modell gibt es drei Interaktionsthemen:

- **Ressourcen** (Produktionsfaktoren)
- **Normen und Werte** (ethische Grundlagen der Unternehmenstätigkeit)
- **Anliegen und Interessen** der Anspruchsgruppen

Die drei Interaktionsthemen zeigen auf, wie das Unternehmen mit seinen Anspruchsgruppen verbunden ist und wie es mit deren Ansprüchen umgeht.

Abb. [3-4] **Interaktionsthemen zwischen der Thuner Lake Festival AG und den Anspruchsgruppen**

Interaktionsthema	Beschreibung
Anliegen und Interessen	Das Thuner Lake Festival begegnet den Anliegen der Anspruchsgruppen, indem es ausgewählte Parteien **aktiv** in die Organisation des Festivals **einbezieht** (z. B. Umweltschutzverbände, Gemeinderat Thun, Kulturschaffende aus der Region usw.).
Normen und Werte	Die Geschäftsleitung befolgt die Gesetze, bezahlt faire Löhne und hat **klare Massnahmen** für den Umweltschutz festgelegt. Beispielsweise können Besucher mit einem freiwilligen CO_2-Beitrag helfen, die Emissionen (z. B. aus Flugreisen der Musiker) zu kompensieren. Zudem wurde eine Anlaufstelle für Festivalbesucher zur Meldung sexueller Übergriffe eingerichtet. Damit reagiert das Thuner Lake Festival auf die Werthaltungen und Normen in der Gesellschaft. Es nimmt seine **Verantwortung als Teil der Gesellschaft** wahr.
Ressourcen	Im Bereich der **Ressourcen-Beschaffung** setzt das Festival auf die Zusammenarbeit mit lokalen Lieferanten. Um den **Ressourcenverbrauch** am Festival zu kontrollieren, wurden unter anderem Pfandgebühren auf Becher und Geschirr eingeführt.

Die Interaktionsthemen sind im inneren Kreis des Modells zwischen den Umweltsphären des Unternehmens angesiedelt.

3.2.4 Prozesse

Die Prozesse im St. Galler Management-Modell beschreiben die Tätigkeiten, die ein Unternehmen ausführen muss, um seine Güter herzustellen. Durch die zunehmende Dynamik des Wettbewerbs (Globalisierung, Schnelllebigkeit der Konsumentenbedürfnisse, rasante Entwicklung der Technologie etc.) muss auch ein Unternehmen agil bleiben und nicht mit starren Strukturen, sondern dynamischen, miteinander verzahnten Prozessen arbeiten.

A] Managementprozesse

Die Managementprozesse beschreiben die Führungsaufgaben innerhalb eines Unternehmens. Wer ein Unternehmen führt, muss drei Hauptaufgaben erfüllen: Entwicklung, Lenkung und Gestaltung.

Abb. [3-5] **Hauptaufgaben der Unternehmensführung**

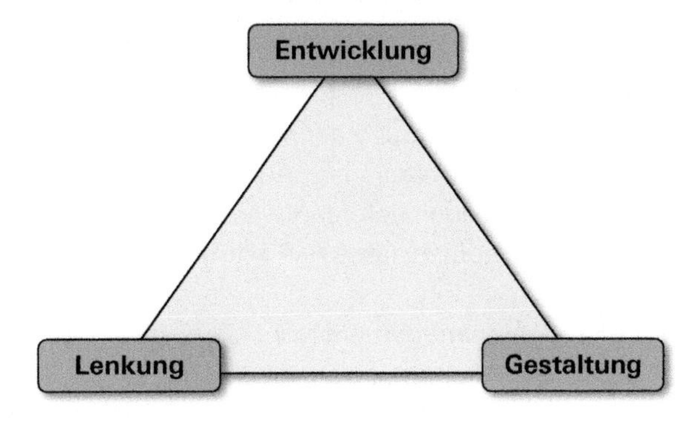

Unternehmensführung findet somit auf drei Ebenen statt, die auch normative, strategische und operative Ebene genannt werden:

- Entwicklung von Wertvorstellungen und Verhaltensgrundsätzen, die für den Umgang mit den verschiedenen Anspruchsgruppen und für die eigene unternehmerische Tätigkeit gelten sollen. Dazu gehören die Erstellung eines Leitbilds und eines Verhaltenskodex sowie die Gestaltung der Unternehmenskultur. Diese Aufgaben werden als **normative Orientierungsprozesse** bezeichnet. Das **normative Management** legt die langfristigen Ziele (5–10 Jahre) fest.
- Gestaltung der Überlebens- und Entwicklungsfähigkeit des Unternehmens durch das Schaffen nachhaltiger Wettbewerbsvorteile. Diese Aufgaben werden als **strategische Entwicklungsprozesse** bezeichnet. Das **strategische Management** bestimmt das Handlungsprogramm für die mittlere Frist von 3–5 Jahren.
- Lenkung von Prozessen: Planen, Koordinieren und Überprüfen der Aktivitäten zur Umsetzung der Strategie. Diese Aufgaben werden als **operative Führungsprozesse** bezeichnet. Das **operative Management** kümmert sich um die Planung konkreter Massnahmen für die kurze Frist, also bis zu 3 Jahre mit Schwerpunkt auf dem nächsten Jahr.

B] Geschäftsprozesse

Die Geschäftsprozesse beinhalten diejenigen Prozesse, die direkt der Leistungserstellung dienen. Sie entsprechen somit weitgehend den primären Aktivitäten der Wertkette:

- **Kundenprozesse** führen zu Kaufentscheiden der Kunden. Dazu gehören Aktivitäten, die der Kundenakquisition, der Kundenbindung und der Bildung eines positiven Images dienen. Dies entspricht den Aufgaben aus dem Marketing und dem Vertrieb.
- **Prozesse der Leistungserstellung** umfassen alle Aktivitäten, die dazu führen, dass eine Leistung entsteht und der Kunde diese Leistung erhält. Dazu gehören Prozesse der Beschaffung, der Logistik und der Produktion.
- Über die **Prozesse der Leistungsinnovation** wird eine Produkt- und Dienstleistungsinnovation erreicht. Diese Prozesse finden oft in der Forschung-und-Entwicklungs-Abteilung statt, können aber aus allen Bereichen des Unternehmens initiiert werden.

C] Unterstützungsprozesse

Unterstützungsprozesse ermöglichen die Durchführung der Geschäftsprozesse, indem sie die Infrastruktur bereitstellen und interne Dienstleistungen erbringen. Sie entsprechen somit weitgehend den sekundären Aktivitäten der Wertkette. Gemäss neuem St. Galler Management-Modell gliedern sich die Unterstützungsprozesse in sieben Teilprozesse:

- Das **Personalmanagement** umfasst die Prozesse und Instrumente der Gewinnung, Entwicklung, Beurteilung und Honorierung der Mitarbeitenden.
- Unter **Bildungsmanagement** werden jene Aufgaben zusammengefasst, mit denen die Qualifikationen der Mitarbeitenden gefördert werden.
- Das **Informationsmanagement** befasst sich mit den Prozessen der Informationsverarbeitung.
- Mit dem **Kommunikationsmanagement** wird die Entwicklung und Pflege tragfähiger Beziehungen zu den Anspruchsgruppen gestaltet.
- Das **Risikomanagement** bedeutet den bewussten Umgang mit Risiken und deren Auswirkungen, die einen entscheidenden Einfluss auf die Zukunftssicherung des Unternehmens haben können.
- Unter dem **Infrastrukturmanagement** werden die Prozesse der Infrastrukturbewirtschaftung verstanden.
- Das Management von **Rechtsaufgaben** unterstützt die Geschäftsprozesse in den vielfältigen Rechtsfragen, die mit den Anspruchsgruppen verbunden sind.

Abb. [3-6] **Prozesse der Thuner Lake Festival AG**

Prozesse	Beschreibung
Managementprozesse	Der Verwaltungsrat (VR) der AG legt im Leitbild fest, welche grundlegenden Verhaltensprinzipien ihre Firma gegen aussen leben möchte, z. B. eine unschlagbare Qualität des Kundenservices und eine ressourcenschonende Durchführung des Festivals. **(normatives Management)** Die beiden Geschäftsführer legen eine Strategie für das Unternehmen fest: Welche Zielgruppen soll das Festival ansprechen? Wie viel Umsatz muss generiert werden, um langfristig zu bestehen? Mit welchen Massnahmen kann dieser Umsatz erreicht werden? Und wie können die Vorgaben des VR berücksichtigt werden? **(strategisches Management)** Anschliessend werden Massnahmen definiert zur Umsetzung der normativen und strategischen Vorgaben. Beispielsweise hat der «Leiter Ticketing» einen Leitfaden für eine freundliche Gesprächsführung im Telefon-Ticketing erstellt. Der «Leiter Beschaffung» achtet beim Einkauf von Lebensmitteln auf möglichst wenig Verpackungsmaterial. **(operatives Management)**
Geschäftsprozesse	Der Kern des Geschäfts ist der Einkauf artistischer Leistungen sowie die Vermarktung der Tickets. Dafür hat das Thuner Lake Festival ein eigenes Team, das sich um die Künstler-Akquise kümmert **(Leistungserstellung)**. Ein Marketing-Team ist für die Bewerbung der Acts und die Kundenzufriedenheit zuständig **(Kundenprozesse)**. Erst kürzlich hat sich das Team entschieden, neu ein Kundenbindungsprogramm einzuführen, bei dem langjährige Festivalbesucher bei Konsumationen Punkte sammeln können, um in Folgejahren von Rabatten zu profitieren **(Leistungsinnovation und Kundenprozess)**.
Unterstützungsprozesse	Das Festival ist nur so gut wie seine Mitarbeitenden. Darum ist das Unternehmen bemüht, regelmässig Mitarbeitergespräche zu führen, um die Zufriedenheit sicherzustellen **(Personalmanagement)**. Um immer auf dem neuesten Stand zu sein, schickt das Festival seine Mitarbeitenden auf Musikkongresse und Konkurrenzveranstaltungen **(Bildungsmanagement)**. Um die Kommunikationsflüsse im Unternehmen zu gewährleisten, setzt das Festival auf ein Intranet, auf dem alle Mitarbeitenden ihre Einsätze sowie andere Informationen einsehen können **(Informationsmanagement)**. Um langfristige Beziehungen zu Lieferanten und Behörde aufzubauen, sind persönliche Gespräche mit ihnen fixer Bestandteil des Planungsjahrs **(Kommunikationsmanagement)**. Ein Risikoausschuss bewertet und priorisiert regelmässig die verschiedenen Risiken wie neue Konkurrenten, aktuelle Wetterlage, Lieferantenengpässe etc. und empfiehlt entsprechend Massnahmen **(Risikomanagement)**. Nach dem Festival ist vor dem Festival: Im Nachgang werden Feststände, Fahrzeuge, WCs, Anlieferungsrampen etc. geprüft, gewartet und wird über allfällige Neuanschaffungen entschieden **(Infrastrukturmanagement)**. Etwa alle zwei Jahre muss sich das Festival mit Lärmklagen auseinandersetzen. Ein befreundeter Jurist prüft dann jeweils, ob die Auflagen eingehalten wurden und ob eine Busse abgewendet werden kann **(Management von Rechtsaufgaben)**.

3.2.5 Ordnungsmomente

Als Ordnungsmomente werden drei übergreifende organisatorische Aspekte bezeichnet, mit deren Hilfe das Unternehmen eine grössere Wirkung und bessere Ergebnisse in seinen Leistungen erzielen kann:

- Die **Strategie** gibt die Ausrichtung des Unternehmens vor. Sie beantwortet die Frage: Was ist zu tun? Eine Strategie ist nötig, um langfristig planen zu können und die nachhaltige Überlebensfähigkeit eines Unternehmens zu sichern. Die Entwicklung der Strategie gehört zu den Managementprozessen. Ist sie einmal definiert, ist sie ein Ordnungsmoment, weil sie als Orientierungspunkt für alle Aktivitäten im Unternehmen dient und diese auf ein gemeinsames Ziel ausrichtet.
- **Strukturen** dienen der Koordination der vielfältigen unternehmerischen Aktivitäten. Sie beantworten die Frage: Wie ist etwas zu tun? Bei der Struktur geht es um die Aufbauorganisation, also darum, wie sich ein Unternehmen organisiert (welche Abteilungen gibt es, wer hat welche Verantwortung? etc.) und um die Ablauforganisation (wie werden einzelne Tätigkeitsabläufe möglichst effizient gestaltet?).

- Die **Kultur** beantwortet die Frage: Warum ist etwas zu tun? Gemeinsame Normen, Wertvorstellungen und Einstellungen prägen das Erscheinungsbild des Unternehmens. Die Kultur kann von der Unternehmensführung massgebend beeinflusst werden. Dieses Gestalten der Kultur ist Teil der Managementprozesse.

Abb. [3-7] **Ordnungsmomente bei der Thuner Lake Festival AG**

Ordnungsmoment	Beschreibung
Strategie	Zur Strategie des Thuner Lake Festivals gehören unter anderem die Berücksichtigung von **lokalen Lieferanten** und das Anbieten von weniger klassischen Festival-Speisen. An dieser Ausrichtung können sich Mitarbeitende **orientieren** und sich im besten Fall damit identifizieren, was ihre Motivation steigern kann.
Struktur	Das Thuner Lake Festival hat **flache Hierarchien** institutionalisiert, um lange Entscheidungswege umgehen zu können und so schnell auf sich ändernde Bedürfnisse (Musikneuheiten, Speisevorlieben in der Gesellschaft, neue Werbemöglichkeiten etc.) reagieren zu können. Für die Annahme von Bestellungen gibt es einen **dokumentierten Ablauf** an Aktivitäten, um sie effizient zu gestalten (automatisierte Bestätigungen an den Kunden, Ausstellung der Tickets, Rechnungsstellung, ggf. Mahnung etc.).
Kultur	Die Unternehmenskultur entsteht durch die **Menschen** im Unternehmen und den **Umgang miteinander**. Beim Thuner Lake Festival herrscht eine **offene Kultur**, in der Kritik und das Miteinander geschätzt werden. Dies äussert sich in enger Zusammenarbeit zwischen den Teams, gegenseitiger Unterstützung bei zeitlichen Engpässen und einem lockeren, zum Teil freundschaftlichen Umgang über alle Hierarchiestufen hinweg.

3.2.6 Entwicklungsmodi

Um in einem dynamischen Umfeld bestehen zu können, müssen sich Unternehmen ständig weiterentwickeln. Solche Veränderungsprozesse spielen sich in zwei Formen ab, die sich im Verlauf der Unternehmensgeschichte meist abwechseln:

- Bei der **Erneuerung** handelt es sich um grundlegende Veränderungen im Unternehmen. Neue Strukturen und Arbeitsabläufe kennzeichnen eine solche Entwicklung. Entsprechend sind die Mitarbeitenden stark gefordert; sie müssen ihre bisherigen Gewohnheiten aufgeben.
- Bei der **Optimierung** hingegen sind vergleichsweise kleine Anpassungen notwendig. Es geht um Feinabstimmungen, die innerhalb der Aufgaben und Prozesse anfallen.

Abb. [3-8] **Entwicklungsmodi bei der Thuner Lake Festival AG**

Entwicklungsmodus	Beschreibung
Erneuerung	Die Thuner-Lake-Festival-Geschäftsleitung hat entschieden, neu neben dem bestehenden Festival ein **zweites Festival** mit klassischer Musik zu lancieren, das **«Thuner Lake Classic»**.
Optimierung	Für die Eingangskontrolle wurde ein **neuartiges System** eingeführt, wofür die Mitarbeitenden beim Einlass mit Tablets ausgestattet wurden (statt wie bisher mit Scannern).

Zusammenfassung

Ein Unternehmen ist ein **komplexes, dynamisches System,** dessen Elemente in vielfältiger Weise zusammenspielen und folglich nicht losgelöst voneinander betrachtet und gesteuert werden können.

Das St. Galler Management-Modell (SGMM) bietet ein übersichtliches Instrument, um ein Unternehmen und alle seine Einflüsse zu analysieren. Es vereint die innere (Unternehmen) und die äussere (Umwelt) Perspektive:

- Das SGMM beschreibt das **Unternehmen** selbst in drei Dimensionen: Prozesse, Ordnungsmomente und Entwicklungsmodi.
- Zur **Umwelt** gehören die Interaktionsthemen, Anspruchsgruppen und Umweltsphären.

Die **sechs Begriffskategorien** des SGMM im Überblick:

Begriffskategorie	Beschreibung
Umweltsphären	Veränderungsimpulse in den Umweltsphären Gesellschaft, Natur, Technologie und Wirtschaft beeinflussen die unternehmerische Tätigkeit.
Anspruchsgruppen	Die Anspruchsgruppen des Unternehmens setzen Rahmenbedingungen oder stellen Ressourcen bereit: Konkurrenz, Lieferanten, Staat, Öffentlichkeit und NGOs sowie Kapitalgeber, Kunden und Mitarbeitende.
Interaktionsthemen	Austauschbeziehungen zwischen dem Unternehmen und seinen Anspruchsgruppen bestehen über die Ressourcen, Normen und Werte und über die Anliegen und Interessen.
Prozesse	Die Unternehmensprozesse bestehen aus drei Prozesskategorien: Managementprozesse, Geschäftsprozesse und Unterstützungsprozesse. Die **Managementprozesse** bezeichnen dabei die Aufgaben der **Unternehmensführung.** Diese findet auf normativer, strategischer und operativer Ebene statt.
Ordnungsmomente	Organisatorische Aspekte verbessern die Wirkung und die Ergebnisse: Strategie, Struktur und Kultur.
Entwicklungsmodi	Veränderungsprozesse im Unternehmen spielen sich in zwei Formen ab: Erneuerung als radikale Veränderung und Optimierung als Feinabstimmung.

Repetitionsfragen

27 Ordnen Sie die folgenden Begriffe der entsprechenden Begriffskategorie des St. Galler Management-Modells zu.

Begriff	Begriffskategorie
Optimierung	
Normen und Werte	
Strukturen	
Operative Führungsprozesse	
Informationsmanagement	
Kundenprozesse	
Kapitalgeber	
Technologie	

28

Welche Aussagen zum St. Galler Management-Modell sind korrekt? Es können zwei oder mehr Aussagen richtig sein.

Richtig?	Aussage
☐	Das St. Galler Management-Modell ist ein Instrument, das sich vorwiegend der Innensicht eines Unternehmens widmet.
☐	Das Prozessverständnis ist im St. Galler Management-Modell zentral, weil es davon ausgeht, dass alle Aktivitäten im Unternehmen verzahnt sind und sich gegenseitig beeinflussen.
☐	Das St. Galler Management-Modell vereint die innere und die äussere Perspektive eines Unternehmens und betont so die Einbettung in seine Umwelt.
☐	Unternehmensführung (Management) findet auf drei Ebenen statt: normativ, strategisch, operativ.
☐	Interaktionsthemen beschreiben, wie das Unternehmen mit seinen Anspruchsgruppen interagiert – wie es also diese Beziehungen konkret gestaltet.
☐	Bei den Strukturen geht es darum, wie strukturiert ein Unternehmen die Umweltsphären beobachtet und aus den Entwicklungen Massnahmen ableitet.

29

Markieren Sie die korrekten Antworten. Ein Unternehmen als System hat folgende Eigenschaften: Es ist …

Richtig?	Aussage
☐	… komplex (viele Elemente wirken zusammen).
☐	… sozioökonomisch (Zusammenspiel von Mensch und Technik).
☐	… mechanisch (immer gleiche, klare Abfolge von Tätigkeiten).
☐	… ökonomisch orientiert (Tätigkeiten auf wirtschaftliche Ziele ausgerichtet).
☐	… dynamisch (es entwickelt sich ständig weiter).
☐	… statisch (einmal geschaffene Strukturen bleiben bestehen und geben Halt).
☐	… offen (beeinflusst von Geschehnissen aus der Umwelt).

30

Ordnen Sie die folgenden Tätigkeiten den Prozessen A–C zu.

A Managementprozesse

B Geschäftsprozesse

C Unterstützungsprozesse

Prozess	Tätigkeit
	Als Vision wird festgelegt, dass man erreichen möchte, dass sich künftig alle Menschen nur noch von regionalen Produkten ernähren.
	Es wird fleissig an neuen Produktinnovationen getüftelt.
	Eine Personalfachfrau wählt zwischen unzähligen Bewerbungsdossiers die Personen aus, die sie zu einem Bewerbungsgespräch einladen möchte.
	Ein Jurist ist gerade damit beschäftigt, abzuklären, ob ein neu entwickeltes Spielzeug den gesetzlichen Sicherheitsanforderungen entspricht.
	Man ist auf der Suche nach neuen Lieferanten, die bessere Konditionen anbieten.
	Es wird die Strategie verfolgt, Produkte an viele Leute zu einem möglichst niedrigen Preis zu verkaufen, um sich so von der Konkurrenz abzuheben.

31 Ordnen Sie die Aufgaben der Unternehmensführung den drei Managementebenen zu.

A Gestaltung

B Lenkung

C Entwicklung

Aufgabe	Managementebene
	Normatives Management
	Strategisches Management
	Operatives Management

4 Unternehmensumwelt: Umweltsphären und Anspruchsgruppen

Lernziele

Nach der Bearbeitung dieses Kapitels können Sie ...

- die Anspruchsgruppen und ihre Erwartungen an ein Unternehmen identifizieren.
- die vier Umweltsphären beschreiben und ihre Wirkung auf das Unternehmen erklären.
- die Zielbeziehungen zwischen verschiedenen Ansprüchen des Unternehmens und seinen Anspruchsgruppen analysieren.

Schlüsselbegriffe

Anspruchsgruppe, Kapitalgeber, Konkurrenz, Kunden, Lieferanten, Mitarbeitende, NGO, Öffentlichkeit / Medien, Shareholder, Stakeholder, Staat, Umweltsphäre (ökologische, gesellschaftliche, technologische, ökonomische), Zielharmonie, Zielkonflikt, Zielneutralität

Sie lesen folgende Schlagzeile in einer Tageszeitung «Immer mehr traditionsreiche Reisebüros gehen Konkurs» und fragen sich, warum dies wohl der Fall ist. Sie recherchieren weiter und stossen auf folgende Aussagen: «Das Reisebüro von heute ist digital» und «Kunden lassen sich im Reisebüro beraten, buchen aber online». Sie schliessen daraus: Offenbar liegt die Herausforderung der Reisebranche in der Digitalisierung – nur wenn sich ein Anbieter an das dadurch veränderte Konsumverhalten anpassen kann, wird er künftig erfolgreich sein.

Unternehmen sind in ein ganz bestimmtes eigenes **Umfeld** eingebettet. Dieses Umfeld besteht aus **Umweltsphären** und aus **Anspruchsgruppen.** Zwischen einem Unternehmen und seiner Umwelt gibt es **wechselseitige Beziehungen:** Veränderungen in der Umwelt verlangen oft eine Anpassung oder gar eine Neuausrichtung der unternehmerischen Aktivitäten.

Abb. [4-1] **Die Umweltsphären und Anspruchsgruppen des Unternehmens**

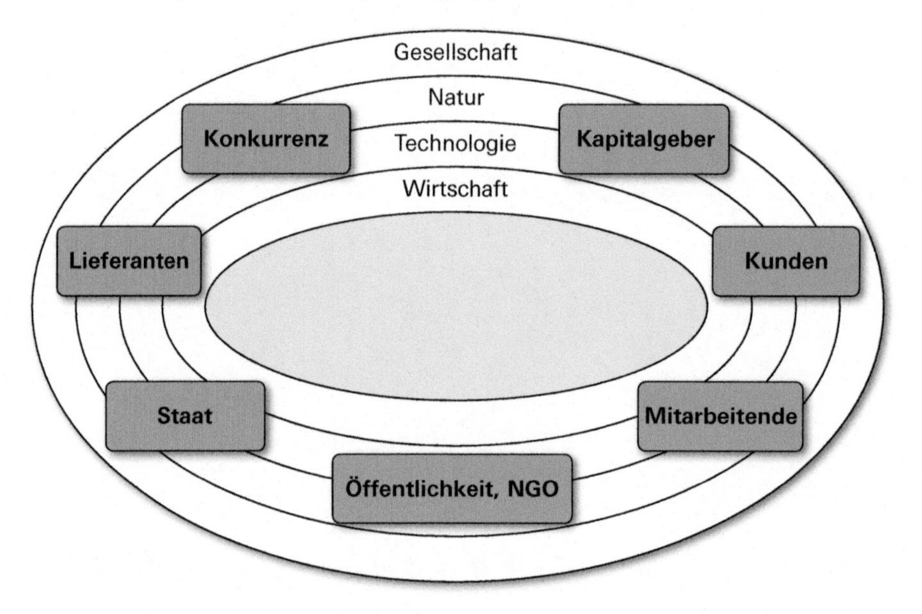

4.1 Umweltsphären

Die Welt ist dynamisch und ständig im Wandel. Auch in der Umwelt eines Unternehmens finden permanent Umwälzungen und Entwicklungen statt, die vier Kategorien **(Sphären)** zugeordnet werden: **Gesellschaft, Natur, Technologie** und **Wirtschaft.**

Die **Umwelt** der Unternehmen **ändert sich ständig**. Ein Unternehmen muss die Entwicklungen beobachten und Annahmen treffen, wie sie sich künftig verändern werden. Zudem sind die Sphären nicht isoliert, sondern stehen in Wechselwirkung zueinander.

Beispiel

Die Menschheit hat vor 150 Jahren entdeckt, wie sie Erdöl technologisch nutzen kann. Dadurch entstanden neue (ökonomische) Produkte wie etwa Plastikspielzeug, Autos und chemische Farbe. Zugleich haben die Schäden in der Umwelt zugenommen, wodurch ein Umdenken in der Gesellschaft erfolgte. Heutzutage möchte man die Nutzung von Erdöl drosseln. Hierzu setzt die Politik ökonomische Anreize (z. B. Zertifikate für den Ausstoss von Kohlestoffdioxid), damit umweltfreundliche Technologien wie Windräder entwickelt werden.

Unternehmen müssen die Entwicklungen in den Umweltsphären beobachten und veröffentlichen entsprechende Aussagen oder Werthaltungen, wie das folgende Beispiel veranschaulicht:

Beispiel

Auszug aus den Konzerngrundsätzen von Roche:

«Als führendes Unternehmen im Gesundheitsbereich entwickeln, produzieren und vertreiben wir hochwertige innovative Lösungen für bisher ungelöste Gesundheitsprobleme. Unsere Produkte und Dienstleistungen dienen der Prävention, Diagnose und Therapie von Krankheiten und tragen damit zur Verbesserung von Gesundheit und Lebensqualität bei. Wir üben unsere Geschäftstätigkeit verantwortungsbewusst und im Sinne einer nachhaltigen Entwicklung aus und nehmen dabei Rücksicht auf die Bedürfnisse des Individuums, der Gesellschaft und der Umwelt.»

Quelle: www.roche.com – Corporate Governance – Konzerngrundsätze

4.1.1 Natur

Die Natur ist unsere Lebens- und Wirtschaftsgrundlage. Der ungestörte Haushalt der Natur wird als Ökologie bezeichnet. Die Ökologie beschreibt die Wechselbeziehungen zwischen den Lebewesen und ihrer Umwelt, daher lässt sich die Sphäre auch als **ökologische Sphäre** bezeichnen. Der Mensch und die Wirtschaft nutzen und verändern die Natur. So verändern Strassen die Landschaft, Emissionen von Schadstoffen und Abgasen verschmutzen die Luft, auslaufendes Rohöl verseucht Meere und tötet Fische und Vögel, radioaktive Unfälle verseuchen den Boden usw. Die **Ausbeutung von nicht erneuerbaren Rohstoffen** verknappt mittel- bis langfristig die Ressourcen, sodass es Alternativen zu bisherigen Rohstoffquellen braucht. Der technische Fortschritt und das gestiegene ökologische Bewusstsein der Gesellschaft ändern permanent das **Spannungsfeld Ökonomie und Ökologie**.

Sowohl Unternehmen als auch Konsumenten achten verstärkt darauf, die Umwelt nicht zu belasten, sondern zu schützen. Materialien können wiederholt benutzt oder wiederverwertet werden **(Recycling)**, um den Rohstoffverbrauch zu senken. Weitere umweltfreundliche Massnahmen sind Energie einsparen **(Energieeffizienz)**, weniger Schadstoffe und Abgase aussondern, Produkte entwickeln, die eine höhere Lebensdauer haben, Kernkraftwerke abstellen usw.

Die Öffentlichkeit, NGOs und Kunden erwarten zunehmend von Unternehmen, dass das Erwirtschaften von Gewinnen nicht zulasten der Umwelt gehen darf. Die Idee einer **ökologiebewussten Unternehmensführung** besteht darin, Produkte und Produktionsverfahren in einem grösseren Zusammenhang und langfristig zu sehen: Unternehmen forschen nach umweltfreundlicheren Produktionsformen, berücksichtigen die Entsorgung bereits bei der Produktentwicklung und orientieren die Öffentlichkeit in Ökobilanzen über ihre Leistungen auf diesem Gebiet. Die Wiederverwertung von Materialien wird beachtet.

Damit es nicht bei Einzelinitiativen von fortschrittlichen Unternehmen bleibt, greift der Staat ein, z. B. indem er eine Energiesteuer erhebt, die den Energieverbrauch senken soll. Die Einnahmen der Energiesteuer können dann zur Behebung von Umweltschäden verwendet werden. Der Staat kann auch **Gesetze** (z. B. das Umweltgesetz) erlassen, in denen er umweltschädliche Stoffe verbietet oder Richtwerte und Vorschriften über die Entsorgung aufstellt.

4.1.2 Gesellschaft

Die Gesellschaft – das sind Menschen, Einzelne, Gruppen, die Öffentlichkeit und ihre Wünsche, Meinungen, Erwartungen sowie die dahinter stehenden **Einstellungen und Werthaltungen.** Gesellschaftliche Veränderungsimpulse und deren Auswirkungen können für den Markterfolg von Unternehmen eine grosse Herausforderung darstellen.

Beispiel

Ethische Fragen haben in den letzten Jahren einen viel höheren Stellenwert eingenommen als bisher. So wird z. B. von Anbietern mehr Transparenz über die Arbeitsbedingungen in den Produktionsstätten von Billiglohnländern gefordert.

A] Politische und rechtliche Entwicklungen

Die Unternehmenstätigkeit kann durch Veränderungen der **politischen oder militärischen Kräfteverhältnisse** eines Landes oder einer Weltregion erheblich beeinflusst werden. Eine regelmässige Beurteilung dieser Entwicklungen und ihrer möglichen Auswirkungen auf die in diesen Märkten geltenden Rahmenbedingungen für die unternehmerische Tätigkeit ist daher unerlässlich.

Veränderungen im rechtlichen Umfeld haben einen direkten Einfluss auf die Unternehmenstätigkeit. Neue **Gesetze, Vorschriften oder Verbote** können hohe Mehrkosten verursachen, dies in Form von zusätzlichen Investitionen und Abgaben. Sie können aber auch zu einschneidenden Marktveränderungen führen, da sich die Rahmenbedingungen der unternehmerischen Tätigkeit massgeblich ändern, wie z. B. bei der Einführung einer Schwerverkehrsabgabe für Lastwagen oder des Werbeverbots für Tabakwaren.

Beispiel

- Das Arbeitsgesetz regelt die Rahmenbedingungen für die Unternehmen und ihre Mitarbeitenden. Zu diesen Rahmenbedingungen kommt in der zweiten Ebene auch der Einfluss der Gesamtarbeitsverträge, die mit den Wirtschaftsverbänden und den Mitarbeitervertretern ausgearbeitet wurden.
- Die unterschiedlichen Steuergesetze in den einzelnen Kantonen spielen bei der Wahl des Standorts des Unternehmens eine wichtige Rolle.
- Die Zweitwohnungsinitiative in der Schweiz beschränkt den Anteil an Zweitwohnungen in Orten. Dadurch hat die Baubranche in Graubünden einen herben Schlag erlitten.

B] Kulturelle und soziale Entwicklungen

Die Internationalisierung der Wirtschaft zwingt viele Unternehmen, sich mit der Kultur – den **Sitten, Traditionen, Grundüberzeugungen und Wertvorstellungen** – anderer Nationen zu beschäftigen. Aber auch die Veränderungen der Werte in der eigenen Gesellschaft müssen beobachtet werden.

Das kulturelle Umfeld ist der grosse gesamtgesellschaftliche Rahmen; das soziale Umfeld umfasst die mehr kurzfristigen und zum Teil sehr vielfältigen **Einstellungen, Lebensstile, Denkweisen** von Einzelnen und Gruppen. Sie äussern sich in dem, was diese Einzelnen oder Gruppen wünschen als Kunden, Mitarbeitende, Sparer usw.

Unternehmen sind gezwungen, mit den oft raschen Veränderungen Schritt zu halten und sich auf neue Essgewohnheiten, neue Freizeitinteressen, ein wachsendes Fitnessbewusstsein, wachsende Wünsche nach Selbstverwirklichung, nach Teilzeitarbeit auch für Männer usw. einzustellen.

Wichtig sind auch mögliche Veränderungen in den **gesamtgesellschaftlichen Grössen** des Umfelds, in dem ein Unternehmen tätig ist oder tätig werden will. Beispiele dafür sind:

- Die **demografische** Entwicklung – wie stark wächst eine Bevölkerung, wie gross ist der Anteil an jungen und älteren Menschen?
- Die Entwicklung des **Bildungsstands** – welche Voraussetzungen bringen die Menschen eines Landes oder einer Region mit?

4.1.3 Technologie

Ohne technischen Fortschritt hätte es keine Industrialisierung gegeben. Technische Innovationen dank der Grundlagenforschung an den Hochschulen, aber auch in Form von Neu- oder Weiterentwicklungen von Produktionsverfahren, Produkten und Dienstleistungen der Konkurrenz bilden einen wichtigen Teil der technologischen Umwelt eines Unternehmens. Der rasante technische Fortschritt hat uns einen grossen Wohlstand gebracht, schafft aber auch Probleme:

- Die Unternehmen stehen unter hohem **Innovationsdruck;** sie müssen den beschleunigten technologischen Wandel mitmachen, um am Markt bestehen zu können. Durch Schaffung immer neuer Produkte suchen Unternehmen den Wettbewerbsvorteil. Die Produktinnovation wird unterstützt durch neue Technologien und Methoden, wodurch sich die Lebensdauer bestimmter Produkte dramatisch verkürzt hat.

Abb. [4-2] **Produktlebenszyklen vor 35 Jahren und heute**

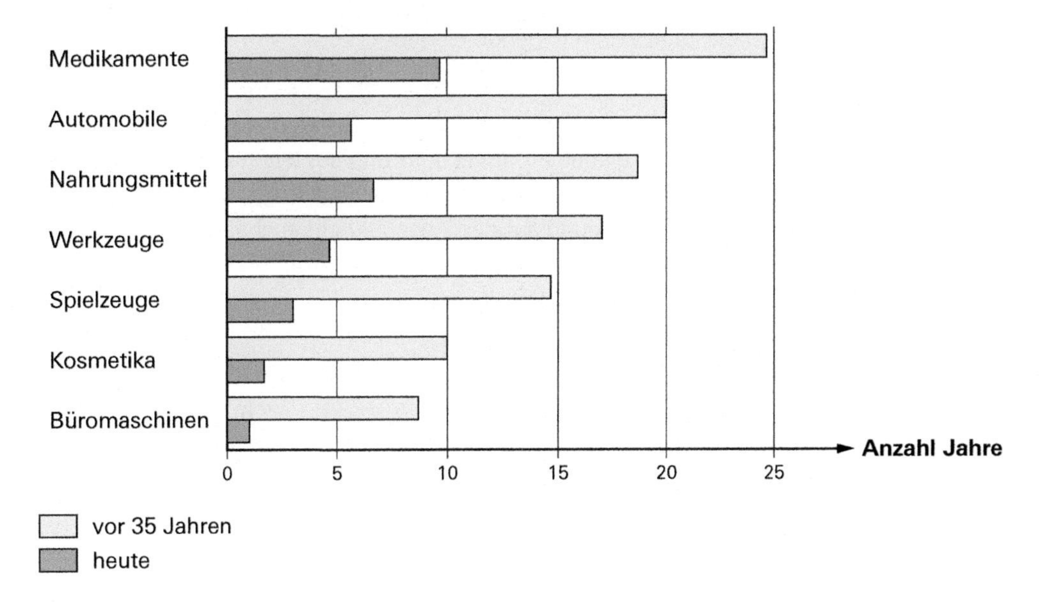

- Die Unternehmen stehen unter hohem **Kostendruck;** sie müssen ihre Produktionsverfahren rationalisieren, um am Markt bestehen zu können. Dadurch fallen Arbeitsplätze weg oder die Mitarbeitenden sehen sich mit veränderten Anforderungen oder einem grösseren Stress konfrontiert.
- Mit der technologischen Entwicklung gehen die Anforderungen an spezialisiertes Wissen einher. Doch nicht nur die Wissensintensität nimmt stetig zu, auch die **Halbwertszeit des Wissens** wird immer kürzer: Was heute noch als Fachkompetenz gilt, ist schon morgen überholt. Dies führt bei den Mitarbeitenden zu einem stetig hohen Anpassungs- und Leistungsdruck.

Hier kommt es darauf an, dass die Technik verantwortungsbewusst genutzt wird, d. h. mit Respekt für Werte wie die Natur, Menschlichkeit und Lebensqualität. Die ökonomische, an Kosten und Produktivität orientierte Denkweise wird dadurch nicht über den Haufen geworfen – sie bleibt das Prinzip der Wirtschaftstätigkeit.

4.1.4 Wirtschaft

Die Sphäre der Wirtschaft besteht aus einer gesamtwirtschaftlichen Einflusssphäre und einem Nahbereich. Eine andere Bezeichnung für die Sphäre ist die **ökonomische Sphäre.**

A] Gesamtwirtschaftliche Einflüsse

Die Wirtschaft ist ein **dynamisches System.** Veränderungen an einer Stelle wirken sich meist auf andere Teile oder auf das Ganze (die Volkswirtschaft) aus. Steigen z. B. die Zinsen für Hypotheken, haben die Vermieter von Liegenschaften höhere Kosten. Die Vermieter erhöhen daher die Mieten, um ihre Mehrkosten zu decken. Die Mieter haben dadurch eventuell weniger Geld zur Verfügung, um die Güter des Unternehmens zu kaufen. Die gesamtwirtschaftliche Situation (d. h. die **Konjunktur**) verändert sich in längeren zeitlichen Wellen.

Wichtige Indikatoren sind unter anderem das Wachstum des Bruttoinlandprodukts (BIP), Wechselkurse, Zinsen, Inflation, Lohnentwicklung, Mieten, Geldmenge, Arbeitslosenquote, Aktienkurse, Auftragseingänge in der Industrie, Lagerbestände, Umsätze im Detailhandel.

B] Das nähere wirtschaftliche Umfeld: Markt und Konkurrenz

Die Märkte sind das eigentliche Aktionsfeld der Unternehmen. Die Unternehmen **gestalten ihren Auftritt** auf dem Markt, ihr Angebot, ihren Kontakt mit den Kunden und Lieferanten, ihr Profil gegenüber den Mitbewerbern und der Konkurrenz. Damit ein Unternehmen die richtigen Entscheidungen treffen kann, muss es die **Märkte beobachten.**

Dabei geht es um folgende Fragen:

- Entwicklungen auf dem Waren-, Dienstleistungs-, Arbeits-, Kapital- oder Rohstoffmarkt
- Eventuelle neue Anbieter auf den eigenen Märkten oder Konzentrationstendenzen
- Eventuelle neue Produkte aufgrund der technischen Entwicklung
- Grösse des eigenen Marktanteils
- Preisentwicklung auf den Absatz- und Beschaffungsmärkten
- Kunden und Konkurrenz; Marktpotenziale, Bedürfnisse der Kunden usw.

Die nachfolgende Tabelle fasst einige wichtige Entwicklungen der ökonomischen Sphäre zusammen.

	Erklärung	Beispiele
Globalisierung	Leistungsfähige Transport- und Kommunikationsmittel vernetzen die Wirtschaft weltweit. Diese Globalisierung eröffnet Unternehmen **Chancen auf neue Absatzmärkte,** aber auch **Risiken durch ausländische Konkurrenten,** die kostengünstiger produzieren können.	Unternehmen stellen sich existenzielle Fragen: • Lohnt sich die Produktion in der Schweiz, wenn dies andernorts kostengünstiger ist? • Ist das Unternehmen gross genug oder muss es mit einem anderen fusionieren, um zu überleben?
Regionalisierung	Regionale Wirtschaftsräume, wie Nordamerika, Asien oder Europa, bilden quasi in sich geschlossene **Binnenmärkte.** Veränderungen im Binnenmarkt wirken sich auf Betriebe aus.	Deutschland ist der grösste Abnehmer von Schweizer Exporten. Eine Wirtschaftskrise dort wirft in der Schweiz Fragen auf, wie z. B. eines Stellenabbaus oder der zeitweiligen Kurzarbeit.
Vom Verkäufer- zum Käufermarkt	Märkte sind dynamisch. Innert weniger Jahre sind sie **gesättigt,** d. h., es herrscht ein **Überangebot** an Produkten und Dienstleistungen, sodass Kunden entscheiden, von wem sie kaufen.	Zwischen den Anbietern hat ein gnadenloser Preiskampf eingesetzt. Wer überleben will, muss den besseren Preis und eine hohe Qualität anbieten können.
Spezialisierung	Als Gegenbewegung zu den «Global Players», den weltweit tätigen Unternehmen, versuchen immer mehr Unternehmen, sich in bestimmten **Nischen** zu spezialisieren.	Viele spezialisierte Unternehmen gehen als Zulieferer enge Partnerschaften mit anderen Unternehmen ein; daraus entstehen weitreichende Abhängigkeiten.

4.2 Anspruchsgruppen

Die Geschäftsleitung ist häufig nicht selbst der Eigentümer des Unternehmens. Stattdessen sind bei KMU und grösseren Unternehmen die Eigentümer Aktionäre (wenn es sich beim Unternehmen um eine Aktiengesellschaft handelt). Das Hauptziel für Aktionäre besteht primär in der Steigerung des Börsenwerts des Unternehmens. Die Unternehmensführung delegieren sie zumeist an den Verwaltungsrat und die Geschäftsleitung.

Dieser Ansatz rückt den **Nutzen der Aktionäre,** also der Eigentümer, in den Fokus. Auf Englisch heisst dieser Ansatz **Shareholder-Value.** Der Begriff setzt sich aus dem englischen Wort für Aktionär («shareholder») und für Wert («value») zusammen. Diese einseitige Ausrichtung auf die Aktionärsinteressen wurde aber in der Vergangenheit oft kritisiert.

Als Alternative wurde der **Stakeholder-Value** entwickelt. Stakeholder ist das englische Wort für **Anspruchsgruppen.** Dieser Ansatz berücksichtigt, dass ein Unternehmen stets in eine **Umwelt mit diversen Sphären** eingebettet ist, aus der es sich nicht herauslösen kann. Die Eigentümer des Unternehmens sind bloss eine Anspruchsgruppe unter mehreren.

Alle Anspruchsgruppen haben eigene Interessen und Ziele. Je nach Macht eines Stakeholders sollte das Unternehmen dessen Ansprüche bei der Strategie berücksichtigen. Denn ein mächtiger Stakeholder kann die Strategie stark fördern – oder aber scheitern lassen. Die Wirkung ist aber nicht nur einseitig, auch das Unternehmen beeinflusst die Anspruchsgruppen.

4.2.1 Die Kapitalgeber

Unternehmen können erst tätig werden, wenn sie über die notwendigen Geldmittel verfügen. Die Mittel stammen von Kapitalgebern, die entweder mit Eigenkapital direkt am Unternehmen beteiligt sind (**Investoren, Aktionäre** oder **Eigentümer**) oder sich als **Fremdkapitalgeber** für eine bestimmte Zeit oder für bestimmte Vorhaben finanziell engagieren (insbesondere **Banken** durch Kredite oder Darlehen).

Jeder Geldgeber erwartet vom Unternehmen, dass seine Investition eine sichere Kapitalanlage bedeutet. Die Fremdkapitalgeber erhalten als Entschädigung für das zur Verfügung gestellte Geld einen vereinbarten Zins, während die am Eigenkapital Beteiligten vom Unternehmen einen Anteil am Gewinn (in Form von Dividenden), einen Vermögenszuwachs (in Form einer Wertsteigerung des Unternehmens und höherer Börsenkurse) und ein Mitspracherecht bei wichtigen Entscheidungen erwarten.

4.2.2 Die Kunden

Jedes Unternehmen ist vom Absatz seiner Produkte und Dienstleistungen abhängig. Nur zufriedene Kunden garantieren den Erfolg im Markt. Daher zählen die Kunden immer zu den wichtigsten Anspruchsgruppen eines Unternehmens.

Die Erwartungen der Kunden scheinen klar: Sie fragen nach einem **Produkt, das möglichst gut auf ihre Bedürfnisse abgestimmt** ist. Grundsätzlich erwarten sie, dafür einen möglichst günstigen Preis zahlen zu müssen oder einen besonders guten Service zu bekommen. Die Kunden wollen sich aber auch mehr und mehr mit den Anbietern identifizieren können, das zeigt sich daran, dass sie sich mehr für das Image des Unternehmens, die Qualität der Produktion, sein soziales oder gesellschaftliches Engagement interessieren. Mit ihrem Kaufverhalten machen sie solche Ansprüche deutlich.

Kunden können auch **Teil der Leistungserstellung** des Unternehmens sein. Sie können dem Unternehmen bei der Entwicklung eines Produkts mit ihren Ideen, Verbesserungsvorschlägen und ihren Fähigkeiten helfen. Dadurch werden die Kunden quasi zu Mitarbeitenden und Lieferanten.

Beispiel Ein Schweizer Uhrenhersteller hat in den Sozialen Medien seine Kunden dazu aufgerufen, ihm Designentwürfe für eine mögliche Uhr zuzuschicken. Beim Hersteller gingen mehrere Dutzend Entwürfe ein. Dadurch hat der Hersteller sein Verständnis für die Kundenwünsche erweitert und er hat die Ideen und Fähigkeiten seiner Kunden für die Entwicklung einer neuen Uhr genutzt. Gleichzeitig hat der Hersteller die Beziehungen zu seiner Kundschaft gepflegt und auf eine interaktive Ebene gehoben.

4.2.3 Die Mitarbeitenden

Motivierte Mitarbeiterinnen und Mitarbeiter sind das wichtigste Kapital für eine erfolgreiche Geschäftstätigkeit. Das weiss jede Unternehmensleitung, und so ist man bestrebt, die Ziele der Mitarbeitenden mit jenen des Unternehmens so weit wie möglich in Einklang zu bringen.

Die Mitarbeitenden bringen ihre Fähigkeiten und Fertigkeiten in den Leistungsprozess ein und erwarten dafür ein Arbeitseinkommen, eine gesicherte Anstellung und **Sicherheit** am Arbeitsplatz. Sie wollen nicht irgendeine Aufgabe erfüllen, sondern wünschen sich Freude an der Arbeit, ein gutes **Arbeitsklima** sowie ein hohes Mass an **Mitbestimmung** am betrieblichen Geschehen (z. B. in der Gestaltung der Arbeitszeit). Das Arbeitsklima wird auch durch das ethische Verhalten des Unternehmens geprägt.

Um ihre Ansprüche gemeinsam zu vertreten, schliessen sich Mitarbeitende in **Gewerkschaften** zusammen. Gleichermassen treten die Arbeitgeber im **Schweizerischen Arbeitgeberverband** oder in **Branchenverbänden** auf. Die **Sozialpartner** sorgen für den kollektiven Ausgleich von Mitarbeiter- und Arbeitgeberinteressen und die Erhaltung des Arbeitsfriedens. Im Zentrum stehen Lohnverhandlungen und die Festlegung von Gesamtarbeits- oder Tarifverträgen. Weitere Themen sind die Arbeitsplatzgestaltung, Arbeitszeitregelungen, Sicherheitsvorschriften, die Gleichstellung von Mann und Frau am Arbeitsplatz usw.

4.2.4 Öffentlichkeit, Medien, Nichtregierungsorganisationen (NGOs)

Die **Presse**, das **Radio**, das **Fernsehen** und das **Internet** spielen für die Meinungsbildung der **Öffentlichkeit** eine entscheidende Rolle. Über Schlagzeilen und Hintergrundberichte prägen sie die Wahrnehmung der Öffentlichkeit gegenüber einem Unternehmen entscheidend mit.

Die **Medien** stellen an das einzelne Unternehmen den Anspruch, offen zu kommunizieren oder Stellung zu Medienberichten bzw. gesellschaftlichen Forderungen zu beziehen.

Beispiel Medien können das Image eines Unternehmens entscheidend fördern oder beschädigen. Würden Sie sich etwa um eine Position bei einem Unternehmen bewerben, wenn Sie aus der Zeitung erfahren, dass viele seiner Mitarbeitenden wegen hohem Arbeitsstress krank geworden sind?

Wenn die Medien aufdecken, dass ein Unternehmen jahrelang verdorbenes Fleisch verpackt und seinen Kunden verkauft hat, wird es Schwierigkeiten haben, seine Fleischwaren künftig zu vertreiben.

Wenn publik wird, dass ein Unternehmen im Ausland Kinder als Minenarbeiter einsetzt, wird es kaum noch Kapitalgeber finden. Stattdessen könnte das sogar Ermittlungen von der Staatsanwaltschaft nach sich ziehen.

Verschiedene Organisationen sind nicht direkt an der politischen Macht bzw. der Regierung beteiligt, lassen aber bestimmte Interessen in den gesellschaftlichen Willens- und Meinungsbildungsprozess einfliessen. Sie werden als **Nichtregierungsorganisationen** bzw. **NGOs** (non-governmental organizations) bezeichnet. Zum Beispiel:

- **Kirchen** und **Vereine** üben einen kulturellen oder moralischen Einfluss aus, zum Teil auch auf politischer Ebene. Sie setzen sich z. B. gegen bestimmte Verfahren wie die Gentechnologie oder für den Tierschutz ein.
- **Initiativgruppen** sind eine Form von Bürgerbewegungen, die ihre Ansprüche an ein Unternehmen in der Öffentlichkeit austragen wollen, z. B. eine gerechtere Fluglärmverteilung oder gegen den Bau einer Sondermülldeponie.

- Zu den NGOs zählt man auch **Gewerkschaften** und **Umweltverbände**, wie z. B. Greenpeace, WWF oder den Verkehrsclub Schweiz (VCS), die mit ihren ökologischen und ökonomischen Anliegen das Image von Unternehmen stark beeinflussen können.

4.2.5 Der Staat

Der Staat als öffentliche Institution bzw. seine Vertreter auf der Gemeinde-, Kantons- und Bundesebene greifen über die **Wirtschaftspolitik** lenkend ein und stellen ihre Ansprüche an die Unternehmen.

Der Staat erwartet finanzielle Beiträge der Unternehmen an die Bewältigung der öffentlichen Aufgaben in Form von **Steuern und Abgaben**. Für Rechtssicherheit sorgt der Staat durch den Erlass von **Gesetzen** (z. B. das Kartellgesetz zum Schutz des freien Wettbewerbs, das Arbeitsrecht zum Schutz der Arbeitnehmenden) und überwacht deren Einhaltung durch das Unternehmen. Indem er über die **Subventionspolitik** Direktzahlungen an bestimmte Bereiche leistet (z. B. die Landwirtschaft, Kinderzulagen, Kultur- und Bildungsinstitutionen), unterstützt er verschiedene Unternehmen, greift aber gleichzeitig in den Wettbewerb dieser Branchen aktiv ein.

Ausserdem tritt er als **Anbieter von Infrastruktur, öffentlichen Gütern und Dienstleistungen** (Strassen, öffentliche Sicherheit, öffentlicher Verkehr, Krankenhäuser, Schulen usw.) sowie als **Käufer** auf den Märkten auf. Dabei kann er auch in Konkurrenz mit privaten Unternehmen treten.

Die politischen **Parteien** wirken im Parlament und in der Regierung am politischen Willensbildungs- und -umsetzungsprozess mit. Sie vertreten z. B. wirtschaftsfreundliche oder sozial orientierte Programme, die umfassende Konzepte für das gesellschaftliche Zusammenleben sind und über Einzel- oder Gruppeninteressen hinausgehen und somit den Handlungsspielraum der Unternehmen indirekt beeinflussen.

4.2.6 Die Lieferanten

Ein Unternehmen bezieht seine Vorleistungen (Input-Güter) von Lieferanten. Lieferanten sind an guten Kontakten und am regen **Austausch** mit dem Unternehmen interessiert – sie leben ja davon, dass sie ihre Güter verkaufen können. **Regelmässige Bestellungen** und **pünktliche Zahlungen** sind weitere Ansprüche, die die Lieferanten an das Unternehmen stellen.

Aus diesem Grund ist die **Zusammenarbeit** zwischen den Unternehmen und den Lieferanten wichtig, etwa in der Logistik oder Forschung. Beide können dadurch profitieren: Der Lieferant bindet durch bedürfnisgerechte Leistungen das Unternehmen als Kunden an sich, das Unternehmen kann sich auf das Know-how des Lieferanten verlassen.

Durch die zunehmende internationale Verflechtung der Beschaffungs- und Absatzmärkte (Globalisierung) hat der **Einfluss des Auslands** auf die Schweizer Wirtschaft und damit auch auf das einzelne Unternehmen in den letzten Jahrzehnten stark zugenommen. Die Schweiz ist im gesamten Welthandel ein kleiner Akteur. Dennoch ist die Wertschöpfungskette vieler Schweizer Unternehmen stark international ausgerichtet. Sie beziehen entweder als Kunde Produkte aus dem Ausland oder liefern als Lieferant ans Ausland.

4.2.7 Die Konkurrenz

In den meisten Absatzmärkten herrscht ein reger **Wettbewerb**. Verschiedene Anbieter umwerben potenzielle Kunden mit oft sehr ähnlichen Produkten. Für das einzelne Unternehmen bedeutet dies, sich von der Konkurrenz durch besondere Leistungen (z. B. den tiefsten Preis, bessere Lieferbedingungen) oder durch ein besonderes Image abzuheben (z. B. durch eine ökologisch orientierte Unternehmensphilosophie, besondere Originalität).

Gleichzeitig herrschen auf jedem Markt bestimmte **Spielregeln** und Grundsätze, die es einzuhalten gilt. Auch erwartet die Konkurrenz eine faire Zusammenarbeit bei übergeordneten Problemen oder Aufgaben innerhalb der Branche (z. B. bei der berufsbezogenen Aus- und Weiterbildung, bei der Einhaltung von Gesamtarbeitsverträgen).

In der Schweiz übernehmen die **Branchenverbände** eine wichtige Rolle bei der Festlegung solcher bracheninterner Spielregeln, aber auch beim Austausch und bei der Lösungsfindung von branchenpolitischen Anliegen oder beim Lobbying auf politischer Ebene. So nimmt z. B. der Wirteverband die Interessen des Gastgewerbes wahr, der Industrieverband diejenigen der Industriebranche usw.

4.2.8 Zielbeziehungen zwischen den Anspruchsgruppen

Jede Anspruchsgruppe ist bestrebt, seine Ziele gegenüber dem jeweiligen Unternehmen zu erreichen. Da die einzelnen Stakeholders verschiedene oder gar gegenläufige Ansprüche haben, wird ein Unternehmen diese nie gleichzeitig und vollständig erfüllen können. Im Gegenteil: Oft verunmöglicht die Verwirklichung eines Ziels die Verwirklichung eines anderen. Man spricht in diesem Zusammenhang von einem **Zielkonflikt**. Insbesondere zwischen den drei zentralen Anspruchsgruppen Kapitalgeber, Kunden und Mitarbeitenden müssen solche Zielkonflikte gelöst werden.

Beispiel

- Die Mitarbeitenden erwarten vom Unternehmen hohe Löhne und gute Sozialleistungen. Die Unternehmensleitung ist bestrebt, eine grosszügige Lohn- und Sozialleistungspolitik anzuwenden. Das bedeutet jedoch, dass der Gewinn durch höhere Personalkosten geschmälert wird.
- Die Kapitalgeber sind ihrerseits an hohen Gewinnen interessiert, denn sie erwarten eine angemessene Rendite für ihre Investition. Ansonsten sind sie nicht länger bereit, ihr Geld in dieses Unternehmen zu investieren. Um die Eigenkapitalbasis langfristig zu sichern, muss die Unternehmensleitung folglich die Ansprüche der Kapitalgeber zu befriedigen suchen.

Eine wichtige Aufgabe der Unternehmensführung ist es, die möglichen Zielkonflikte auszuloten, d. h., die verschiedenen Ansprüche sorgfältig gegeneinander abzuwägen und Prioritäten zu setzen. Denn bestimmte Ansprüche müssen zwingend erfüllt werden (z. B. diejenigen des Staats), andere kann das Unternehmen mitbeeinflussen (z. B. mittels einer ausgewogenen Personalpolitik).

Manche der Ansprüche bzw. Ziele der Anspruchsgruppen können sich auch ergänzen (**Zielharmonie**) oder in keiner Beziehung zueinander stehen (**Zielneutralität**).

Abb. [4-3] **Arten von Zielbeziehungen**

Zielbeziehungsarten	Beschreibung	Beispiel	
Zielharmonie	Die Realisierung eines Ziels verträgt sich mit der Umsetzung eines anderen Ziels.	Die Politik fordert umweltgerechte Produktionsverfahren.	Die Kunden suchen umweltgerechte Produkte.
Zielneutralität	Die Realisierung eines Ziels steht der Verwirklichung des anderen Ziels nicht im Weg.	Lieferanten erwarten wiederkehrende Bestellungen.	Die Konkurrenz erwartet einen fairen Wettbewerb.
Zielkonflikt	Die Ziele widersprechen sich.	Die Mitarbeitenden wollen hohe Löhne.	Der Kapitalgeber erwartet einen hohen Gewinn.

Zusammenfassung

Entwicklungen in vier **Umweltsphären** beeinflussen die Richtung des unternehmerischen Handelns:

- Die **Natur (ökologische Sphäre)** ist Grundlage des Wirtschaftens. Sie kann durch unternehmerische Aktivitäten aber auch belastet werden, sodass ein Spannungsfeld zwischen Ökologie und Ökonomie besteht.
- Die **Gesellschaft** hat ihre eigenen Ansprüche an ein Unternehmen, die auf ihren eigenen Einstellungen und Werten (Ethik) basiert. Die gesellschaftliche Sphäre ist komplex, sie vereint politische, kulturelle und soziale Aspekte.
- **Technologie** hat der Menschheit grossen Wohlstand gebracht. Der technologische Fortschritt verändert erheblich den Alltag und die Geschäftsmodelle von Unternehmen. Dabei machen sich nicht nur Vorteile, sondern auch Probleme bemerkbar.
- Die **wirtschaftliche bzw. ökonomische Sphäre** gliedert sich in zwei Teilbereiche: einerseits in gesamtwirtschaftliche Einflüsse auf volkswirtschaftlicher Ebene, andererseits in das nähere wirtschaftliche Umfeld, sprich in die Entwicklungen auf dem Markt und bei der Konkurrenz.

Gemäss dem **Stakeholder-Value**-Ansatz sollte ein Unternehmen die Anliegen aller seiner Anspruchsgruppen berücksichtigen, um langfristig zu überleben. Dieser Ansatz steht dem traditionellen **Shareholder-Value**-Ansatz entgegen, wonach das Unternehmen nur die Interessen der Eigentümer befolgen sollte.

Es gibt mehrere **Anspruchsgruppen.** Sie alle haben verschiedene Erwartungen an das Unternehmen und verfolgen unterschiedliche Ziele. Manche der Erwartungen und Ziele der Anspruchsgruppen harmonieren miteinander **(Zielharmonie),** andere stehen im Konflikt zueinander **(Zielkonflikt)** oder beeinflussen sich nicht **(Zielneutralität).** Im Konfliktfall muss die Unternehmensleitung entscheiden, welche Ziele sie als wichtiger einstuft.

Anspruchsgruppen	Erwartungen an das Unternehmen
Kapitalgeber	• Sichere und wertsteigernde Kapitalanlage • Rendite (Zinsen, Dividende) • Mitspracherecht bei wichtigen Entscheidungen
Kunden	• Bedürfnisgerechte Produkte • Produkt- und Servicequalität • Identifikation mit Image des Unternehmens
Mitarbeitende	• Persönliche Existenzsicherung durch Lohn, Sozialleistungen, Arbeitsplatzsicherheit, Sicherheit am Arbeitsplatz • Persönliche Zufriedenheit durch ein gutes Arbeitsklima, kooperative Führung, Anerkennung • Identifikation mit einer sozialen, ethischen und umweltverträglichen Unternehmenspolitik
Öffentlichkeit und Nichtregierungsorganisationen (NGOs)	• Medien: offene Kommunikation, Einhaltung von gesellschaftlichen Forderungen • NGO: Einhaltung von gesellschaftlichen Forderungen
Staat	• Steuern und Abgaben • Erfüllung von wirtschaftspolitischen Lenkungsmassnahmen • Einhaltung von Gesetzen • Anbieter und Kunde • Politische Willensbildung und -umsetzung • Einhaltung internationaler Rechtsnormen • Zölle, Steuern und Abgaben
Lieferanten	• Regelmässige Bestellungen • Zahlungsfähigkeit
Konkurrenz	• Einhalten von Spielregeln • Kooperation bei übergeordneten Problemen • Lobbying über die Branchenverbände

32 Welche der in der Tabelle angegebenen Sphären gehören zu den Sphären der Unternehmensumwelt? Markieren Sie die zutreffenden Begriffe.

Sphäre der Unternehmensumwelt	Sphäre
☐	Ökologische Sphäre
☐	Weltliche Sphäre
☐	Technologische Sphäre
☐	Soziale Sphäre
☐	Ökonomische Sphäre
☐	Überirdische Sphäre

33 Ordnen Sie die Themen den richtigen Umweltsphären A–D zu:

A Gesellschaft

B Natur

C Technologie

D Wirtschaft

Umweltsphäre	Thema
	Arbeitslosigkeit
	Im Engadin feiert man die Tradition Chalanda Marz
	Schneemangel belastet die Skigebiete
	Kulturelle Veränderungen in der Gesellschaft
	Die Nationalbank reduziert den Leitzins
	Neue Umweltschutzgesetzgebung
	Heute wird auf der Strasse nicht mehr gegrüsst
	Abstimmung über Altersvorsorge (AHVplus)
	Wirtschaftswachstum
	Inflation nimmt zu
	Bevölkerung wird immer älter
	Digitalisierung
	Politische Verhältnisse
	Starker Frankenkurs belastet Exportunternehmen
	Volk stimmt über ein neues Gesetz ab
	Neue Produktionsanlagen ermöglichen effizientere Produktion

34 Ordnen Sie die Ansprüche den richtigen Anspruchsgruppen A–E zu. Mehrfachzuordnung möglich.

A Lieferanten
B Kunden
C Fremdkapitalgeber
D Mitarbeitende
E Konkurrenten

Anspruchsgruppe	Ansprüche
	Erhaltung der Arbeitsplätze
	Bezahlung der ausstehenden Rechnungen
	Einigung über eine partnerschaftliche Zusammenarbeit
	Zahlung der Löhne
	Qualitativ hochwertige Produkte
	Hohe Zinsen

35 Welchen Umweltsphären ordnen Sie die folgenden Entwicklungen zu?

A] Die Nachfrage nach Luxusgütern ist in den letzten Jahren gestiegen.

B] Seitdem es Antihaftbeläge in Pfannen gibt, werden kaum noch andere Pfannen gekauft.

C] Immer mehr Bauern steigen auf biologische Produktion um.

D] Der Schweizer Franken ist gegenüber dem US-Dollar stärker geworden.

36 Ein Unternehmen überlegt, ob es einen Teil seiner Produktion aus Kostengründen ins Ausland verlagern soll. Welche Gruppen sind hier mit welchen Ansprüchen betroffen? Nennen Sie drei Anspruchsgruppen und formulieren Sie ihre Ansprüche.

Anspruchsgruppe	Ansprüche

37 Manche Unternehmen und Mitarbeitende halten den technologischen Fortschritt für problematisch. Warum taucht diese Skepsis auf? Erklären Sie dies in zwei bis drei Sätzen.

38 Die Globalisierung vermischt Kulturen, Sitten und Traditionen der Gesellschaften auf der ganzen Welt miteinander. Zeigen Sie anhand von zwei Beispielen, welche Folgen sich daraus für Unternehmen ergeben können.

39 Auf welcher Umweltsphäre findet die Entwicklung statt?

A] Generationenwechsel an der Führungsspitze des wichtigsten Konkurrenten

B] Expansionschancen dank des Wirtschaftsbooms in China

C] Deregulierung des Elektrizitätsmarkts

D] Neue Prognose eines Meinungsforschungsinstituts zu sozialen Fragen

40 Jedes Unternehmen ist in ein ganz bestimmtes Umfeld eingebettet. Betrachten wir die Umweltsphären eines Viersternhotels in Lugano:

Notieren Sie pro Umweltsphäre einen konkreten Einfluss auf das betreffende Hotel.

41 Beschreiben Sie für jede der folgenden drei Situationen eine mögliche Abweichung in den verfolgten Zielen oder einen Zielkonflikt zwischen verschiedenen Anspruchsgruppen.

A] Die Gewerkschaften fordern von den Arbeitgebern bei gleichbleibenden Löhnen eine Erhöhung des Ferienanspruchs auf mindestens fünf Wochen pro Jahr.

B] Die Kantonsregierung beschliesst, zwei Regionalspitäler zusammenzulegen.

C] In der Konsumentensendung «Kassensturz» des Schweizer Fernsehens werden verschiedene Sonnenschutzmittel auf ihre Wirksamkeit hin untersucht.

5 Zielsetzungsprozess im Unternehmen

Lernziele

Nach der Bearbeitung dieses Kapitels können Sie …

- Formal- und Sachziele unterscheiden und beschreiben.
- die SMART-Formel für die Formulierung von Zielen anwenden.
- Zielhierarchien beschreiben.
- die Zielbeziehungen Zielkonflikt, Zielharmonie und Zielneutralität erläutern.

Schlüsselbegriffe

Finanzziele, Formalziele, kurzfristige Ziele, langfristige Ziele, Leistungsziele, mittelfristige Ziele, operative Ziele, qualitative Ziele, quantitative Ziele, Sachziele, SMART-Formel, soziale Ziele, strategische Ziele, taktische Ziele, Unternehmensziele, Zielharmonie, Zielhierarchie, Zielkonflikt, Zielneutralität, Zielsystem

5.1 Das Zielsystem im Unternehmen

Unternehmen werden durch Zielsetzungen gesteuert. Daher ist die Zielformulierung eine wichtige Aufgabe der Unternehmensleitung. Der Zielsetzungsprozess wird auf allen Managementstufen vollzogen. Jedes Unternehmen hat darum ein **Zielsystem.**

Man unterscheidet zwei Gruppen von Zielen:

- **Formalziele:** Sie betreffen den Erfolg des unternehmerischen Handelns und werden darum auch Erfolgsziele genannt. Dazu gehören Produktivität, Wirtschaftlichkeit und Gewinn und Rentabilität. Sie stehen über den Sachzielen bzw. Sachziele müssen in Einklang mit den Formalzielen sein.
- **Sachziele:** Beziehen sich auf die konkreten unternehmerischen Tätigkeiten.

Abb. [5-1] **Das Zielsystem im Unternehmen**

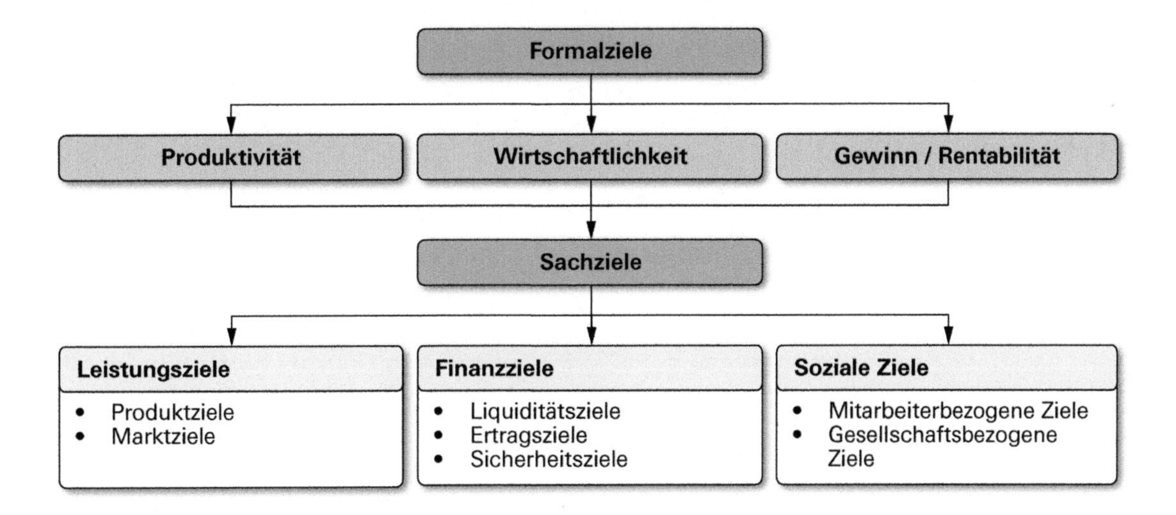

5.2 Sachziele

Man unterscheidet drei Hauptkategorien von Sachzielen:

- **Leistungsziele:** Diese betreffen in erster Linie die strategische Positionierung des Leistungsangebots des Unternehmens, also die Produkte und Dienstleistungen sowie die zu beliefernden Märkte. Um diese Ziele erreichen zu können, braucht es weitere strategische Überlegungen in den einzelnen Bereichen der Leistungserstellung: in Form von strategischen Marketing- und Vertriebszielen, Produktions- und Beschaffungszielen sowie Forschung-und-Entwicklungs-Zielen.
- **Finanzziele:** Oberstes Ziel eines Unternehmens ist die Sicherung seiner Existenz. Die Finanzziele betreffen alle geldmässigen strategischen Ziele des Unternehmens.
- **Soziale Ziele:** Die sozialen Ziele umfassen die mitarbeiter- und die gesellschaftsbezogenen strategischen Ziele des Unternehmens.

In der folgenden Tabelle finden Sie typische strategische Leistungs- und Finanz- sowie soziale Ziele:

Abb. [5-2] **Zielkategorien der Sachziele**

Zielkategorien	Ziele	Detailziele
Leistungsziele	Produktziele	• Art und Gestaltung der Produkte und Dienstleistungen • Angestrebtes Qualitätsniveau • Sortimentsgestaltung • Mengen- und Wachstumsziele
	Marktziele	• Absatzmärkte (Erschliessung neuer Märkte, Abschöpfung bestehender Märkte) • Marktsegmente (Erschliessung neuer Kundengruppen, Kundenbindung) • Marktstellung (Marktanteilsziele) • Absatz-/Umsatzziele
Finanzziele	Liquiditätsziele	• Zahlungsbereitschaft • Liquiditätsreserven
	Ertragsziele	• Reingewinn • Cashflow (Mehrwert, Deckungsbeitrag) • Rentabilität (Gewinn im Verhältnis zum Umsatz, Eigenkapital usw.)
	Sicherheitsziele	• Finanzierung • Risikodeckung
Soziale Ziele	Mitarbeiterbezogene Ziele	• Arbeitsbedingungen • Qualifikation und Förderung • Soziale Sicherheit
	Gesellschaftsbezogene Ziele	• Ökologisches Engagement • Kulturelles Engagement • Engagement in Politik und Verbänden • Soziales Engagement

5.3 Ziele formulieren

Klare Ziele schaffen eine Orientierungsgrundlage. Die **SMART-Formel** dient als allgemeine Richtlinie für die Formulierung solcher unmissverständlicher Ziele.

SMART formulierte Ziele sind:

- **(S)pecific** (konkret): Das ist der Fall, wenn der Gegenstand bzw. Schwerpunkt eindeutig ist. Nur so ist ein Ziel unmissverständlich und damit messbar.
- **(M)easurable** (messbar): Wenn immer möglich, sollte man einen eindeutigen Massstab oder Leistungsstandard für die Ziele finden. Beispiele dafür sind: Absatzmengen, Umsatz, Produktivitätszahlen, Zeiteinheiten, Qualitätsgrade.

- **(A)chievable** (realistischerweise erreichbar): Die Ziele sollten aufgrund der Eignung und der Leistungsfähigkeit der jeweiligen Mitarbeitenden bzw. des Unternehmens und mit den verfügbaren Mitteln erreicht werden können und eine motivierende Herausforderung darstellen. Sowohl unter- als auch überfordernde Ziele wirken kontraproduktiv.
- **(R)esult-oriented** (ergebnisorientiert): Nicht das Wie, also der Weg in Form von einzelnen Tätigkeiten wird formuliert, sondern das Was in Form eines Ergebnisses, einer künftigen Situation oder eines konkreten Endprodukts.
- **(T)ime-related** (termingebunden): Es ist ein genauer Zeitpunkt oder ein Zeitraum für die Zielerfüllung zu vereinbaren, damit die Zielerreichung kontrolliert werden kann.

Beispiel

Das Ziel «Wir werden Marktführer» entspricht keinem SMART-Ziel.

Es ist

- zu wenig konkret (von welchem Markt?),
- ohne Zeithorizont, und damit
- nicht messbar.

Eine bessere Formulierung wäre: «In 10 Jahren werden wir auf dem Schweizer Markt das führende Unternehmen für die Produktgruppe X sein.»

Quantitative Ziele zeichnen sich durch einen quantifizierbaren Leistungsstandard aus, wie z. B. das Rentabilitätsziel (Prozentanteil des Gewinns am eingesetzten Kapital). Dadurch sind sie leicht zu messen. Allerdings besteht die Gefahr, dass man wichtigen Aspekten wie beispielsweise der Qualität einer Leistung nicht mehr genügend Rechnung trägt.

Bei **qualitativen Zielen,** wie z. B. Image des Unternehmens, Kundenorientierung, Flexibilität usw., ist es hingegen schwierig, einen quantifizierbaren Leistungsstandard festzulegen. Um qualitative Ziele zu konkretisieren und damit messbar und überprüfbar zu machen, ergänzt man sie oftmals mit qualitativen Hilfsmassstäben oder Zielen.

Beispiel

Hilfsmassstab für eine verbesserte Kundenorientierung: «Kundenanfragen beantworten wir innerhalb von maximal 24 Stunden.»

Dieses quantitative Ziel ist sehr leicht zu messen. Allerdings setzt es den Kundendienst extrem unter Druck. Wenn zu wenig Mitarbeitende im Kundendienst zur Verfügung stehen, dann läuft das Unternehmen Gefahr, dass die Kundenanfragen schnell beantwortet werden, ohne dass der Kunde eine wirkliche Problemlösung erhält.

Dieses quantitative Ziel ist sehr leicht zu messen. Allerdings setzt es den Kundendienst extrem unter Druck. Wenn zu wenig Mitarbeitende im Kundendienst zur Verfügung stehen, dann läuft das Unternehmen Gefahr, dass die Kundenanfragen schnell beantwortet werden, ohne dass der Kunde eine wirkliche Problemlösung erhält.

5.4 Beziehungen zwischen Zielen

Da in der Praxis selten nur ein einziges Ziel verfolgt wird, sondern mehrere Ziele, ist es wichtig, die Beziehungen zwischen den verschiedenen Zielen zu verstehen.

5.4.1 Zielhierarchie

Eine **Zielhierarchie** liegt vor, wenn einzelne Ziele anderen Zielen unter- oder übergeordnet werden können. Man spricht dann von Ober-, Zwischen- und Unterzielen.

Zum Beispiel ist das Umsatzziel ein Unterziel des Gewinnziels, das wiederum ein Unterziel der Rendite ist.

Abb. [5-3] **Beispiel einer Zielhierarchie**

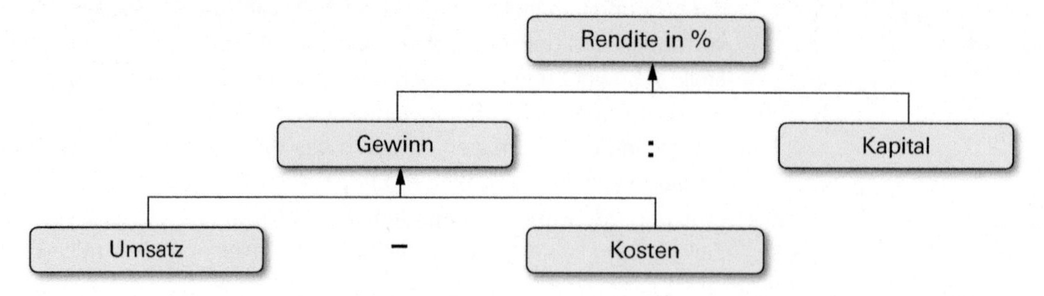

Die Ziele im Marketingkonzept stehen nicht für sich allein, sondern sind eingebettet in ein Zielsystem, das alle Bereiche des Unternehmens abdeckt. Diese verschiedenen Ziele müssen aufeinander abgestimmt sein, damit die Ressourcen im Unternehmen nicht verpuffen. Die obersten Ziele und Ausgangspunkt für alle nachfolgenden Zielebenen sind die **Unternehmensziele.** Aus den Unternehmenszielen werden die Ziele für die einzelnen Bereiche abgeleitet: für das Marketing, die Logistik oder die Produktion. Diese Ziele haben in der Regel einen strategischen Zeithorizont, d. h., sie sollen in drei bis fünf Jahren erreicht werden. Diese **strategischen Ziele** werden mit den **operativen Zielen** weiter konkretisiert, die in einem bis drei Jahren umgesetzt werden. Die unterste Ebene sind schliesslich die **taktischen Ziele,** die man innerhalb Jahresfrist umsetzen kann.

Beispiel

Ein Unternehmen verfolgt eine Internationalisierungsstrategie. Das heisst, das Unternehmensziel ist die Internationalisierung des Unternehmens. Daraus ergibt sich die folgende Zielhierarchie:

Eine weitere Form von Zielhierarchien entsteht aus den unterschiedlichen Zeithorizonten von Zielen. In der Regel haben **langfristige Ziele** einen Horizont von 5 Jahren, **kurzfristige Ziele** einen Horizont von 1 Jahr und **mittelfristige Ziele** fallen dazwischen. Unternehmensziele sind in der Regel langfristige Ziele. Strategische Ziele sind lang- bis mittelfristige Ziele. Operative Ziele sind mittel- bis kurzfristig. Taktische Ziele sind immer kurzfristig. Wichtig ist, dass die kurzfristigen Ziele helfen, die mittelfristigen Ziele zu erreichen, und die mittelfristigen Ziele helfen, die langfristigen Ziele zu erreichen. Der genaue Zeithorizont hängt jeweils von der Branche ab. In sehr dynamischen Branchen (z. B. Onlinewerbung) sind zwei Jahre schon lang.

Ziele mit Zeitablauf wie die langfristigen, kurzfristigen und mittelfristigen Ziele nennen wir **dynamische Ziele.** Ziele ohne Zeitablauf nennen wir **statische Ziele.**

Beispiel

Dynamisches Ziel: den Umsatz eines Produkts von Juni bis September im Vergleich zum ersten Halbjahr um 5.5% zu steigern.

Statisches Ziel: Wir wollen Marktführer im Bereich Klebestoffe werden.

5.4.2 Zielbeziehungen

Die Ziele eines Unternehmens stehen grundsätzlich in drei möglichen Beziehungen zueinander:

- Zielharmonie
- Zielneutralität
- Zielkonflikt

Bei einer **Zielharmonie** verstärken sich die Ziele gegenseitig, denn die Erreichung eines Ziels unterstützt die Erreichung eines anderen Ziels. Das ist der beste Fall, denn dann kann man zwei Fliegen mit einer Klappe schlagen.

Beispiel

Zum Beispiel zeigen verschiedene Studien, dass eine Erhöhung der Mitarbeiterzufriedenheit zu einer Erhöhung der Mitarbeiterproduktivität und -treue führt. Das erhöht wieder die Kundenzufriedenheit und die Kundentreue, was sich schlussendlich in einem höheren Gewinn niederschlägt.[1]

Zielneutralität bedeutet, dass sich die Ziele **nicht gegenseitig beeinflussen.** Egal wie gut oder schlecht Ziel B erreicht wird (z. B. Distributionsgrad im amerikanischen Markt), Ziel A (Reklamationsquote in Italien) bleibt davon unberührt.

Bei einen **Zielkonflikt** behindern sich Ziele gegenseitig oder die Erreichung von Ziel A schliesst die Erreichung von Ziel B aus. Es sind miteinander konkurrierende Ziele.

Beispiel

Die Erreichung des Ziels A steht im Konflikt mit der Erreichung des Ziels B. So stehen z. B. die Ziele «Neukundenakquisition» und «Gewinnmarge» häufig in Konflikt zueinander. Werden grosszügige Rabatte und Aktionen gewährt, so steigt die Zahl der Neukunden (Ziel A), aber die Gewinnmarge schrumpft (Ziel B).

Der Zielkonflikt ist die **wichtigste** der drei Beziehungen. Führungspersonen müssen erkennen, zwischen welchen Zielen es Konflikte gibt, um dann eine optimale Nutzenabwägung vorzunehmen. Im obigen Beispiel muss also festgelegt werden, welche und wie grosse Rabatte gewährt werden sollen, um neue Kunden zu gewinnen.

Abb. [5-4] **Zielharmonie, Zielneutralität und Zielkonflikt**

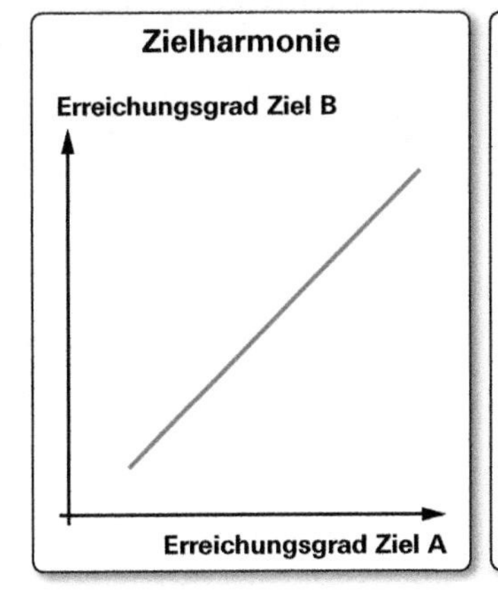

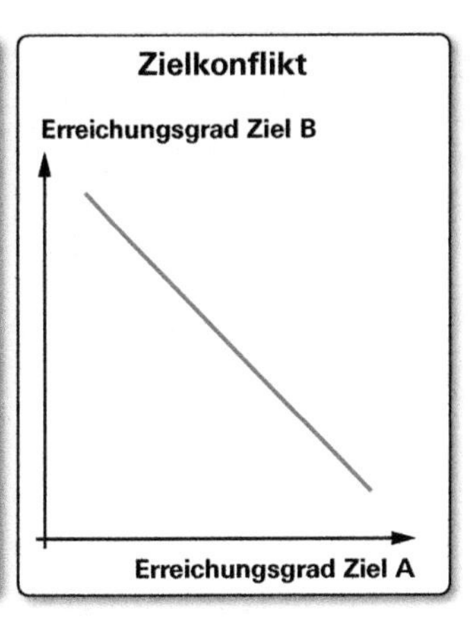

[1] Kamakura, Wagner A; Mittal, Vikas; De Rosa, Fernando und weitere: Assessing the Service-Profit Chain, Marketing Science 21 (2002) 3, S. 294–317.

Zusammenfassung

Ein **Ziel** ist ein erstrebenswerter Zustand in der Zukunft. Man unterscheidet grundsätzlich Formal- und Sachziele. **Formalziele** sind übergeordnete Ziele, die den Erfolg betreffen. **Sachziele** beziehen sich auf die konkrete unternehmerische Tätigkeit.

Die Sachziele lassen sich nach folgenden Zielkategorien unterscheiden:

- **Leistungsziele**
- **Finanzziele**
- **Soziale Ziele**

Die **SMART-Formel** hilft bei der richtigen Formulierung von Zielen. Die Abkürzung steht für:

- (S)pecific (konkret)
- (M)easurable (messbar)
- (A)chievable (realistischerweise erreichbar)
- (R)esult-oriented (ergebnisorientiert)
- (T)ime-related (termingebunden)

Wir unterscheiden zwischen **quantitativen Zielen** (werden als Menge oder Beträge gemessen) und **qualitativen Zielen** (decken psychologische Elemente wie die Wahrnehmung der Kunden einer Marke ab).

Aufgrund der **Zielhierarchie** ergeben sich folgende Zielarten:

- **Strategische, operative** und **taktische Ziele**
- **Lang-, mittel-** und **kurzfristige Ziele**
- **Dynamische** und **statische Ziele**

Ziele stehen in vielfältigen **Beziehungen** zueinander. Wenn sich zwei Ziele konkurrenzieren, spricht man von einem **Zielkonflikt,** wenn sie sich ergänzen, von einer **Zielharmonie.** Besteht weder ein Konflikt noch eine Harmonie, spricht man von einer **Zielneutralität.**

- **Strategische, operative** und **taktische Ziele**
- **Lang-, mittel-** und **kurzfristige Ziele**
- **Dynamische** und **statische Ziele**

Ziele stehen in vielfältigen **Beziehungen** zueinander. Wenn sich zwei Ziele konkurrenzieren, spricht man von einem **Zielkonflikt,** wenn sie sich ergänzen, von einer **Zielharmonie.** Besteht weder ein Konflikt noch eine Harmonie, spricht man von einer **Zielneutralität.**

Repetitionsfragen

42

Es ist eine Aufgabe der Unternehmensführung, die strategischen Unternehmensziele festzulegen. Ordnen Sie die folgenden Beispiele dem richtigen Zielbereich zu:

A] Bis 20xx zählen wir im Produktbereich XY mindestens 120 000 Kunden bei einem Umsatz von mindestens CHF 4 Mio.

B] Aus unserem erzielten Reingewinn (vor Steuern) fliessen jährlich maximal 3% in die regionale und die überregionale Jugendsportförderung.

C] Mittels des Führungsmodells MbO (Management by Objectives) beteiligen wir unsere Mitarbeitenden finanziell am persönlichen Leistungserfolg.

D] Sämtliche Investitionsvorhaben, die die Erweiterung unserer Fertigungskapazitäten betreffen, müssen zu mindestens 75% eigenfinanziert sein.

43 Bringen Sie die folgenden Ziele in eine Zielhierarchie:

- Umsatz von Produkt A im Jahr 2018 in der Schweiz CHF 3.2 Mio.
- Kosten von Produkt A im Jahr 2018 in der Schweiz CHF 2.5 Mio.
- Rendite von Produkt A im Jahr 2018 in der Schweiz 15%

44 A] Beurteilen Sie, ob das folgende Ziel die Vorgaben der SMART-Formel einhält. Wir wollen im nächsten Jahr den Umsatz mit Bilderbüchern auf dem Deutschschweizer Markt um 20% erhöhen. Verantwortlich ist der Verkaufsleiter.

B] Handelt es sich um ein qualitatives oder ein quantitatives Ziel?

45 Ein Unternehmen hat eine statistische Analyse über sämtliche Produkte gemacht und dabei folgende Zusammenhänge zwischen den Zielgrössen Preis, Menge, Kundenzufriedenheit, Gewinn, Umsatz und Marge entdeckt:

1. Wenn der Umsatz steigt, steigt der Gewinn.
2. Wenn der Preis steigt, bleibt der Umsatz konstant (Umsatz = Preis · Menge).
3. Wenn der Preis steigt, sind Kunden unzufrieden.
4. Das Unternehmen rechnet mit Zuschlagskalkulation (Einkaufspreis + 100% = Verkaufspreis).

Welche Beziehung besteht zwischen folgenden Zielen?

Zielkonflikt	Zielharmonie	Zielneutralität	
☐	☐	☐	Umsatz und Gewinn
☐	☐	☐	Kundenzufriedenheit und Preis
☐	☐	☐	Umsatz und Marge

Teil B

Ordnungsmomente: Strategie, Kultur, Struktur

6 Strategie und Kultur: normatives und strategisches Management

Lernziele

Nach der Bearbeitung dieses Kapitels können Sie ...

- die normativen Managementprozesse beschreiben.
- die Unternehmenskultur und das Unternehmensleitbild erklären.
- die strategischen Managementprozesse erläutern.
- die Instrumente der Umwelt- und Unternehmensanalyse darstellen.

Schlüsselbegriffe

5-Forces-Modell, Mission, normatives Management, Portfolio-Analyse, Strategie, strategisches Management, SWOT-Analyse, Umweltanalyse, Unternehmensanalyse, Unternehmenskultur, Unternehmensleitbild, Vision, Wachstumsstrategien, Wettbewerbsanalyse, Wettbewerbsstrategien

Beim Management von Unternehmen können wir grundsätzlich drei Ebenen unterscheiden:

- Normative Ebene: Hier werden die langfristigen Ziele festgelegt.
- Strategische Ebene: Hier wird das Handlungsprogramm für ca. 3 bis 5 Jahre bestimmt.
- Operative Ebene: Hier werden die konkreten Aktivitäten für die nächsten 2 bis 3 Jahre geplant.

Abb. [6-1] **Die drei Ebenen des Managements**

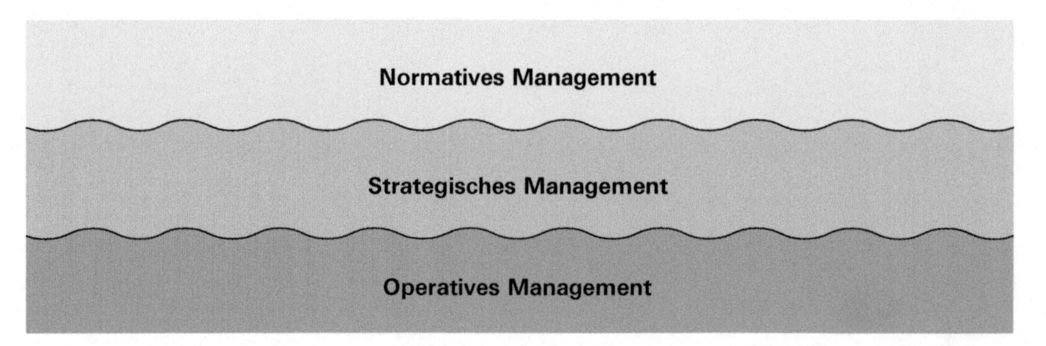

In diesem Kapitel behandeln wir die normative und die strategische Ebene.

6.1 Normative Managementprozesse

Die Auseinandersetzung mit den generellen Zielen des Unternehmens und mit den Normen und Regeln, nach denen sich die unternehmerische Tätigkeit richten soll, gehört zu den grundlegenden Managementaufgaben. Sie bilden die Leitlinien für den Aufbau und die Pflege tragfähiger Beziehungen mit den verschiedenen Anspruchsgruppen.

Dazu gehören die ethischen Grundsätze der unternehmerischen Tätigkeit, die Unternehmenskultur und das Unternehmensleitbild.

6.1.1 Ethische Grundsätze

Das unternehmerische Handeln orientiert sich an zwei Grundsätzen: Es muss gegenüber den Anspruchsgruppen **verantwortbar** und für das Unternehmen selbst **zumutbar** sein. Die Wahl der zu berücksichtigenden Werte und Normen in der eigenen Geschäftstätigkeit hängt folglich stark von der Einstellung zu ethischen Fragen ab.

Ethische Grundsätze können mit dem bekannten Sprichwort formuliert werden: «Was du nicht willst, das man dir tut, das füg auch keinem andern zu!» Daraus lassen sich Verhaltensprinzipien für die unternehmerische Tätigkeit ableiten, wie z. B.

- im Umgang mit **Geschäftspartnern und Konkurrenten:** sich für die Einhaltung fairer Spielregeln im Wettbewerb einsetzen, Mitverantwortung tragen.
- im Umgang mit **Kunden:** offene, vollständige und ehrliche Kommunikation, keine irreführenden Werbebotschaften, keine unlauteren Geschäftspraktiken, klare Deklaration von Inhaltsstoffen oder Herkunft der Produkte.
- im **Umweltschutz:** ökologisch bewusstes Wirtschaften, Rücksichtnahme auf kommende Generationen, Einhaltung von Umweltschutzbestimmungen.
- im Umgang mit den **Mitarbeitenden:** Anliegen der Mitarbeitenden respektieren, hohe Mitarbeiterzufriedenheit anstreben, Risiken vermeiden, wie sie z. B. bei der Verwendung von giftigen Stoffen oder von gefährlichen Maschinen entstehen.

6.1.2 Unternehmenskultur

A] Was ist Unternehmenskultur?

Die Unternehmenskultur ist die Gesamtheit der von den Mitarbeitenden gemeinsam getragenen Überzeugungen, Normen, Handlungs- und Verhaltensmuster, d. h. die geltenden **Wertvorstellungen.** Sie bestimmen das Erscheinungsbild eines Unternehmens gegen innen und aussen, d. h. die Zusammenarbeit im Unternehmen und den Auftritt gegenüber den Anspruchsgruppen.

B] Arten von Unternehmenskultur

Es gibt starke und weniger ausgeprägte Unternehmenskulturen; man spürt sie, wenn man mit einem Unternehmen zu tun hat. So herrscht z. B. ein lockerer, unkonventioneller Ton oder eine formelle, eher steife und distanzierte Atmosphäre. Sie zeigt sich durch Sitten, Gebräuche, Symbole, Rituale usw., ebenso in der Art, sich zu kleiden, in der Gebäudearchitektur und Einrichtung von Arbeitsplätzen. Die Art, wie Sitzungen abgehalten werden, wie mit Erfolgen und Krisen umgegangen wird, wie Mitarbeitende ausgewählt und befördert werden, ob man auch in der Freizeit gemeinsam etwas unternimmt, sind ebenfalls Manifestationen einer Unternehmenskultur.

Die in der Unternehmenskultur verankerten Werte ergeben sich aus der Geschichte des Unternehmens, den Überzeugungen der Gründer und prägenden Persönlichkeiten, aus Gewohnheiten, Legenden, Anekdoten, einschneidenden Erlebnissen, gezielten Veränderungsmassnahmen usw.

Unternehmenskulturen lassen sich nach verschiedenen **Merkmalen** charakterisieren, z. B. nach dem Grad der Offenheit bzw. Geschlossenheit, nach dem Grad der Änderungsbereitschaft etc.

Abb. [6-2] **Merkmale von Unternehmenskulturen**

Merkmal	Beschreibung
Grad der Offenheit bzw. Geschlossenheit	In einer aussenorientierten Kultur versteht sich jeder als Dienstleister für Aussenstehende. In einer innenorientierten Kultur will man in Ruhe seine Produkte entwickeln, die Aussenkontakte werden an wenige Mitarbeitende (den Aussendienst usw.) delegiert.
Grad der Änderungsbereitschaft	Änderungs**feindlichkeit** zeigt sich im Festhalten an Traditionen und im Bestreben, eine Insel zu bilden; es wird viel Energie für die innere Abstimmung, für das Bewahren und Einhalten von Formellem verwendet. – Änderungs**freundlich** ist eine Kultur, die zukunftsorientiert ist, die sich auf die Wünsche der Kunden einstellt und das unternehmerische Denken und die Kreativität der eigenen Mitarbeitenden fördert.
Grad der Einheitlichkeit	**Einheitskulturen** legen Wert auf eine Gleichschaltung des Denkens und auf Ausrichtung nach der Unternehmensspitze; es gibt strenge formale Regeln, an die sich alle halten. Der Gegenpol sind Unternehmen, die bewusst verschiedene **Subkulturen** unter ihrem Dach haben. Es gibt viele kleine Einheiten (z. B. Profitcenter), die sich in ihrer Denk- und Verhaltensweise oft stark voneinander unterscheiden und sogar miteinander in Wettbewerb treten. Sie handeln sehr flexibel und kommunizieren **netzartig** miteinander. Das verbindende Dach sind einige gemeinsame Werte, mit denen sich **alle** identifizieren und durch die sich das Unternehmen von anderen Unternehmen unterscheidet.
Art der Führung	Bei einigen Unternehmen bestimmt die Führung möglichst vieles; das Kostendenken ist hoch entwickelt; es gibt viele institutionalisierte Instrumente und Verfahren. Andere Unternehmen haben eine entwicklungsorientierte Einstellung: Man ist stärker qualitativ (als quantitativ) ausgerichtet, sucht nach unternehmerischen Lösungen, nach Sinn, will langfristige Werte schaffen.
Stellenwert der Mitarbeitenden	Einige Unternehmen erwarten von ihren Mitarbeitenden primär Gefolgschaft; sie sollen in erster Linie **loyale Mitarbeitende** sein. Anpassung und Konformität werden belohnt, es gibt viele kollektive Zwänge, die Gruppenkompetenz und das Wir-Gefühl stehen im Vordergrund. Andere Unternehmen erwarten von ihren Mitarbeitenden, dass sie leistungsstark und verantwortungsbewusst sind. Die individuelle Leistung, die hohe Kompetenz und Verantwortungsübernahme des Einzelnen werden belohnt.

C] Aufgabe des Managements

Es gehört zu den Kernaufgaben des Managements, die Entwicklung einer bestimmten Unternehmenskultur bewusst zu unterstützen und gegebenenfalls in eine neue Richtung zu führen, denn ein unternehmenspolitischer Kurswechsel bringt oft auch Veränderungen in der Unternehmenskultur mit sich. Jede Führungskraft muss sich dabei ihrer **Vorbildwirkung** bewusst sein. Mit ihrem eigenen Führungs- und Kommunikationsstil und mit der bewussten Gestaltung von Veränderungsprozessen trägt sie massgeblich zur Verankerung der Unternehmenskultur bei.

6.1.3 Unternehmensleitbild

Das Leitbild ist eine schriftliche Erklärung des Unternehmens über anzustrebende langfristige Ziele, Werte und Verhaltensgrundsätze bzw. Geschäftsprinzipien, an denen sich das Unternehmen orientieren will.

Es ist nach innen und nach aussen gerichtet. **Nach innen** soll ein Leitbild Orientierung geben und die Mitarbeitenden motivieren. **Nach aussen** soll es zeigen, wofür ein Unternehmen steht, und das Image bei Kunden, Kapitalgebern und in der Öffentlichkeit fördern.

Das Leitbild enthält folgende **Aussagen:**

- Ziele – welche wirtschaftlichen Ziele hat das Unternehmen?
- Identität – was charakterisiert das Unternehmen?
- Verhaltensgrundsätze – wie verhalten wir uns als Unternehmen?

Ein Leitbild beschreibt die Vision und die Mission einer Organisation und die angestrebte Organisationskultur.

Die **Vision** ist die Beschreibung eines idealen Zustands in der Zukunft. Sie beantwortet die Fragen: Wo wollen wir in fünf bis zehn Jahren stehen? Sie richtet sich nur nach innen an die Mitarbeitenden des Unternehmens.

Beispiele für Visionen sind:

- Wir wollen in der Schweiz Marktführer für … sein.
- Wir wollen in Europa zu den drei wichtigsten Anbietern von … gehören.

Die **Mission** ist die Grundaufgabe des Unternehmens. Sie erklärt, warum das Unternehmen oder eine Organisationseinheit existiert. Sie richtet sich aber nicht an die Mitarbeitenden, sondern an die Kunden. Diese sollen auch wissen, wofür das Unternehmen steht. Sie beantwortet die Frage: Wie wollen wir von unseren Kunden gesehen werden?

Worin unterscheiden sich Vision und Leitbild?

- Die Vision richtet sich nur nach innen an die Führungskräfte und Mitarbeitenden des Unternehmens. Das Leitbild richtet sich nach innen und nach aussen an alle Anspruchsgruppen des Unternehmens.
- Die Vision ist prägnant, Leitbilder sind detaillierter.
- Das Leitbild beginnt oft mit der Vision. Die Vision ist also Voraussetzung und Teil des Leitbilds.
- Leitbilder werden immer schriftlich formuliert, Visionen nicht unbedingt.

In der folgenden Abbildung sehen Sie ein Beispiel für ein Leitbild.

Abb. [6-3] **Unternehmensleitbild axeon (mit Mission, ohne Vision)**

Leitidee

Hinter axeon verbirgt sich ein junges, dynamisches Unternehmen. Unsere Dienste und Leistungen bieten wir massgeschneidert den Anforderungen der Kunden an. Wir verstehen uns als beweglichen Partner von kleinen und mittleren Unternehmen (KMU). Zusammen mit den Kunden eruieren wir die Bedürfnisse, erstellen Situationsanalysen, zeigen mögliche Schwachstellen auf und unterbreiten anschliessend Konzepte und Lösungen. Ausserdem bieten wir seit Beginn unseren Kunden Hard- und Software zu äusserst guten Konditionen. Aufgrund unserer einfachen und schlanken Struktur finden Sie bei uns immer Topqualität zu Tiefstpreisen.

Ihr Erfolg – unser Erfolg

Der Kunde steht bei uns im Mittelpunkt. Unser Handeln richtet sich ausschlaggebend nach den entsprechenden Bedürfnissen. Einzelkämpfer sind out. Was zählt, ist die Teamarbeit mit dem Kunden. Vom ersten bis zum letzten Schritt begleiten wir ihn durch alle notwendigen Phasen. Schnelles Agieren, flexibles Reagieren mit Kompetenz und Effizienz für den Kunden sind nur einige Stärken von uns. Wir achten darauf, Technologien der Situation und dem Umfeld entsprechend einzusetzen. Zusammen mit unseren Kunden streben wir eine langfristige Partnerschaft an.

Ihr Erfolg ist unser Erfolg.

Partnerschaft

Partnerschaft ist für uns nicht einfach ein Schlagwort. Wir gehen Verbindungen mit speziell ausgewählten Firmen ein. Den Fokus setzen wir klar auf langjährige Geschäftsbeziehungen. Gerade bei grossen Projekten sind wir dadurch in der Lage, Eliteteams zu bilden. Diese garantieren dem Kunden Erfolg und eine effiziente Umsetzung seiner Vorhaben. Unsere langjährige Erfahrung im Projektmanagement ist ein weiterer Baustein zum gemeinsamen Erfolg.

Umfeld

Die an unser Unternehmen gestellten Anforderungen gehen weit über das Spektrum der klassischen IT-Unternehmen hinaus. Informationsmanagement, Kommunikationsstrukturen und Qualitätsbewusstsein sind einige Themen. In teamorientiertem Arbeiten, prozessorientierten Analysen und integrativen Lösungen liegt unser Fokus. Die Implementierung von Lösungen ist unser Handwerk. Probleme sehen wir als Herausforderungen an. Gemeinsam mit Ihnen setzen wir alles daran, Sie bei Ihren Problemen zu unterstützen und Ihnen stets die optimale Lösung anzubieten.

https://www.axeon.ch/index.php/unternehmen/leitbild

6.2 Strategische Managementprozesse

6.2.1 Definition der Strategie

Die Formulierung der Unternehmenspolitik ist die Grundlage für die Unternehmenstätigkeit. Damit sie umgesetzt wird, benötigt man eine Strategie.

Strategie ist ursprünglich ein Begriff aus der Kriegsführung und bezeichnet die Lehre von der Führung der Kriegshandlungen, mit denen der Kriegsverlauf massgeblich beeinflusst wird. Strategie ist Planung im umfassenden Sinn; Taktik ist konkreter und bezeichnet das Handwerk der Truppenführung.

Abb. [6-4] **Die Umsetzung der Unternehmenspolitik durch die Strategie**

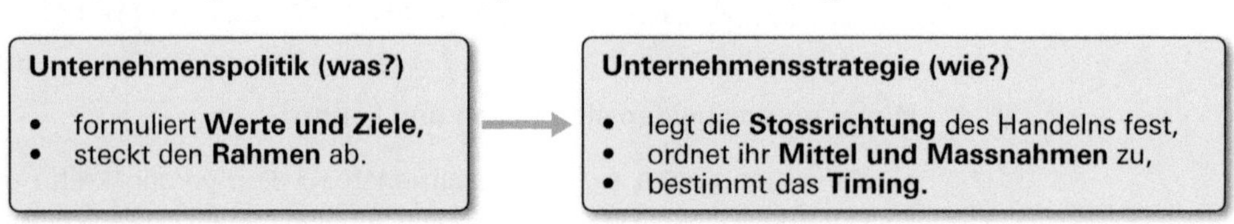

Strategien sind **handlungsorientiert.** Sie geben an, wie Ziele, Mittel und Massnahmen aufeinander abzustimmen sind, damit die gewünschten Wirkungen erreicht werden. Strategien sind relativ allgemein, sie werden für ein ganzes Unternehmen, für Geschäftseinheiten oder Funktionen formuliert.

Strategien sind erfolgentscheidend. Es gibt aber nicht **die richtige** Strategie, richtig ist immer jene Strategie, die am besten zur gegebenen Ausgangslage passt und mit den unternehmenspolitischen Zielsetzungen in Einklang steht.

Je nach Ausgangslage können ganz unterschiedliche Strategien richtig sein: Im einen Fall sind neue Wettbewerbsvorteile aufzubauen (Differenzierungsstrategie), in einem anderen ist eine stärkere Kostenorientierung entscheidend oder Diversifikation oder Desinvestition, Schrumpfung und Restrukturierung oder auch eine vermehrte Kooperation mit Partnern. Selbst bei **ähnlicher** Ausgangslage können **unterschiedliche** Strategien zum Erfolg führen.

Beispiel

Zwei Ersatzteilhändler derselben Branche haben den Markt durch unterschiedliche Strategien erfolgreich aufgeteilt. Der eine beliefert seine Kunden in kürzester Zeit über ein Netz fein gestreuter Depots. Seine Personal- und Distributionsstruktur ist ganz auf Flexibilität und Tempo ausgerichtet. Der andere bietet einen weniger individuellen, weniger raschen, dafür kostengünstigeren Service an, der weniger Auslieferungslager und weniger Personal erfordert.

6.2.2 Umwelt- und Unternehmensanalyse

Die umfassende Beurteilung der aktuellen Situation und der Entwicklungen in der Umwelt und innerhalb des Unternehmens geben wichtige Anhaltspunkte für die Entwicklung von Strategien.

A] SWOT-Analyse

Eines der bekanntesten systematisierten Verfahren zur Umwelt- und Unternehmensanalyse ist die SWOT-Analyse. Die Abkürzung SWOT setzt sich aus den englischen Ausdrücken **S**trengths (Stärken), **W**eaknesses (Schwächen), **O**pportunities (Chancen) und **T**hreats (Gefahren bzw. Bedrohungen) zusammen. Die SWOT-Analyse liefert Ansätze für den strategischen Handlungsbedarf des Unternehmens. Dabei ist zu beachten:

- Die Umwelt des Unternehmens und mit ihr die Anforderungen des Markts befinden sich in einem dauernden Wandel. Aus jeder Veränderung entstehen Chancen und Gefahren, die vom Unternehmen nicht direkt beeinflusst werden können.
- Stärken und Schwächen sind unternehmensintern geschaffene Faktoren. Daher können sie vom Unternehmen aktiv beeinflusst werden.

Aus der Kombination der Stärken und Schwächen des Unternehmens mit den Chancen und Gefahren aus der Umwelt ergeben sich vier typische **strategische Handlungsmöglichkeiten:** Stärken einsetzen, um Chancen zu nutzen (SO), Stärken einsetzen, um Gefahren zu verringern (ST), Schwächen minimieren, um Chancen zu nutzen (WO), und Schwächen minimieren, um Gefahren abzuwenden (WT).

Die nachfolgende Darstellung fasst die Erkenntnisse aus der SWOT-Analyse zusammen.

Abb. [6-5] **SWOT-Matrix**

<table>
<tr><th colspan="2" rowspan="2">Umweltanalyse
Unternehmensanalyse</th><th>Chancen (O)</th><th>Gefahren (T)</th></tr>
<tr><td colspan="2">• Sich verändernde Kundenbedürfnisse
• Technologische Innovationen
• Gesamtwirtschaftliche Entwicklungen
• Konkurrenzsituation
• Veränderungen in den Beschaffungsmärkten
• Usw.</td></tr>
<tr><td>Stärken (S)</td><td rowspan="2">• Attraktivität der Produkte und Dienstleistungen
• Kundenbeziehungen
• Beschaffungs-, Produktions-, Absatzverfahren
• Flexibilität, Innovationsfähigkeit
• Qualifikation der Mitarbeitenden
• Finanzielle Situation
• Usw.</td><td>SO-Strategien:
Stärken einsetzen, um Chancen zu nutzen</td><td>ST-Strategien:
Stärken einsetzen, um Gefahren zu verringern</td></tr>
<tr><td>Schwächen (W)</td><td>WO-Strategien:
Schwächen minimieren, um Chancen zu nutzen</td><td>WT-Strategien:
Schwächen minimieren, um Gefahren abzuwenden</td></tr>
</table>

Das folgende Beispiel zeigt eine mögliche Chance bzw. Gefahr für ein Reisebüro und die sich daraus ergebenden Handlungsmöglichkeiten.

Beispiel

Chance / Gefahr:

- Die Entwicklung des Internets zum weitverbreiteten Informations- und Kommunikationsmittel bedeutet für Reisebüros die grosse Chance, den bisherigen regionalen Wirkungsraum zu sprengen und ihre Leistungen einem geografisch kaum begrenzten Kundenkreis anzubieten.
- Andererseits bedeutet das Internet auch eine Gefahr. Der Kunde kann sich die Informationen ohne grossen Aufwand im Internet selbst besorgen und direkt buchen. Die Reisebüros sehen sich in ihrem Kerngeschäft gefährdet.

Ableitung von Handlungsmöglichkeiten:

- Reisebüros mit ausgewiesener Fachkompetenz in der Planung von massgeschneiderten Individualreisen können die neuen Marketingchancen nutzen und sich auf die Erweiterung ihres Kundenkreises konzentrieren.
- Im Gegensatz dazu werden Reisebüros, die ausschliesslich Standardangebote von grossen Reiseveranstaltern vermitteln, in ihrem Kerngeschäft akut bedroht. Um zu überleben, müssen sie neue Kompetenzen entwickeln durch Spezialisierung oder durch besondere Dienstleistungen.

B] Wettbewerbsanalyse

Ein Unternehmen muss sich gegen seine Konkurrenten bestmöglich behaupten, um seine Existenz langfristig sichern zu können. In jeder Branche und in jedem Markt herrschen andere

Spielregeln für den Wettbewerb unter den Konkurrenten. Für die strategische Ausrichtung ist es deshalb wichtig, diese Dynamik zu kennen und die notwendigen Schlüsse über sich bietende Chancen und über mögliche Gefahren und damit Risiken zu ziehen.

Welche wesentlichen Einflussfaktoren bestimmen den Wettbewerb in einer Branche? Gemäss dem **«5 Forces»-Modell** von Michael E. Porter sind es folgende fünf Wettbewerbskräfte:

1. Rivalität unter den bestehenden Wettbewerbern
2. Bedrohung durch neue Anbieter
3. Bedrohung durch Ersatzprodukte oder -dienstleistungen
4. Verhandlungsmacht der Kunden
5. Verhandlungsmacht der Lieferanten

Abb. [6-6] **Das fünf Kräfte Modell von Porter**

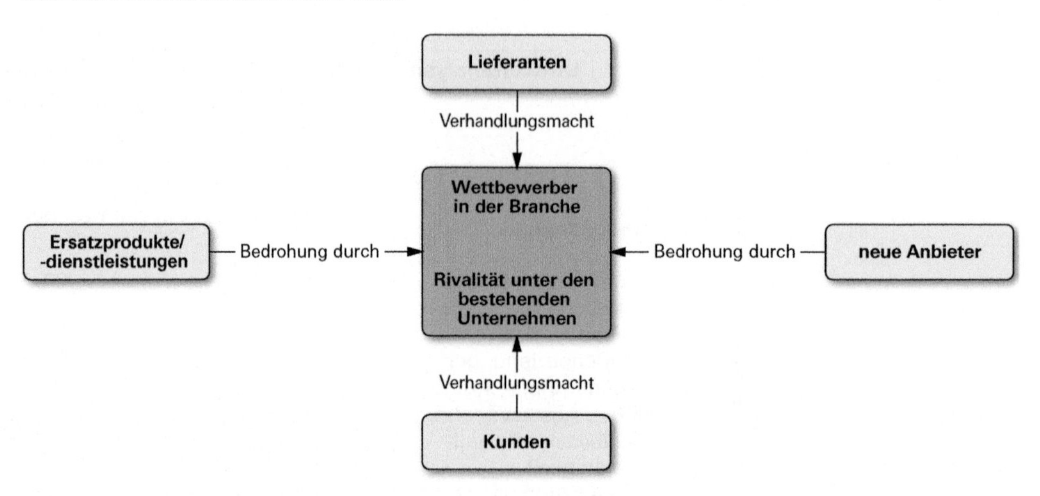

Eine Wettbewerbskraft kann **stark oder schwach** sein. Starke Wettbewerbskräfte heizen den Wettbewerb an und machen die Branche wettbewerbsintensiv. In diesen Branchen ist es schwierig, zu überleben und Gewinn zu machen. Schwache Wettbewerbskräfte bedeuten einen laueren Wettbewerb und damit höhere Gewinnmöglichkeiten für alle Beteiligten. Um ein abschliessendes Urteil über eine Branche zu fällen, werden alle fünf Kräfte analysiert und bezüglich ihrer Stärke bewertet. Wir schauen uns im Folgenden die fünf Wettbewerbskräfte an.

Wir beginnen mit der Rivalität unter den bestehenden Mitbewerbern. Innerhalb einer Branche beeinflussen sich die bereits bestehenden Wettbewerber gegenseitig durch ihr Verhalten. Dadurch entsteht eine **Wettbewerbsdynamik** mit Gewinnern und Verlierern. Hier ist vor allem die Zusammensetzung der Wettbewerber wichtig: Wenn es viele ungefähr gleich grosse Unternehmen im Markt gibt, dann ist die Wettbewerbskraft als stark einzuordnen. Wenn es viele unterschiedlich grosse Unternehmen gibt, also einige grosse, einige mittlere und viele kleine, dann ist die Wettbewerbskraft eher schwach.

Beispiel

Im Markt für Sportbekleidung kämpfen verschiedene grosse Unternehmen (Adidas, Nike, Reebok, Under Armour) und viele kleinere, auf eine Sportart spezialisierte Marken (Breath of Fire [Yoga], Burton [Snowboard] etc.) um Marktanteile und die Gunst der Kunden. Wegen des grossen Konkurrenzdrucks spricht man von einer starken Wettbewerbskraft.

Neben den bestehenden Wettbewerbern spielt die Bedrohung durch **neue Anbieter** eine wichtige Rolle. Denn mit jedem neuen Anbieter erhöht sich die Anzahl der angebotenen Produkte in einem Markt, wodurch der Wettbewerb verstärkt wird. Ein zentraler Faktor sind daher die Eintrittsbarrieren für neue Konkurrenten. Sie zeigen sich beispielsweise durch hoch spezialisiertes Know-how (Biotechnologie, Pharmaherstellung), besondere Zulassungsbedingungen (als Anwalt oder für Banken) oder staatliche Eingriffe (Schutz der einheimischen Landwirtschaft). Hohe **Eintrittsbarrieren** bedeuten eine schwache Wettbewerbskraft, tiefe Eintrittsbarrieren.

Wenn es für ein bestimmtes Produkt mögliche Ersatzprodukte oder -dienstleistungen gibt, verschärft sich der Wettbewerb ebenfalls. **Ersatz- oder Substitutionsprodukte** können das eigene Produkt überflüssig machen.

Beispiel

- Musik-CDs wurden weitgehend durch Online-Anbieter (z. B. iTunes) ersetzt. Streaminganbieter wie Spotify setzen Apple unter Druck, sodass auch iTunes nun einen Streamingdienst anbietet.
- Uber ist eine Substitutionsdienstleistung für die klassischen Taxis.

Die **Kunden und die Lieferanten** können den Wettbewerb einer Branche auch massgeblich beeinflussen und damit den Spielraum des einzelnen Unternehmens verringern. Das ist insbesondere dann der Fall, wenn es in einer Branche entweder nur wenige mächtige Kunden oder wenige mächtige Lieferanten gibt. Je höher die Verhandlungsmacht der Kunden oder Lieferanten, desto stärker ist die jeweilige Wettbewerbskraft.

Beispiel

Die Lebensmittelgrossverteiler Coop und Migros verfügen über eine grosse Kundenmacht, weil sie als Marktführer und Nummer 2 im Schweizer Detailhandel die grösste Kundenbasis im Schweizer Markt haben. Dadurch können sie die Konditionen, die ihre Lieferanten ihnen gewähren, wesentlich mitbestimmen.

Bei **starken Wettbewerbskräften** muss sich ein Unternehmen besonders anstrengen, damit die Kunden seine Produkte und Dienstleistungen überhaupt wahrnehmen und akzeptieren. Bei einem Neueintritt in einen solchen Markt geht das Unternehmen erhebliche Risiken ein.

C] Die Portfolio-Analyse

Sie ermöglicht den Aufbau einer optimalen Produkt-Portfolio, in dem Risiken und Erträge sinnvoll gestreut sind – so wie Kapitalgeber dies mit ihren Wertpapier-Portefeuilles anstreben. Mit der Portfolio-Methode kann ein Unternehmen erkennen, wo seine besten Marktaussichten sind, wo es demzufolge seine Ressourcen am lohnendsten einsetzt und wo es Probleme gibt.

Die Portfolio-Analyse bezieht den Produktlebenszyklus in ihre Betrachtung ein. Der Produktlebenszyklus umfasst 4 Phasen:

- Einführung
- Wachstum
- Reife / Sättigung
- Degeneration

Da Umsatz, Gewinn und Cashflow in den verschiedenen Phasen unterschiedlich sind, soll ein Unternehmen über Produkte in **verschiedenen** Lebenszyklusabschnitten verfügen – über solche, die hohe Einnahmen bringen, über Folgeprodukte, die noch nicht rentabel, aber erfolgversprechend sind und in die dank den Einnahmen aus reifen Produkten investiert werden kann. Die Streuung soll so sein, dass das Unternehmen insgesamt und langfristig Gewinne erwirtschaften kann.

In der klassischen Form werden die Produkte einer Geschäftseinheit oder eines Unternehmens nach ihrem momentanen **Marktanteil** und ihrem möglichen **Marktwachstum** in eine Matrix eingetragen. Die Matrix stammt von der Boston Consulting Group, die den vier sich ergebenden Kategorien auch anschauliche Namen gegeben und ihnen Normstrategien zugeordnet hat, strategische Empfehlungen, die vor allem den Einsatz von Kapital, Sachmitteln und Humanressourcen betreffen.

Abb. [6-7] Portfolio-Analyse

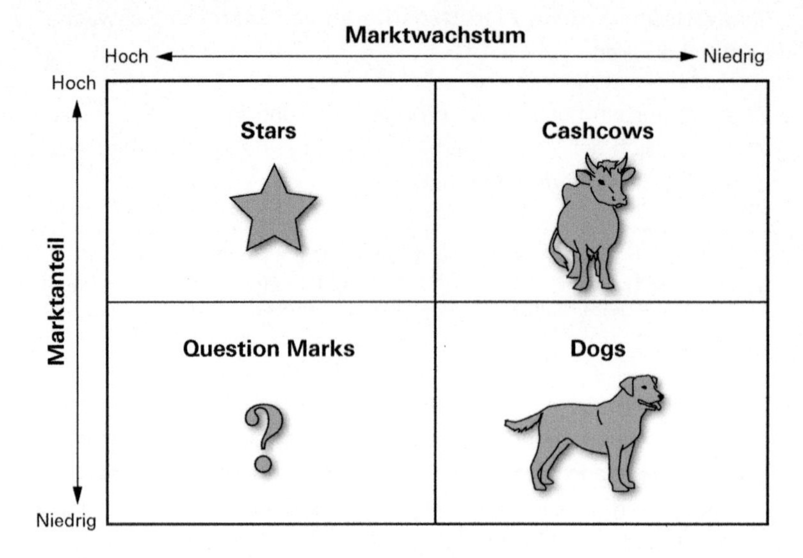

- **Stars** zeigen den Wachstumsbereich eines Unternehmens. Starprodukte liegen in einem stark wachsenden Markt und das Unternehmen hat einen hohen Marktanteil; es muss aber **intensiv investieren,** um seine Stellung zu behaupten. Gewinne werden erst möglich, wenn der Markt nicht mehr wächst. Dann werden die Stars zu Cashcows.
- **Cashcows:** Bei diesen Produkten ist der Marktanteil hoch und die Wachstumschancen sind gering. Das Unternehmen kann seine Kostenvorteile voll nutzen und mit den Einnahmen andere Bereiche finanzieren. Es verfolgt eine **Abschöpfungsstrategie.**
- **Dogs (Probleme)** haben einen niedrigen Marktanteil. Sie tragen nichts zum Cashflow bei, binden aber Ressourcen. Hier empfiehlt sich eine **Desinvestitionsstrategie,** indem die Produkte aus dem Sortiment entfernt oder verkauft werden.
- **Question Marks (Nachwuchsprodukte):** Sie sind am schwierigsten zu beurteilen. Es können interessante, entwicklungsfähige Produkte sein, die durch **Investitionen** zu Cashcows werden können, oder auch Produkte, die keine Chance haben, einen grösseren Marktanteil zu erobern, und daher aus dem Sortiment entfernt werden sollten **(Desinvestition).**

Wenn ein Unternehmen all seine Produkte in eine solche Matrix einträgt, gewinnt es einen guten Überblick über seine Wachstumsaussichten und die zu lösenden Problembereiche; es kann dadurch gezielt strategische Massnahmen planen.

Man kann die einzelnen Produkte zusätzlich nach ihrem Umsatz in unterschiedlicher Grösse einzeichnen, das verdeutlicht die Gewichte noch stärker.

Abb. [6-8] **Portfolio-Analyse mehrerer Produkte eines Unternehmens**

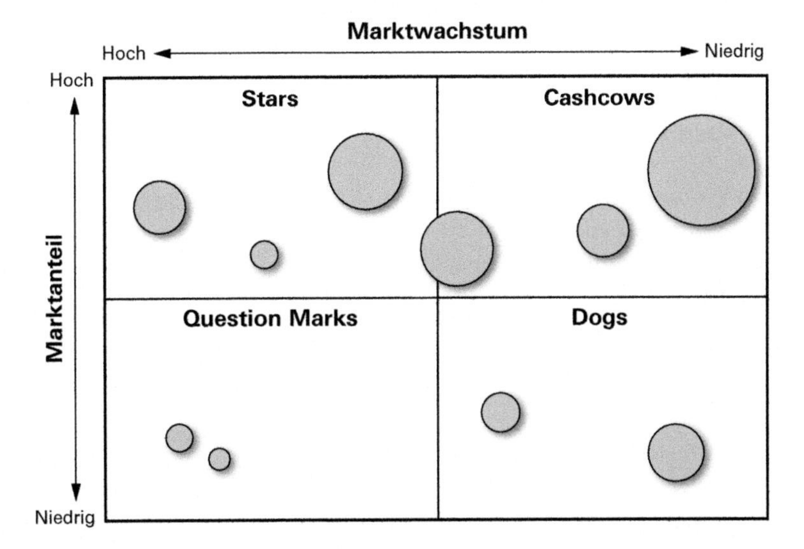

Dieses Unternehmen befindet sich im Moment in einer sehr komfortablen Lage, weil es über mehrere starke gewinnbringende und wachstumsträchtige Produkte und nur über wenige Problemprodukte verfügt. Für den langfristigen Erfolg ist die Auswahl an Nachwuchsprodukten aber eher (zu) schwach.

Hinweis Die Portfolio-Analyse wurde in den letzten Jahren mehrfach erweitert und verfeinert. Man kann mit neun statt vier Feldern arbeiten, andere Faktoren einbeziehen, Portfolios der Konkurrenz erstellen, in regelmässigen zeitlichen Abständen neue Portfolios zeichnen und sie mit früheren vergleichen, ihnen einen bestimmten Marketingmix zuordnen oder sie durch Cashflow-Schätzungen und andere Planzahlen ergänzen.

6.2.3 Strategische Stossrichtung

Aus den strategischen Zielen lässt sich die strategische Stossrichtung erkennen, die ein Unternehmen zu verfolgen beabsichtigt. Strategiekonzepte vermitteln einen Überblick über Handlungsalternativen. Als die bekanntesten gelten:

A] Wachstumsstrategien

Mit Wachstumsstrategien will sich ein Unternehmen neue Märkte erschliessen oder seinen Absatz durch intensivere Marktbearbeitung ausweiten. Man nennt die Wachstumsstrategien auch **Produkt-/Marktstrategien.**

Dabei unterscheidet man vier mögliche strategische Stossrichtungen:

Abb. [6-9] **Produkt-/Marktstrategien nach H. J. Ansoff**

Produkt / Markt	Bestehend	Neu
Bestehend	Marktdurchdringung	Produktentwicklung
Neu	Marktentwicklung	Diversifikation

1. **Marktdurchdringung:** Die bestehenden Märkte werden intensiv bearbeitet, mit dem Ziel, mehr zu verkaufen und so mehr Marktmacht zu gewinnen. Der steigende Absatz geht zulasten der Konkurrenz.
2. **Marktentwicklung:** Mit den bestehenden Produkten werden neue geografische Märkte, neue Anwendungsmöglichkeiten und neue Abnehmergruppen erschlossen.

3. **Produktentwicklung:** Dank neuen oder veränderten Produkten will man in den bestehenden Märkten die Bedürfnisse der Kunden besser befriedigen.
4. **Diversifikation:** Wachstum wird durch neue Produkte in neuen Märkten angestrebt.

B] Wettbewerbsstrategien

Mit Wettbewerbsstrategien will sich ein Unternehmen gegenüber seiner Konkurrenz behaupten und sich dadurch Wettbewerbsvorteile schaffen. Drei grundsätzliche strategische Stossrichtungen werden unterschieden:

1. **Kostenführerschaft:** Das Unternehmen schafft sich einen klaren Kostenvorsprung innerhalb seiner Branche, indem es **effizient produziert** und Kostensenkungsmöglichkeiten wahrnimmt. Es kann so dank **Preissenkungen** seinen Umsatz vergrössern oder bei gleichen Preisen mehr Gewinn erwirtschaften.
   Voraussetzung ist, dass das Unternehmen einen relativ hohen Marktanteil hat und ein aggressives Marketing betreibt.
2. **Differenzierungsstrategie:** Das Unternehmen bietet eine **einzigartige Leistung** an, die sich von den Angeboten der Konkurrenz deutlich unterscheidet – durch besondere Materialeigenschaften, Design, Service, einzigartige Verfügbarkeit usw.
   Differenzierungsstrategien schliessen ein straffes Kostenmanagement natürlich nicht aus!
3. **Nischenstrategien:** Das Unternehmen **spezialisiert** sich auf ausgewählte und begrenzte Bereiche, d. h. auf ganz bestimmte Kundensegmente, Regionen oder Produkte. Es kann die Bedürfnisse besser und / oder zu einem günstigeren Preis befriedigen als seine Konkurrenten.

6.2.4 Teilstrategien für Geschäftseinheiten und Funktionsbereiche

Die Gesamtstrategie des Unternehmens beantwortet die beiden Fragen: In welchen Märkten bauen wir welche Wettbewerbsvorteile auf und was ist zu tun, um die angestrebten Wettbewerbsvorteile zu erreichen oder zu sichern?

In der Unternehmenspraxis werden – in Ableitung der Unternehmensstrategie – für wichtige Produktgruppen und Funktionsbereiche des Unternehmens eigenständige **Teilstrategien** entwickelt.

Man unterscheidet dabei zwischen Teilstrategien für:

- die strategischen **Geschäftseinheiten:** die detaillierten Markt- und Produktziele und strategischen Massnahmen für die einzelnen Produktgruppen (auch «Business Unit» genannt). Die Unterteilung in Geschäftseinheiten erfolgt vor allem nach folgenden Kriterien: Produkttypen, Marken, Kundenzielgruppen (Einzel-, Gross-, Privat-, Firmenkunden), Preissegmente (Hoch-, Billigpreis).
- Die einzelnen **Funktionsbereiche:** z. B. die Beschaffungs-, die Produktions-, die Marketing-, die Finanz- oder die Personalstrategie.

Zusammenfassung

Normatives Management ist die Auseinandersetzung mit den generellen Zielen des Unternehmens sowie mit den Normen und Regeln der unternehmerischen Tätigkeit:

- Die **ethischen Richtlinien,** denen sich ein Unternehmen verpflichtet fühlt, bilden die Grundlage des unternehmerischen Handelns. Dieses orientiert sich an zwei Grundsätzen: Verantwortbarkeit gegenüber den Anspruchsgruppen und Zumutbarkeit für das Unternehmen.
- Unter der **Unternehmenskultur** werden die von den Mitarbeitenden gemeinsam getragenen Werte verstanden. Diese Überzeugungen, Normen, Handlungs- und Verhaltensmuster bestimmen die Beziehungen innerhalb des Unternehmens und zwischen dem Unternehmen und seinen Anspruchsgruppen.
- Das **Unternehmensleitbild** fasst die unternehmerischen Grundwerte und Leitlinien gegenüber den Anspruchsgruppen des Unternehmens zusammen.

Strategisches Management ist die Ausrichtung des Unternehmens im Hinblick auf die Bedürfnisse der verschiedenen Anspruchsgruppen und die Veränderungen in der Umwelt des Unternehmens.

Das Ziel der **Strategieentwicklung** ist der Aufbau von **Wettbewerbsvorteilen,** um mit den eigenen Fähigkeiten die Chancen des Markts zu kombinieren.

Strategieentwicklung	Elemente
SWOT-Analyse	• Unternehmensanalyse: Stärken (S) und Schwächen (W) • Umweltanalyse: Chancen (O) und Gefahren (T) Es ergeben sich vier strategische Handlungsmöglichkeiten: • SO: Stärken und Chancen ausnutzen. • ST: Stärken einsetzen, um Gefahren zu verringern. • WO: Schwächen minimieren, um Chancen nutzen zu können. • WT: Schwächen minimieren, um Gefahren abzuwenden.
Wettbewerbsanalyse	Analyse der fünf Wettbewerbskräfte: Rivalität unter den bestehenden Wettbewerbern, Bedrohung durch neue Konkurrenten, Bedrohung durch Ersatzprodukte, Verhandlungsmacht der Kunden und der Lieferanten
Portfolio-Analyse	Analyse der besten Marktausssichten und des lohnendsten Einsatzes der Ressourcen
Strategische Konzepte	• Wachstumsstrategien: Marktdurchdringung, Marktentwicklung, Produktentwicklung, Diversifikation • Wettbewerbsstrategien: Kostenführerschaft, Differenzierungsstrategie, Nischenstrategien

46 Begründen Sie in einigen Sätzen, warum die Auseinandersetzung mit den Normen und Regeln, nach denen sich die unternehmerische Tätigkeit richten soll, wichtig ist.

47 «Die Phonak Gruppe ist auf die Entwicklung, die Produktion und den weltweiten Vertrieb von technologisch führenden Hörsystemen spezialisiert. Phonak kombiniert profunde Kenntnis in der Hörtechnologie mit einem starken Vertriebsnetz. Zusammen mit ihren Kunden und Geschäftspartnern leistet Phonak einen wesentlichen Beitrag zur Verbesserung der Lebensqualität von hörgeschädigten Menschen.
Mit einem globalen Marktanteil von rund 16 bis 17% gehört die Phonak Gruppe heute zu den weltweit führenden Hörgeräteherstellern.»

Quelle: http://www.phonak.ch → Unternehmen → Porträt

Welcher Wettbewerbsstrategie ordnen Sie die Aussagen in diesem Kurzporträt der Phonak Gruppe zu? Begründen Sie kurz Ihre Einschätzung.

48 A] Welche positiven Wirkungen hat eine starke Unternehmenskultur?

B] Können die Wirkungen auch negativ sein?

49 Was leistet die Portfolio-Analyse?

50 Setzen Sie in der Tabelle die allgemein empfohlenen Normstrategien ein und erläutern Sie sie kurz:

Portfolio-Kategorie	Strategieempfehlung
Stars	
Cashcows	
Question Marks	
Dogs	

7 Struktur: die Organisation

Lernziele

Nach der Bearbeitung dieses Kapitels können Sie ...

- die Ablauf- und die Aufbauorganisation unterscheiden.
- die Vor- und Nachteile der gewählten Organisationsformen aufzeigen.

Schlüsselbegriffe

Ablauforganisation, Aufbauorganisation, divisionale Organisation, funktionale Organisation, Matrixorganisation, Projektorganisation, Prozessorganisation, Spartenorganisation, Teamorganisation

Die Unternehmensleitung hat die Ziele und die Strategie in Form eines Businessplans für die kommenden Jahre bestimmt. Um aktionsfähig zu werden, braucht das Unternehmen eine **innere Form** – man muss sich organisieren.

Welche Organisationsform am geeignetsten ist, hängt von vielen Faktoren ab und muss für jedes Unternehmen neu bestimmt werden. Allgemein lässt sich sagen: Eine Organisationsstruktur ist optimal, wenn sie die Beteiligten möglichst gut darin unterstützt, die gesteckten Ziele mit den vorhandenen Mitteln zu erreichen.

Jede Unternehmensleitung muss sich früher oder später für eine Organisationsstruktur entscheiden, die das Zusammenwirken innerhalb des Unternehmens in geordnete Bahnen lenkt. Das geschieht nicht von heute auf morgen und eine gewählte Struktur soll nicht immer wieder verändert werden. Organisationsentscheidungen müssen für eine **längere Zeit wirksam** bleiben.

Das Unternehmen ist ein dynamisches System. Im späteren Verlauf der Unternehmensentwicklung, mit dem Wachsen der neu gegründeten Firma oder aufgrund einer strategischen Neuausrichtung werden höchstwahrscheinlich **Reorganisationen** unumgänglich sein. Solche Veränderungen bedeuten jedoch immer einen Eingriff in ein bisher bewährtes System. Es braucht grosse Anstrengungen und viel Zeit, bis sich die neue Organisationsform eingespielt hat.

In den nachfolgenden Abschnitten lernen Sie die wesentlichen Grundlagen der Organisation eines Unternehmens kennen. Der Schwerpunkt liegt dabei bei der Aufbauorganisation, die sich vor allem mit der Stellenbildung und der hierarchischen Struktur befasst.

7.1 Was ist Organisation?

Organisation ist das Ordnen von Aufgaben und Abläufen zur effizienten Zielerreichung. Dabei stellen sich folgende zentrale Fragen:

- Wie lässt sich die **Gesamtaufgabe** eines Unternehmens in sinnvolle, logische **Teilaufgaben** gliedern?
- Wie werden die Teilaufgaben effektiv (d. h. wirkungsvoll) **koordiniert?** Wer hat wo, wann, was zu tun und welche Kompetenzen und Verantwortlichkeiten sind mit bestimmten Aufgaben verbunden?

Organisieren heisst: eine **Struktur** für das Unternehmen festlegen und die **Arbeitsprozesse** in die richtigen Bahnen lenken. Die Organisationslehre unterscheidet deshalb zwischen **Aufbau- und Ablauforganisation:**

Abb. [7-1] **Unterscheidung Aufbauorganisation / Ablauforganisation**

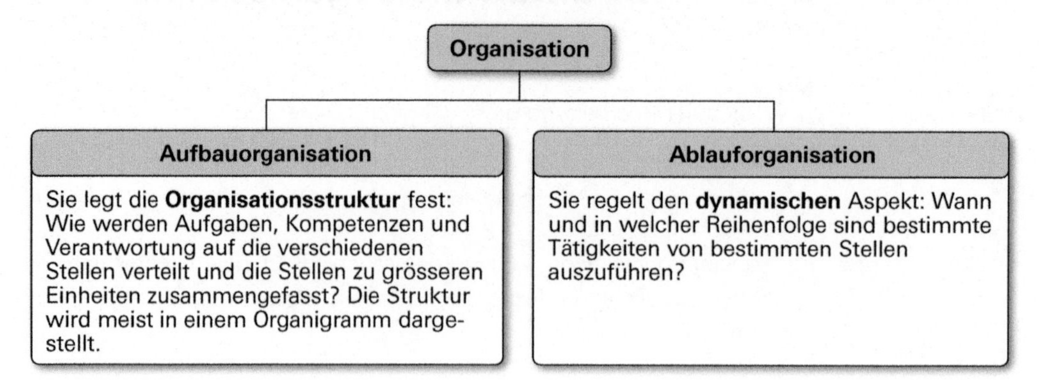

Organisieren heisst auch: Regeln festlegen. Solche **Regeln** helfen, Arbeiten effizient zu erledigen. Regeln bedeuten jedoch immer auch ein gewisses Konfliktpotenzial: Zu viele Regeln ersticken die Kreativität der Mitarbeitenden, zu wenige führen zu chaotischem Handeln und behindern die Effizienz.

Daraus lässt sich schliessen:

- Regelungen führen zu einer **Entlastung** – bei festgelegten Arbeitsabläufen muss man nicht jedes Mal neu überlegen, sondern hält sich an das definierte Schema.
- Regelungen fördern die **Stabilität** einer Organisation.
- Regelungen können aber auch zur **Unflexibilität** führen.

7.2 Die Ablauforganisation

Bei der Ablauforganisation geht es um die Gestaltung der wichtigen **Arbeitsprozesse**. Man nennt sie deshalb auch Prozessorganisation. Sie legt in den wesentlichen Linien fest, wie die in der Aufbauorganisation definierten Teilaufgaben zu verrichten und aufeinander abzustimmen sind, sodass am Ende das Gesamtziel erreicht wird.

Arbeitsabläufe werden aufgrund der folgenden Kriterien geordnet:

Inhalt	Welchen Beitrag leisten die verschiedenen Stellen und wie werden ihre Beiträge optimal koordiniert? • **Was** ist zu tun? • **Wie** ist dies zu tun?
Zeitliche Bedingungen	**Wann**, in welcher **Reihenfolge** und **wie oft** sind einzelne Tätigkeiten auszuführen?
Räumliche Bedingungen	**Wo** werden zusammenhängende Stellen angesiedelt, damit die zwischen ihnen ablaufenden Tätigkeiten optimal erledigt werden können?
Beteiligte Stellen	**Wer**, d. h. welche Stelle, ist für welchen Arbeitsablauf in welcher Phase zuständig?

Die Arbeitsabläufe sind der Aufbauorganisation anzupassen – oder umgekehrt. Entscheidend ist, dass beide gut aufeinander abgestimmt sind.

Abläufe kann man grafisch als **Flussdiagramme** darstellen. Das nachfolgende Beispiel zeigt die aufeinanderfolgenden Schritte des Stellenbesetzungsprozesses in einem Unternehmen auf:

Abb. [7-2] **Darstellung eines Stellenbesetzungsprozesses**

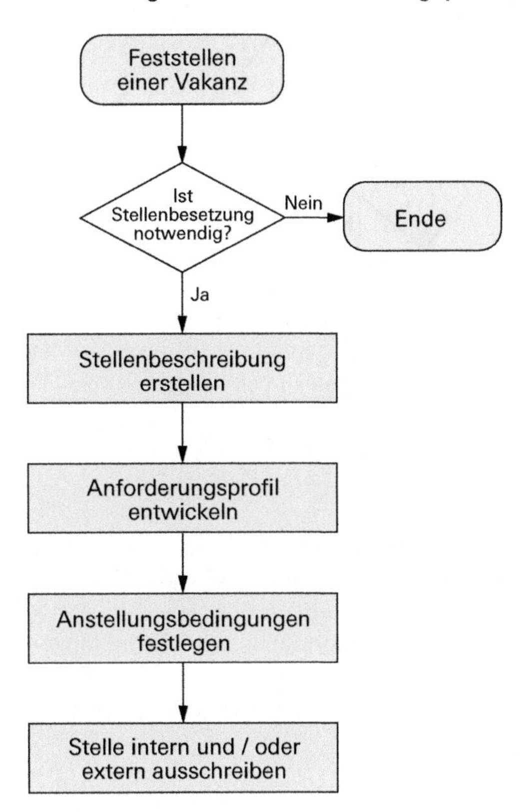

Beim Feststellen einer Vakanz ist zunächst die Entscheidung zu treffen, ob die Stelle wieder besetzt werden muss. Die nächsten Tätigkeitsschritte betreffen die Definition einer Stellenbeschreibung, eines Anforderungsprofils und das Festlegen der Anstellungsbedingungen. Anschliessend ist die Stelle firmenintern oder extern auszuschreiben.

7.3 Die Aufbauorganisation

Man betrachtet bei der Aufbauorganisation die einzelne **Stelle** im Unternehmen. Jede Stelle ist zuständig für die Erledigung bestimmter Teilaufgaben im Unternehmen. Sie richtet sich nach den betreffenden Aufgaben, nicht nach den jeweiligen Personen an dieser Stelle. Was das heisst, soll das nachfolgende Beispiel aufzeigen:

Beispiel

Der bisherige Verkaufsleiter Urs Roth verlässt das Unternehmen und Caroline Kessler wird seine Nachfolgerin. Der personelle Wechsel ändert an den Aufgaben, Kompetenzen und der Verantwortung bei der Verkaufsleiterstelle nichts, obwohl Urs Roth und Caroline Kessler wahrscheinlich andere persönliche Stärken und Schwächen bei der Ausübung ihrer Tätigkeit haben.

Für eine Stelle sind aber nicht nur die **Aufgaben** wichtig, sondern man muss auch die Kompetenzen und die Verantwortung festlegen. Die **Kompetenzen** sind die mit der Stelle verbundenen Rechte oder Befugnisse, beispielsweise Weisungen zu erteilen oder die Arbeit von Unterstellten zu kontrollieren. Zugleich übernimmt die betreffende Person die **Verantwortung** für die Erfüllung der Aufgaben; sie hat also Rechte und Pflichten.

Aus organisatorischer Sicht müssen die Aufgaben, Kompetenzen und die Verantwortung bei einer Stelle übereinstimmen, d. h. in einem ausgewogenen Verhältnis zueinander stehen. Ein Missverhältnis wird über kurz oder lang zu Problemen führen.

Abb. [7-3] **Das Verhältnis von Aufgaben, Kompetenzen und Verantwortung**

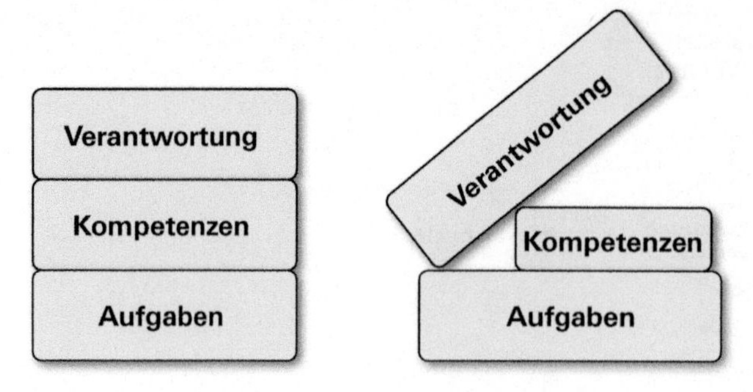

Die linke Figur zeigt eine optimale Abstimmung von Aufgaben, Kompetenzen und Verantwortung (Kongruenz). Bei der rechten Figur stimmen sie nicht überein: Es fehlen die notwendigen Kompetenzen zur Lösung der Aufgaben. Man spricht auch vom «Wasserträger». Dadurch entsteht ein Ungleichgewicht, das lähmend wirkt.

In der Organisationslehre unterscheidet man aufgrund unterschiedlicher Aufgaben, Verantwortung und Kompetenzen zwischen den leitenden, beratenden und ausführenden Stellen:

Die **leitenden Stellen** heissen in der Organisationssprache **Instanzen.** Hier müssen Aufgabe, Kompetenz und Verantwortung besonders gut übereinstimmen. Wichtig ist auch die Leitungs- oder **Kontrollspanne:** Damit ist die Zahl der Mitarbeitenden gemeint, die einer einzelnen Führungskraft unterstellt sind.

Beispiel Caroline Kessler ist als Verkaufsleiterin an einer leitenden Stelle tätig. Die Kontrollspanne an dieser Stelle beträgt elf Mitarbeitende, die Caroline Kessler direkt unterstellt sind.

Beratende Stellen bezeichnet man als **Stabsstellen.** Sie unterstützen oder beraten die leitenden Stellen und entlasten sie entsprechend.

Beispiel Caroline Kessler teilt sich zusammen mit dem Einkaufsleiter eine Sekretärin. Diese Sekretariatsstelle wird als Stabsstelle bezeichnet.

Die **ausführenden Stellen** erfüllen die Aufträge der Instanzen im Rahmen der ihnen zugeordneten Aufgaben.

Beispiel Im Team von Caroline Kessler sind drei Kundenberater tätig. Aus organisatorischer Sicht handelt es sich dabei um ausführende Stellen.

Einzelne Stellen sind wie Räder in einem Getriebe: Sie entfalten ihre volle Wirkung erst, wenn sie optimal aufeinander abgestimmt werden. Die **Organisationsstruktur** eines Unternehmens zeigt, wie die Stellen zu grösseren, hierarchisch gegliederten Einheiten zusammengefügt werden. Meist spricht man dabei von **Abteilungen.**

Die Gliederung in solche Abteilungen kann man unter verschiedenen Gesichtspunkten vornehmen, z. B. nach:

- **Funktionen:** Produktion, Rechnungswesen, Marketing usw.
- **Produkten oder Produktgruppen:** Süsswaren, Frischprodukte, Getränke usw.
- **Kundengruppen:** Grossverteiler, Einzelhandel, E-Commerce usw.
- **Regionen:** Schweiz, EU-Länder, Skandinavien, Nordamerika usw.

Die Aufbaustruktur einer Organisationseinheit wird als **Organigramm** grafisch dargestellt. Ein Organigramm zeigt die Gliederung der verschiedenen Stellen in der Gesamtstruktur und somit auch die Unterstellungsverhältnisse auf. Ausserdem werden Linien- und Stabsstellen unterschiedlich gekennzeichnet.

Beim Organigramm haben sich die folgenden **Darstellungsregeln** in der Praxis durchgesetzt:

- Rechtecke stehen für Linienstellen (Instanzen).
- Abgerundete Rechtecke für Stabsstellen (beratende Stellen).
- Die Verbindungslinien zeigen die Unterstellungsverhältnisse (die hierarchische Ordnung).

Abb. [7-4] **Darstellung im Organigramm**

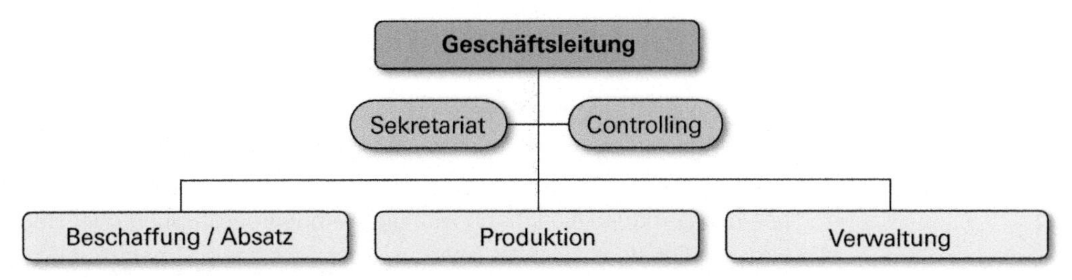

In diesem Beispiel eines Organigramms sind das Geschäftsleitungssekretariat und das Controlling Stabsstellen, die drei Hauptbereiche Beschaffung / Absatz, Produktion und Verwaltung bilden die Linienstellen. Ihnen können weitere Instanzen unterstellt werden: z. B. Einkauf und Verkauf dem Bereich Beschaffung / Absatz usw.

In den nachfolgenden Abschnitten finden Sie nähere Erläuterungen zu den Organisationsformen, die in der Praxis am häufigsten vorkommen.

7.4 Die funktionale Organisation

Die Gliederung der Organisationseinheiten nach den Funktionen ist die in kleinen und mittleren Unternehmen am stärksten verbreitete Organisationsform.

Die Abteilungen werden nach den verschiedenen **Funktionsbereichen** gegliedert, wie die nachfolgende Grafik zeigt: Beschaffung / Absatz, Produktion und Verwaltung bilden die drei Hauptbereiche. Ihnen unterstellt sind die Teilfunktionen des jeweiligen Bereichs, also z. B. der Einkauf und Verkauf dem Hauptbereich Beschaffung / Absatz, das Lager und die Fertigung dem Hauptbereich Produktion sowie Finanzen und Personal der Verwaltung.

Abb. [7-5] **Funktionale Organisation**

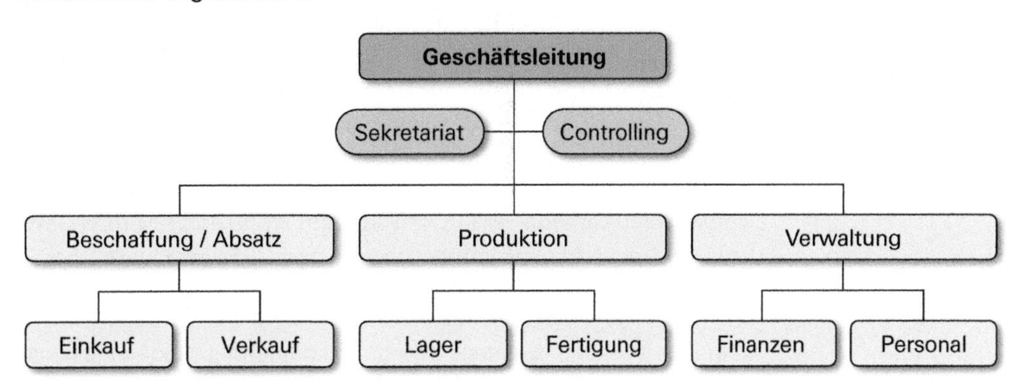

Allgemein betrachtet gelten für die funktionale Organisationsform die folgenden Vor- und Nachteile:

Vorteile: Aufgabenspezialisierung durch eine starke Betonung der Fachkompetenzen; Verhinderung von Doppelspurigkeiten bei Abläufen.

Nachteile: Wenn das Unternehmen komplexer wird (z. B. wenn mehrere Produktlinien entwickelt werden), wird die funktionale Organisation unübersichtlich und die Instanzen werden durch die vielfältigen Planungs-, Koordinations- und Kontrollaufgaben überfordert; Neigung zur Überschätzung der eigenen Funktion und mangelnde Gesamtschau; Grenzen werden auch spürbar, wenn bereichsübergreifend zusammengearbeitet werden soll, z. B. zwischen Marketing und Produktion, bei der Entwicklung oder Verbesserung von Produkten.

7.5 Die divisionale oder Spartenorganisation

Viele grössere Unternehmen sind heute stark diversifiziert, d. h., sie sind in verschiedenen Produktgruppen oder Geschäftszweigen in verschiedenen Regionen tätig. Folglich bietet es sich an, die Organisationsstruktur nicht nach Funktionen, sondern nach solchen Produktgruppen bzw. Produktlinien, nach wichtigen Abnehmergruppen oder Regionen zu gliedern. Diese Organisationsform wird als Sparten- oder divisionale Organisation bezeichnet.

Abb. [7-6] **Spartenorganisation**

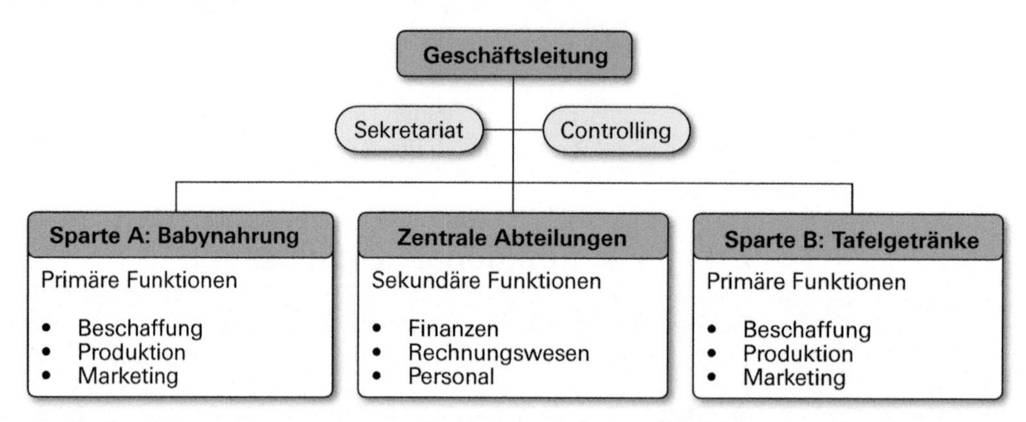

In diesem Beispiel bilden die beiden Produktgruppen Babynahrung und Tafelgetränke die Sparten (Divisionen) des Unternehmens. Jeder Sparte sind die primären Funktionsbereiche Beschaffung, Produktion und Marketing zugeordnet. Die zentralen Abteilungen Finanzen, Rechnungswesen und Personal übernehmen bestimmte Funktionen für alle Sparten, d. h. für das Gesamtunternehmen.

Die Spartenorganisation bringt Übersicht in diese Vielfalt durch die Schaffung von weitgehend **autonomen Geschäftseinheiten,** die von einer Gesamtleitungsstelle betreut werden. Alle **primär** für die Leistungserstellung notwendigen Funktionen (Beschaffung, Produktion usw.) sind den einzelnen Sparten zugeordnet. Die **sekundären** Funktionen übernehmen zentrale Abteilungen, die die Spartenleitung und die Gesamtleitung unterstützen. Diese zentralen Abteilungen haben jedoch Weisungsbefugnisse gegenüber den Spartenleitungen.

Profitcenter sind eine Form der Spartenorganisation. Die einzelnen Abteilungen (Divisionen) sind für ihren **Gewinn** verantwortlich. Dem Profitcenter werden Gewinnziele vorgegeben, die es unter Einhaltung bestimmter Bedingungen, wie der Qualität der Produkte und Serviceleistungen, zu erreichen hat.

Folgende Vor- und Nachteile sind bei Spartenorganisationen festzustellen:

Vorteile: Grosse, komplexe Unternehmen werden durch Aufspaltung in Teilsysteme (Divisionen / Sparten) steuerbar, grosses Verantwortungsgefühl des Spartenleiters für **seine** Sparte, dadurch hohe Effizienz; hohe Flexibilität durch kürzere Kommunikationswege und grössere Frontnähe.

Nachteile: Abgrenzungsprobleme, Doppelspurigkeiten, Rivalität (statt Kooperation) zwischen den Sparten, erschwerte Ausrichtung der Sparten auf eine übergeordnete Philosophie, hoher Bedarf an qualifizierten Mitarbeitenden.

7.6 Die Matrixorganisation

In der Matrixorganisation erhalten die Mitarbeitenden Weisungen von mehreren Vorgesetzten. Man bezeichnet sie daher als eine **Mehrlinienorganisation.**

Die Stellen werden nach zwei oder mehreren Kriterien in der hierarchischen Struktur angesiedelt. Eine solche Gliederung sehen Sie in der nachfolgenden Grafik: Auf der horizontalen Ebene erfolgt die Einteilung nach den Sparten bzw. Produktgruppen, auf der vertikalen Ebene nach den Funktionen. Beide Kriterien, die Sparten und die Funktionen, sind dabei gleichwertig.

Abb. [7-7] **Matrixorganisation**

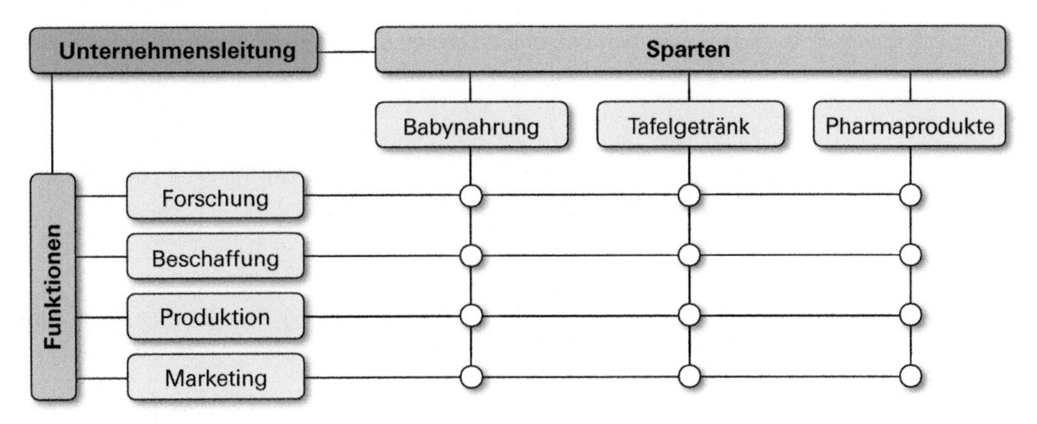

Das Problem der Matrixorganisation liegt in der **Abgrenzung** von Aufgaben, Kompetenzen und Verantwortung **zwischen den hierarchisch gleichgestellten Instanzen,** z. B. dem Produktionsleiter und dem Leiter der Sparte Babynahrung.

Eine häufige Abgrenzung lautet:

- Der für eine Produktgruppe verantwortliche Spartenleiter nimmt sämtliche Produkt-Interessen wahr. Er entscheidet darüber, welche Qualität, welches Design, welche Verpackung usw. die einzelnen Produkte innerhalb seiner Sparte haben müssen.
- Der Produktionsleiter ist zuständig für die Realisierung der gewünschten Qualität, der Marketingleiter für die Realisierung der Marketingkampagnen usw.

Wenn die Zusammenarbeit zwischen den jeweiligen Funktionsbereichen und Sparten klappt, ist diese Organisationsform sehr erfolgreich, weil die besten Leute ihre Fachkompetenzen am richtigen Ort anwenden können.

Zusammengefasst ergeben sich für die Matrixorganisation die folgenden Vor- und Nachteile:

Vorteile: hohe Nutzung von Spezialwissen und dadurch erhöhtes Innovationspotenzial bei gleichzeitig hoher Flexibilität; rasche Reaktionsmöglichkeit, bereichsübergreifende Entscheidungen; hohe Identifikation der Beteiligten mit den erarbeiteten Lösungen, was zu qualitativ guten Umsetzungsergebnissen führt.

Nachteile: Kompetenzkonflikte, die lähmen können; Machtkämpfe, hohe Anforderungen an die Kooperationsfähigkeit der Mitarbeitenden.

7.7 Projekt- oder Teamorganisation

Die Projekt- oder Teamorganisation unterscheidet sich von den bisher besprochenen Formen, weil sie meist nicht ein Unternehmen als Ganzes strukturiert, sondern nur **vorübergehend** eingesetzt wird. Sie kommt insbesondere bei der Planung und Realisierung grösserer Vorhaben (d. h. von Projekten) zum Zug.

Die Mitarbeitenden eines Projektteams werden aus der angestammten Organisationsstruktur herausgelöst; für das betreffende Vorhaben sind sie der Projektleitung unterstellt. Beide können diese Aufgabe **voll- oder nebenamtlich** wahrnehmen.

Für die Projekt- oder Teamorganisation gelten die folgenden Vor- und Nachteile:

Vorteile: Unterschiedlichstes Wissen kann zusammengeführt werden, kurze Kommunikationswege, hohe Kreativität (wenn das Team gut funktioniert), Flexibilität (je nach Bedarf werden Fachleute aus ihren Tätigkeiten herausgeholt und zusammengebracht).

Nachteile: meist erheblicher Zeitaufwand, der grösser ist, als wenn ein Einzelner das Projekt bearbeitet; Gefahr von zu vielen Kompromissen, wenn das Projektteam nicht gelernt hat, wirklich konstruktiv zusammenzuarbeiten.

Zusammenfassung

Unternehmen haben eine Organisation: Sie brauchen bestimmte Regeln, um optimal funktionieren zu können.

Unternehmen sind eine Organisation: Verschiedene Menschen bilden darin ein soziales System, das gemeinsame Ziele verfolgt.

Die Organisationslehre unterscheidet zwei Organisationsbestrebungen in einem Unternehmen:

- Die **Aufbauorganisation** regelt die hierarchische Struktur eines Unternehmens. Dazu gehören die Aufgaben, Kompetenzen und die Verantwortung der einzelnen Stellen.
- Die **Ablauforganisation** regelt den Tätigkeitsfluss, d. h. die Arbeitsprozesse und das Zusammenwirken der einzelnen Stellen.

Die Arbeitsprozesse der Ablauforganisation kann man am besten als **Flussdiagramme** darstellen. Je nach Ablauf der verschiedenen Teilaufgaben ergeben sich unterschiedliche Darstellungen.

Das **Organigramm** dient als Darstellungsinstrument für die Aufbauorganisation. Es zeigt die Hierarchie zwischen den Stellen einer bestimmten Organisationseinheit grafisch auf.

Die folgenden **Organisationsformen in der Aufbauorganisation** kommen in der Praxis häufig vor:

- **Die funktionale Organisation:** Das Unternehmen wird gemäss den verschiedenen Funktionsbereichen (z. B. Einkauf – Verkauf – Produktion – Administration) gegliedert.
- **Die divisionale oder Spartenorganisation:** Die Aufbaustruktur orientiert sich an den verschiedenen Produkt-, Kundengruppen oder Absatzmärkten (z. B. Schweiz – Deutschland – Grossbritannien – USA).
- **Die Matrixorganisation:** Man nennt sie auch Mehrlinienorganisation, weil sich die Aufbaustruktur aufgrund von zwei oder mehreren Kriterien bildet (z. B. einerseits nach Regionen, andererseits nach Funktionsbereichen).
- **Die Projekt- oder Teamorganisation:** Es werden vorübergehend eigene Aufbaustrukturen definiert, die unabhängig von der generellen Aufbaustruktur bestehen.

51

Um welche Organisationsform handelt es sich beim folgenden Organigramm?

Erklären Sie einem Laien dieses Organigramm.

52

Kreuzen Sie an, ob die Aussagen in der Tabelle der Ablauf- oder der Aufbauorganisation zuzuordnen sind.

Aufbau-org.	Ablauforg.	Aussage
☐	☐	Nach der Qualitätskontrolle wird das Produkt verpackt.
☐	☐	Die Geschäftsleitungsassistenz ist als Stabsstelle direkt der Geschäftsleiterin unterstellt.
☐	☐	Die Bestellungen werden in der Reihenfolge des Eingangs bearbeitet.
☐	☐	Die Abteilung Kinderbekleidung hat 25 Mitarbeitende in der Produktion.
☐	☐	Mein Vorgesetzter leitet die Marketingabteilung.

53

Bei einer Matrixorganisation überlagern sich zwei Organisationsstrukturen: horizontal nach Sparten / Divisionen und vertikal nach Funktionen.

A] Ergänzen Sie mit folgenden Angaben die Matrixorganisation eines Bekleidungsherstellers:

Einkauf, Kinderbekleidung, Produktion, Damenbekleidung, Verkauf, Personalwesen, Rechnungswesen, Herrenbekleidung, Accessoires, Unternehmensleitung, Direktionssekretariat

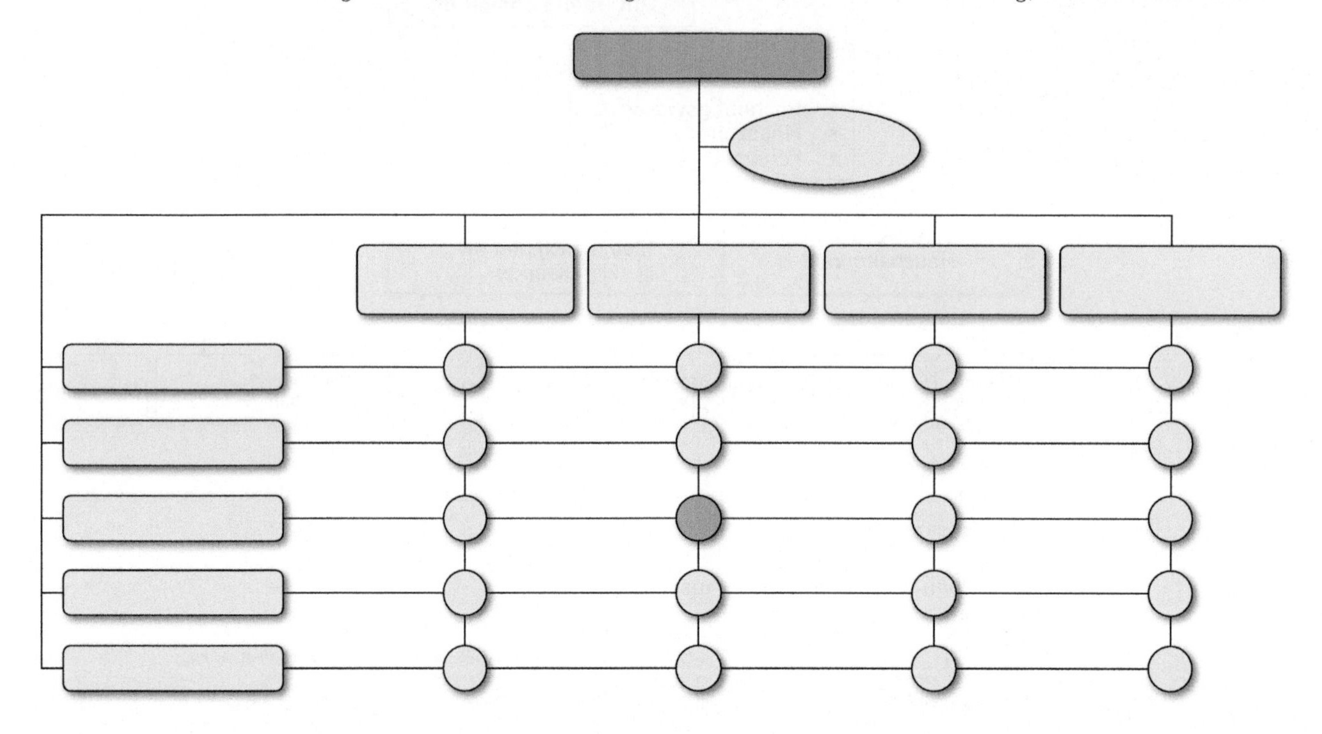

B] Wer ist der grau gekennzeichneten Stelle vorgesetzt?

C] Welche Schwierigkeiten könnte die Person, die diese (grau gekennzeichnete) Stelle besetzt, aufgrund ihrer Position in dem Unternehmen haben? Nennen Sie zwei und erklären Sie Ihre Wahl.

Teil C
Prozesse

8 Managementprozesse I: Problemlösungsprozess

Lernziele

Nach der Bearbeitung dieses Kapitels können Sie ...

- die sechs Phasen des Problemlösungsprozesses beschreiben.
- die vier Steuerungsfunktionen erläutern.

Schlüsselbegriffe

Auftragserteilung, Auftragsübertragung, Entscheidung, Kontrolle, Massnahmen, Mittel, Planung, Problemanalyse, Problembeurteilung, Problemerkennung, Problemlösungsprozess, SMART, Steuerungsfunktionen, Ziele

8.1 Problemlösungsprozess

Jedes Problem stellt eine **Diskrepanz** zwischen einem (erwünschten oder angestrebten) **Soll-Zustand** und dem jetzigen (tatsächlichen) **Ist-Zustand** dar.

Beispiel

- Die Umsatzziele für das erste Quartal werden nicht erreicht.
- Die Zusammenarbeit zwischen zwei Unternehmen gestaltet sich schwieriger als angenommen; dadurch können verschiedene gemeinsame Ziele nicht wie geplant erreicht werden.
- Sie sind überzeugt, dass die administrativen Abläufe in Ihrem Verantwortungsbereich vereinfacht werden könnten.
- Trotz sorgfältiger Planung stellen Sie fest, dass Sie den Zeitplan im Projekt wahrscheinlich nicht einhalten können.

Ungeachtet der Vielfalt an Problemstellungen, an Ursachen und an Lösungsmöglichkeiten verläuft das systematische Problemlösungsvorgehen gewöhnlich in den folgenden sechs Teilschritten:

Abb. [8-1] **Phasen eines Problemlösungsprozesses**

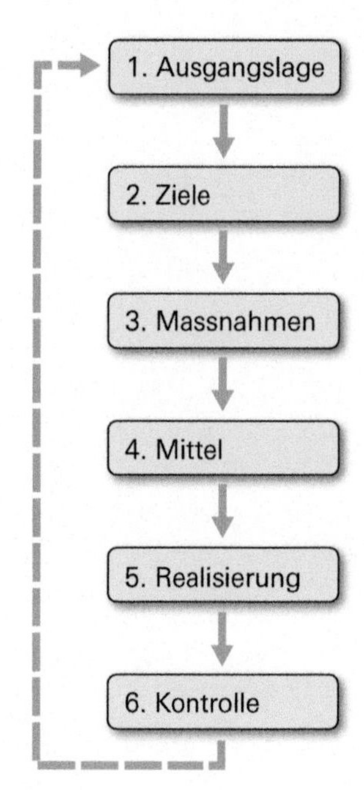

8.1.1 Analyse der Ausgangslage

Der Problemlösungsprozess beginnt mit der Analyse der Ausgangslage. Ohne das Problem einzugrenzen, ist es schwierig, eine adäquate Lösung zu finden. Drei Punkte sind zu klären:

- **Problemerkennung:** Zunächst müssen Sie erkennen, dass es ein Problem gibt, d. h. die Tatsache, dass hier eine Diskrepanz zwischen dem Soll- und dem Ist-Zustand vorliegt.
- **Problemanalyse:** Das Problem ist genau zu umschreiben, d. h. die Art des Problems, mögliche Ursachen und Einflussfaktoren. Gehen Sie dabei nicht nur auf das Naheliegende ein, sondern stellen Sie immer auch eine Verbindung zwischen dem Problem und seinem Umfeld her. Probleme dürfen nicht isoliert betrachtet werden.
- **Problembeurteilung:** Zunächst steht die Grundsatzentscheidung an, ob man das Problem lösen will (oder kann). Dazu müssen Sie die Bedeutung des Problems, die Möglichkeit und den Nutzen der Problemlösung beurteilen. Auch eine Grobeinschätzung des Aufwands für die Lösungsfindung ist notwendig. Es geht – wie bei der Prioritätenbildung im Zeitmanagement – um die Entscheidung darüber, ob es sich lohnt, das Problem zu lösen.

8.1.2 Ziele festlegen

In einem zweiten Schritt legen Sie die Ziele fest, die mit der Lösung des Problems verfolgt werden. Für die Formulierung klarer, eindeutiger Ziele kommt die **SMART-Formel** zur Anwendung,

Damit die Ziele «SMART» sind, müssen sie:

- **Konkret (= specific) sein (S):** Das ist der Fall, wenn der Gegenstand bzw. Schwerpunkt eindeutig ist. Nur so ist ein Ziel unmissverständlich und damit messbar.
- **Messbar (= measurable) sein (M):** Wenn immer möglich, sollte man einen eindeutigen Massstab oder Leistungsstandard für die Ziele finden. Beispiele dafür sind: Absatzmengen, Umsatz-, Produktivitätszahlen, Zeiteinheiten, Qualitätsgrade.
- **Realistischerweise erreichbar (= achievable) sein (A):** Nur Ziele, die aufgrund der Eignung und Leistungsfähigkeit des jeweiligen Mitarbeiters und mit den verfügbaren Mitteln erreicht werden können, stellen eine motivierende Herausforderung dar. Sowohl unter- als auch überfordernde Ziele wirken kontraproduktiv.
- **Ergebnisorientiert (= result-oriented) sein (R):** Nicht das WIE, also der Weg in Form von einzelnen Tätigkeiten, wird formuliert, sondern das WAS in Form eines Ergebnisses, einer künftigen Situation oder eines konkreten Endprodukts.
- **Termingebunden (= time-related) sein (T):** Es ist ein genauer Zeitpunkt oder ein Zeitraum für die Zielerfüllung zu vereinbaren, damit die Zielerreichung kontrolliert werden kann.

8.1.3 Massnahmen definieren

Dabei geht es um die für die Zielerreichung notwendige Lösungssuche. Es müssen Antworten auf die Frage «Was ist zu tun?» gefunden werden. Normalerweise gibt es für jedes Problem **verschiedene Lösungsalternativen,** sodass auch hier eine Entscheidung ansteht: Man muss die Lösung wählen, die den **höchsten Nutzen** verspricht.

Weil für die meisten Probleme nicht eine Lösungsmassnahme genügt, werden die verschiedenen Teillösungen in zusammenhängende Massnahmenkataloge bzw. in Arbeitspakete gebündelt.

8.1.4 Mittel einsetzen

Jede Massnahme bindet Mittel. Der Ressourceneinsatz erfolgt in Form von **finanziellen Mitteln** (Investitionen, Kosten für extern Beauftragte, laufende Kosten usw.) oder von **Kapazitä-**

ten (zeitlicher Aufwand), d. h. von Personen-, System- oder Maschinenkapazitäten, die Sie im Voraus genau planen müssen.

8.1.5 Massnahmen realisieren

In dieser Phase erfolgt die Umsetzung der Massnahmenpläne mithilfe der definierten Mittel. Die **Koordination** der verschiedenen Massnahmenpakete und die **Ausführung** der einzelnen Massnahmen bedingt ein **konsequentes Zeitmanagement.**

8.1.6 Kontrolle

Der Problemlösungsprozesses schliesst mit der Kontrolle ab. Es werden die realisierten Massnahmen und deren **Resultate** und der Grad der **Zielerreichung** überprüft. Gegebenenfalls beginnt der Problemlösungsprozess nochmals von vorne: Falls die Ziele (der angestrebte Soll-Zustand) nicht oder nicht vollständig erreicht wurden, ergibt sich nämlich ein neues Problem.

8.2 Steuerungsfunktionen des Problemlösungsprozesses

Jede Phase des Problemlösungsprozesses wird durch folgende Steuerungsfunktionen gelenkt, die auch mit dem Begriff «PEAK» zusammengefasst werden:

- Planung
- Entscheidung
- Aufgabenübertragung (Anordnung)
- Kontrolle

Abb. [8-2] **Managementkreislauf**

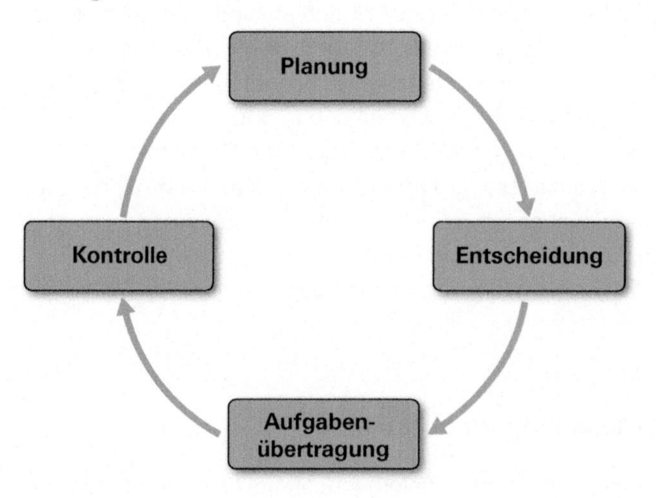

Das PEAK-Modell wird auch als Zürcher Management-Ansatz bezeichnet.

8.2.1 Planung

Die Planung ist der Ausgangspunkt und die Grundlage aller nachfolgenden Führungsfunktionen. Die Umsetzung der normativen und strategischen Vorgaben erfolgt zunächst in Form von **operativen Zielen,** die aus den strategischen Zielen abgeleitet und für jeden Funktionsbereich und abschliessend für jede Stelle (in Form von quantitativen und qualitativen Zielen) definiert werden. Zur Planung gehört auch die Definition konkreter **Massnahmen** für die Erreichung der festgelegten Ziele und der dazu benötigten Mittel (zeitliche, personelle und räumliche Ressourcen).

8.2.2 Entscheidung

In einem nächsten Schritt geht es darum, die notwendigen **Entscheidungen** zu treffen. Das bedeutet in erster Linie **Prioritäten** zu setzen, d. h., jene Massnahmen auszuwählen, die im Hinblick auf die gesetzten Ziele das beste Ergebnis zu liefern versprechen.

Eine Führungskraft entscheidet dann kompetent, wenn sie

- die **bestmöglichen Entscheidungen** trifft, die nicht nur für sie selbst, sondern auch für andere gelten,
- die **Verantwortung** für ihre Entscheidungen trägt, auch wenn sie gewisse Folgen noch nicht genau oder erst teilweise abschätzen kann, und
- **Verlässlichkeit** zeigt, d. h., auch dann zu ihren Entscheidungen steht, wenn sie auf Widerstand stösst.

8.2.3 Aufgabenübertragung (Anordnung)

Sind die Entscheidungen getroffen, werden die konkreten **Aufträge** an die betreffenden Stellen erteilt.

Massgebend für die erfolgreiche Umsetzung sind die Überzeugungskraft des Vorgesetzten, also sein **Führungsverhalten**, die Art und Weise der **Auftragserteilung** an die Mitarbeitenden sowie die motivierende **Unterstützung** bei der Ausführung delegierter Aufgaben.

Damit die Aufträge zu den gewünschten Ergebnissen führen, müssen folgende Regeln befolgt werden:

Abb. [8-3] **Regeln für die Auftragserteilung**

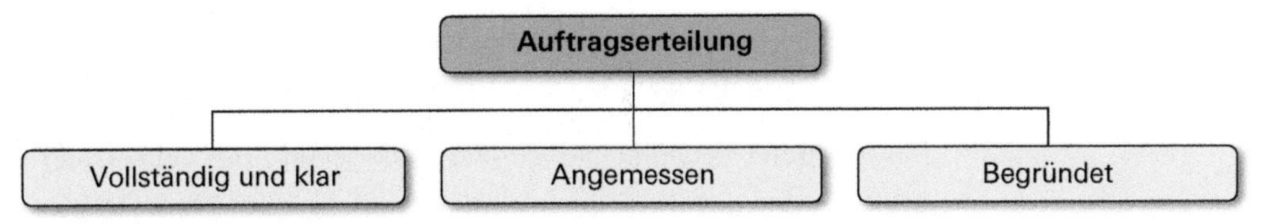

A] Vollständig und klar

Befolgen Sie die «W-Fragen», um **klare und vollständige Aufträge** zu erteilen. Jede dieser sieben W-Fragen muss eindeutig beantwortet werden können.

Abb. [8-4] **Die W-Fragen eines Auftrags**

W-Frage	Erklärung
Was?	• Um welchen Auftrag oder Teilauftrag geht es? • Was ist zu tun?
Wer?	• Wer soll den Auftrag übernehmen? • Welche Mitarbeitenden können oder müssen für die Ausführung beigezogen werden?
Warum?	• Welchem Zweck dient der Auftrag? • Warum muss dieser Auftrag ausgeführt werden?
Wann?	• Welche Termine müssen bzw. sollen eingehalten werden? • Wann muss die Ausführung begonnen werden, wann abgeschlossen sein?

W-Frage	Erklärung
Wo?	• Wo muss bzw. soll der Auftrag ausgeführt werden?
Wie?	• Welche Vorgaben oder Rahmenbedingungen sind einzuhalten? • Wie soll bei der Ausführung vorgegangen werden?
Womit?	• Welche Ressourcen, Hilfsmittel oder Methoden werden eingesetzt? • Welche Informationen sind zusätzlich zu beschaffen?

B] Angemessen

Die Vollständigkeit und Verständlichkeit sind wichtige Voraussetzungen, die bei der Auftragserteilung erfüllt sein müssen. Für den Führungserfolg ist jedoch genauso entscheidend, dass Aufträge angemessen, d. h. sach- **und** personengerecht, erteilt werden. Dazu gehören die folgenden Regeln:

- Aufträge grundsätzlich nur an die **direkt unterstellten Mitarbeitenden** erteilen, nicht über weitere Führungsstufen hinweg. Niemals dieselbe Aufgabe aus Sicherheitsgründen an zwei Mitarbeitende gleichzeitig und unabhängig voneinander delegieren.
- Der Auftrag muss für die beauftragte Person **bewältigbar** sein: die Mitarbeitenden fordern, nicht überfordern.
- Den Auftrag zum **richtigen Zeitpunkt** erteilen: Immer so frühzeitig wie möglich und nicht nur kurzfristig, sondern auch ausgewählte mittel- oder langfristige Aufgaben.

C] Begründet

Ein Auftrag muss **begründet** sein. Nur in Ausnahmesituationen kann es vorkommen, dass Aufträge nicht begründet, aber trotzdem durchgesetzt werden müssen. Es handelt sich dann um **Befehle** oder – etwas milder ausgedrückt – um dienstliche Anordnungen.

8.2.4 Kontrolle

Die **Kontrolle** bedeutet die laufende Beurteilung der Umsetzung der beauftragten Massnahmen. Dazu gehören das Analysieren der Ist-Situation im Vergleich zur Planung (Soll), das Ermitteln möglicher Ursachen für Abweichungen und das Einleiten von Korrekturmassnahmen. Gegebenenfalls müssen aber auch die Zielsetzungen noch einmal überprüft werden.

Ob erfolgreich kontrolliert werden kann, hängt insbesondere davon ab, ob die **Ziele konkret** und **überprüfbar** formuliert wurden.

Beispiel

Das Ziel «Reduktion der Personalkosten im laufenden Geschäftsjahr um mindestens 2%» lässt sich wesentlich besser kontrollieren als das Ziel «laufende Steigerung der Personaleffizienz».

Kontrollprozess

Der Ablauf jeder Kontrolle lässt sich im Wesentlichen in folgende vier Teilschritte gliedern:

1. Ist-Situation erheben: Aufnahme des aktuellen Zustands, Resultats, Fertigstellungsgrads usw.
2. Soll-Ist-Vergleich durchführen: Die Gegenüberstellung von Plan- und Ist-Werten gibt Aufschluss über die bisherige Entwicklung. Gleichzeitig erhält man Rückschlüsse auf die mögliche weitere Entwicklung (Prognosen).
3. Abweichungsursachen ermitteln: Abweichungen festzustellen, reicht nicht aus. Man muss die Ursachen dafür kennen, um angemessen darauf reagieren zu können.
4. Korrekturmassnahmen einleiten: Das korrigierende Eingreifen kann sowohl das Ist (als Verbesserungsmassnahmen) als auch das Soll (als Planänderungen) betreffen.

Abb. [8-5] **Teilschritte des Kontrollprozesses**

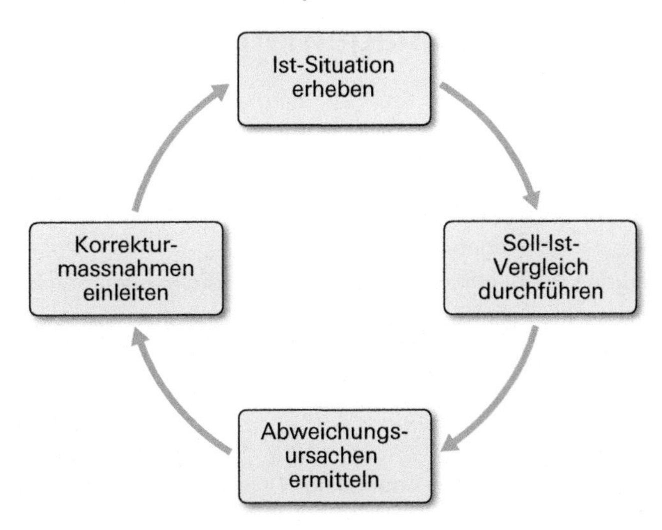

Die **Aufgabenerfüllung** wird nach folgenden drei Kriterien bewertet:

- **Quantitativer Massstab:** Wie viel ist geleistet worden?
- **Qualitativer Massstab:** Wie gut ist die Aufgabe erfüllt worden?
- **Zeitlicher Massstab:** Wie schnell bzw. wie häufig ist eine Aufgabe erfüllt worden?

Zusammenfassung

Der Problemlösungsprozess lässt sich in folgende sechs Phasen gliedern:

- Ausgangslage
- Ziele
- Massnahmen
- Mittel
- Realisierung
- Kontrolle

Das Management steuert den Problemlösungsprozess mit folgenden vier Steuerfunktionen: Planen, Entscheidung, Auftragsübertragung und Kontrolle.

Repetitionsfragen

54 Welcher Phase des Problemlösungsprozesses ordnen Sie die folgenden Aufgaben zu?

A] Planung der zeitlichen und personellen Ressourcen für die Lösung

B] Problembeurteilung

C] Beurteilung möglicher Auswirkungen der betreffenden Lösung

D] Koordination der Lösungsmassnahmen

55 Wie beurteilen Sie folgende Auftragserteilung? «Herr Meier, heute Morgen ist noch ein neuer Auftrag hereingeschneit. Schauen Sie ihn sich doch bitte einmal an.»

9 Managementprozesse II: Ökologiemanagement

Lernziele

Nach der Bearbeitung dieses Kapitels können Sie ...

- begründen, weshalb ökologische Nachhaltigkeit und Shareholder-Value nicht im Widerspruch zueinander stehen müssen.
- die Bedeutung der ökologischen Aspekte für das Unternehmen beurteilen.
- die Möglichkeiten der Berücksichtigung ökologischer Aspekte in der Unternehmensführung bewerten.
- den Ökologiemanagement-Prozess beschreiben.
- das Vorsorgeprinzip anwenden.

Schlüsselbegriffe

Nachhaltigkeit, Ökobilanz, Öko-Controlling, Ökologiemanagement-Prozess, Ökologiepolitik, Umweltleistung, Vorsorgeprinzip

Weltweit setzt sich die Erkenntnis allmählich durch, dass natürliche Ressourcen nicht in unbegrenztem Mass vorhanden sind und dass die Natur nicht unbegrenzt Schadstoffe aufnehmen und abbauen kann. Verheerende Naturkatastrophen der jüngsten Vergangenheit haben die Ängste vor den Folgen eines globalen Klimawandels geschürt, dessen Ursachen in der wirtschaftlichen Übernutzung der Umwelt zu suchen sind.

Der gesellschaftliche Anspruch an die Unternehmen, sich nachhaltig mit Umweltschutzfragen zu beschäftigen, hat in den letzten Jahren stark zugenommen. Ökologiemanagement nimmt daher einen hohen Stellenwert in der Steuerung von Unternehmensprozessen ein. Ein bewusstes Ökologiemanagement bietet immer auch neue **Marktchancen,** wie beispielsweise:

- Imagevorteile und Akquise von Neukunden mit hohem Umweltbewusstsein
- Kosteneinsparungen durch Ressourcenreduktion
- Qualitätsverbesserungen
- Vermeiden von Haftungsrisiken durch Einhalten gesetzlicher Vorschriften

Die konkrete Definition und Umsetzung ökologischer Massnahmen ist die Aufgabe des **Ökologiemanagements.** Es beschäftigt sich mit der **Reduktion von Umweltschäden,** indem es Emissionen sowie den Ressourcenverbrauch minimiert.

Im Zusammenhang mit Umweltfragen geht es in erster Linie um die Beantwortung der Frage, wann das Unternehmen die Umwelt womit und wie stark belastet. Ein Unternehmen muss seine **Umweltleistung** messen, analysieren und managen können.

Abb. [9-1] Umweltleistung eines Unternehmens

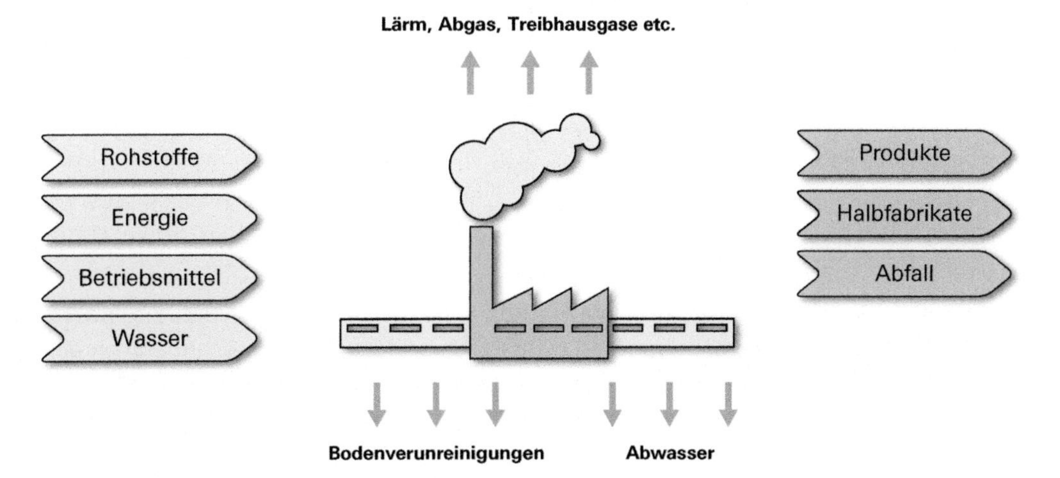

9.1 Ökologiepolitik

Unternehmen, die bei ihren Entscheidungen nur den **Shareholder-Value**[1] und damit die eigene Gewinnmaximierung im Blick haben, hatten lange Zeit keinen Anlass, sich mit dem Thema Ökologie auseinanderzusetzen. Vor dem Hintergrund des Klimawandels und auch durch den Druck der Öffentlichkeit und der nationalen Regierungen sind Ökologie und vor allem auch **Nachhaltigkeit** Themen, die Unternehmen heutzutage aktiv bearbeiten müssen. Neben diesen Faktoren gibt es auch handfeste wirtschaftliche Argumente, warum ein Unternehmen eine eigene Ökologiepolitik betreiben sollte. Mit Nachhaltigkeit lässt sich mittlerweile gut Geld verdienen und oftmals auch Geld sparen. Zudem lassen sich mit nachhaltigen Produkten und Dienstleistungen Kundenbedürfnisse befriedigen.

Beispiel Die schwedische Kinderbekleidungskette Polarn O. Pyret (PO.P) hat einen Online-Marktplatz für Mitglieder, wo man Secondhandkleider verkaufen und kaufen kann. Mitglieder erhalten einen Rabatt auf neue Kleider, wenn sie alte, gut erhaltene Kleider zurück in einen PO.P-Laden bringen. Einen ähnlichen Service bietet auch der Kleiderhändler Lindex an.

Ausgangspunkt für den Umgang mit Umweltthemen bildet die **Ökologiepolitik** des Unternehmens. In der Ökologiepolitik werden die obersten Zielsetzungen festgehalten, die für das gesamte Unternehmen den verbindlichen Rahmen für die Umsetzung von umweltbezogenen Zielen setzen. Um eine zielgerichtete Ökologiepolitik formulieren zu können, werden die Unternehmensumwelt (ökologische, ökonomische, soziale, technologische und rechtliche Umweltsphären) sowie das Unternehmen selbst analysiert und daraus Zielsetzungen für einen nachhaltigen Umgang mit den Umweltressourcen abgeleitet.

Typischerweise werden der Wille zur kontinuierlichen Verbesserung der Umweltleistung, die bestmögliche Vermeidung von Umweltbelastungen und die Einhaltung sämtlicher umweltrelevanter Gesetze und Vorschriften in der Ökologiepolitik zum Ausdruck gebracht.

9.2 Massnahmen im Ökologiemanagement

Generell hat ein Unternehmen (genauso wie Privatpersonen) **vier Möglichkeiten**, Umwelteinflüsse zu managen. Erstrebenswert ist immer das Vermeiden. Erst wenn die vorangehende Massnahme nicht realisiert werden kann, erfolgt die nächste.

[1] Die Shareholder sind die Eigenkapitalgeber eines Unternehmens und damit die Eigentümer. Die Konzentration auf die Ansprüche der Shareholder und das Ignorieren anderer Anspruchsgruppen bei Unternehmensentscheiden sind Ausdruck des Shareholder-Value-Ansatzes. Insbesondere in den USA hat der Shareholder-Value oft einen höheren Stellenwert als die anderen Anspruchsgruppen.

Vermeiden

In erster Linie soll versucht werden, das Entstehen von umweltbelastenden Ausstössen (Abfälle, Lärm, Abgase usw.) zu **vermeiden.** Mögliche Massnahmen: Verzicht auf die Verwendung schädlicher Substanzen, Auswahl eines Anbieters von Ökostrom, Reduktion von Verpackungsmaterial durch geeignetes Produktdesign, Stand-by-Funktion vom Computer in Arbeitspausen nutzen usw.

Vermindern

Nicht vermeidbare Ausstösse müssen nach Möglichkeit **vermindert** werden. Mögliche Massnahmen: Transport per Bahn statt per Lkw, Energiesparmassnahmen, bei Produktentwicklungen ökologische Aspekte berücksichtigen, Anschaffung von Bürogeräten mit hoher Energieeffizienz über ihren gesamten Lebenszyklus, statt viele nur wenige zentrale Drucker einsetzen, defekte Geräte reparieren statt neu anschaffen usw.

Verwerten

Nicht weiter verminderbare Ausstösse sollen bestmöglich **verwertet** werden. Man spricht auch von **Recycling.** Mögliche Massnahmen: Abfalltrennung, Pfandgebühren auf leere Verpackungen einführen, Refill-Druckerpatronen nutzen, Konsumabfälle als Input-Güter für die eigene Produktion nutzen (z. B. Altmetalle, Altglas) usw.

Entsorgen

Nicht weiter verwertbare Ausstösse müssen **entsorgt** werden, und zwar möglichst gefahrlos und umweltschonend.

9.3 Instrumente des Ökologiemanagements

Damit das Ökologiemanagement funktioniert, müssen die ergriffenen Massnahmen und die Zielerreichung kontrolliert werden. Man bezeichnet dies als **Öko-Controlling.** Die Kontrolle dient einerseits der Überwachung der laufenden Prozesse, andererseits liefert sie relevante Daten für die Formulierung der Zielsetzungen für die Folgeperiode. Die Instrumente des Öko-Controllings sind vielfältig. Durch den Einsatz der Instrumente bezweckt man, umweltbezogene Soll-Werte mit den im Unternehmen anfallenden Ist-Werten zu vergleichen und allfälligen Handlungsbedarf aufzuzeigen.

Wir bringen in der Folge einige Beispiele für Instrumente des Öko-Controllings:

Ökobilanzen: Ökobilanzen sind eine Zusammenstellung und Bewertung von Stoff- und Energieflüssen (physikalische und mengenmässige Daten). Es kann Schwierigkeiten im Vergleichsbereich geben: Vergleichen Sie nie Äpfel mit Birnen! Der Begriff «Bilanz» bezeichnet hier eine Zeitraumrechnung (Stoff- und Energieflüsse, die z. B. innerhalb eines Jahres angefallen sind).

- **Ökologie-Kennzahlen:** Ähnlich wie im finanziellen Bereich lassen sich für die Auswertung der Zielerreichung im ökologischen Bereich Kennzahlen errechnen und beurteilen; Beispiele:
  - Energieeffizienz = Energieeinsatz / Produkt
  - Recycling-Quote = wiederverwertetes Material / Gesamtmaterial
  - Wasserverlustquote = Wasserinput / Wasseroutput
- **Produktlinienanalyse:** Untersucht werden die Auswirkungen eines Produkts auf seinem Lebensweg von der Rohstoffbeschaffung über Produktion, Verarbeitung, Transport, Verwendung bis zur Nachnutzung (Recycling) bzw. Entsorgung. Diese Untersuchung beinhaltet die Auswirkungen auf Umwelt, Wirtschaft und Gesellschaft und ist somit ein sehr umfassendes Analyse-Instrument.

- **Szenario-Technik:** Es werden zukünftige Entwicklungen abgeschätzt. Dabei geht man von unterschiedlichen Ausprägungen der Zukunft aus (z. B. Worst Case, Probable Case, Best Case) und untersucht deren Auswirkung auf das Unternehmen.

9.4 Kosten und Nutzen des Ökologiemanagements

Unternehmen setzen dann Ressourcen für ein Umweltmanagementsystem ein, wenn die Nutzen dieses Einsatzes grösser sind als die Kosten.

Die **Kosten,** die durch ein Umweltmanagementsystem verursacht werden, können nur schwer abgeschätzt werden. Sie fallen von Unternehmen zu Unternehmen sehr unterschiedlich an und hängen stark von der Grösse, der Organisationsstruktur und der Branchenzugehörigkeit eines Unternehmens ab. Die weitaus grössten Kosten verursachen die Einführung und Implementierung eines Umweltmanagementsystems in einem Unternehmen.

Es gibt sowohl interne als auch externe **Nutzen** des Umweltmanagementsystems:

- **Interne Nutzen:**
  - Kostenminimierung durch Einsparung von Rohstoffen, Reduktion von Umweltabgaben, Energieverbrauch, Abfallmengen
  - Risikominderung durch Risikovorsorge, Haftungsvermeidung, Erkennen von Schwachstellen
- **Externe Nutzen:**
  - Verbesserte Wettbewerbsfähigkeit durch Imagegewinn und Erschliessung neuer Märkte
  - Verbesserte Verhandlungsposition im Umgang mit Behörden, Banken und Versicherungen
  - Risikominderung durch Verbesserung der Kreditwürdigkeit und Vereinfachung von Genehmigungsverfahren

Oft sind die hier genannten, direkten **Nutzenpotenziale** und ihr Zusammenhang mit dem Ökologiemanagement des Unternehmens nur schwierig nachweisbar. Auch allfällige indirekte Nutzen eines Umweltmanagements können oft nur angenommen werden. Entsprechend besteht im Bereich des Umweltmanagements nach wie vor bei vielen Unternehmen (vor allem KMU) ein Handlungsbedarf.

Zusammenfassung

Aufgrund marktbedingter und rechtlicher Zwänge hat das **Ökologiemanagement** einen wichtigen Stellenwert in der Unternehmensführung. Ausgangspunkt ist die Formulierung der Ökologiepolitik, in der die Ziele des Unternehmens in Bezug auf die natürliche Umwelt festgelegt werden.

Entscheiden bedeutet, dass die Ökologiepolitik in **konkrete Handlungsanweisungen** umformuliert wird. Das Umsetzen des Ökologiemanagements folgt dem **Vorsorgeprinzip:** Umweltbelastungen sind

- zu **vermeiden,** falls nicht möglich,
- zu **vermindern,** falls nicht möglich,
- zu **verwerten** und erst in letzter Konsequenz
- zu **entsorgen.**

Das Kontrollieren erfolgt über Instrumente wie **Ökobilanzen,** Ökologie-Kennzahlen, Produktlinienanalysen und Szenario-Techniken.

Ein Umweltmanagementsystem soll dem Unternehmen mehr Nutzen als Kosten einbringen. Die Kosten des Umweltmanagements sind von Unternehmen zu Unternehmen sehr unterschiedlich. Die Nutzen des Umweltmanagements können in interne und externe Nutzen unterschieden werden.

56 Zuordnungsaufgabe zum Thema Ökologiemanagement: Ordnen Sie den Punkten 1 bis 8 die passenden Aussagen aus der Liste A bis H zu.

Begriff	Passende Aussage
1. Ökobilanz	
2. Interner Nutzen eines Umweltmanagementsystems	
3. Ökologiepolitik	
4. ISO 14001	
5. Vorsorgeprinzip	
6. Energieeffizienz	
7. Ökologiemanagement-Prozess	
8. Produktlinienanalyse	

A] Reduktion des Energieverbrauchs

B] Besteht aus den Schritten Entscheiden, Umsetzen und Kontrollieren

C] Norm für eine Zertifizierung des Umweltmanagementsystems

D] Kennzahl des Öko-Controllings

E] Zeigt Stoff- und Energieflüsse innerhalb einer Zeitperiode auf

F] Besagt, dass Vermeiden besser ist als Vermindern, Vermindern besser ist als Verwerten und dass Verwerten besser ist als Entsorgen

G] Umfassende Untersuchung der Auswirkungen eines Produkts auf die Umwelt, die Wirtschaft und die Gesellschaft

H] Beinhaltet den Verbesserungswillen, das Vermeiden von Umweltbelastungen und die Einhaltung sämtlicher Vorschriften

57 Sie sind in einer kleineren Möbelschreinerei tätig. Ihr Vorgesetzter beauftragt Sie, eine konkrete Handlungsanweisung für den Umgang mit Umweltthemen zu erarbeiten.

Ihr Arbeitspapier soll sich nach dem Vorsorgeprinzip richten. Zeigen Sie mehrere Aspekte auf, aus denen ein Nutzen für die Schreinerei gewonnen werden kann.

Vermeiden von …	
Vermindern von …	
Verwerten von …	
Entsorgen von …	

58 Nennen Sie je zwei interne und externe Nutzen des Ökologiemanagements.

10 Managementprozesse III: Standortwahl

Lernziele

Nach der Bearbeitung dieses Kapitels können Sie …

- den Begriff und die Bedeutung des Standorts erklären.
- die Kriterien der Standortwahl beschreiben.

Schlüsselbegriffe

Absatz, Arbeitskraft, Ökologie, Raumplanung, Standortfaktor, Standortwahl, Werkstoff, wirtschaftspolitisches Umfeld

10.1 Definition und Bedeutung des Standorts

Der Standort ist der Ort der **Ansiedlung eines Unternehmens,** d. h. des Hauptbetriebs, einer Betriebsstätte oder nur eines Betriebsteils. Ein Unternehmen kann folglich **mehrere Standorte** im In- und Ausland haben. Ein Unternehmen hat (unabhängig von der Zahl der Standorte) aber nur **einen Firmensitz.** Der Firmensitz ist der Ort, wo das Unternehmen im Handelsregister eingetragen ist und wo es seinen Gerichtsstand hat.

Beispiel

Der Technologiekonzern ABB, mit Konzernsitz in Zürich, betrieb im Jahr 2003 allein in China 17 Fabrikationsstandorte mit über 6500 Beschäftigten – vor allem in Shanghai, Xiamen und Hongkong.

Bei der Standortentscheidung handelt es sich um die Weichenstellung für die Zukunft. Mit Ausnahme weniger Branchen ist eine spätere Verlagerung an einen neuen Standort durchaus möglich, jedoch mit beträchtlichem zeitlichem und finanziellem Aufwand und unternehmerischem Risiko verbunden.

Da Unternehmen nach wirtschaftlichen Gesichtspunkten handeln, möchten sie mit der Standortwahl einen optimalen Nutzen erzielen. Die Spielregeln der **Globalisierung** und somit auch die Entscheidungsmöglichkeiten bei der Standortwahl haben sich in den letzten Jahrzehnten grundlegend verändert.

Vier zentrale Punkte dieser Entwicklung seien hier erwähnt:

- Der wachsende **internationale Wettbewerb** zwingt Unternehmen dazu, ihre Produkte möglichst kostengünstig zu produzieren.
- Die veränderten **politischen Gegebenheiten** haben den Zugang zu neuen internationalen Absatzmärkten mit grossen Wachstumsraten ermöglicht.
- Die Auswahl an attraktiven Standorten im Ausland hat sich stark ausgeweitet. Die verbesserten Qualifikationen der Mitarbeitenden und die gestiegene Qualität und Produktivität in der Fertigung haben zu einer massiven **Verlagerung von Standorten** in Richtung Osteuropa und Ostasien geführt.
- Die Möglichkeiten, einzelne Unternehmensfunktionen oder Produktbereiche an verschiedenen Standorten anzusiedeln, sind dank der heute möglichen **weltweiten Vernetzung** des Transportwesens, des Datenaustauschs und der Kommunikation viel einfacher geworden.

10.2 Kriterien für die Standortwahl

Viele Unternehmen sind bei ihrer Standortwahl grundsätzlich frei. Meist haben sie die Auswahl zwischen mehreren Alternativen, sodass es deren jeweilige Vor- und Nachteile gegeneinander abzuwägen gilt. Es empfiehlt sich daher dringend, als Entscheidungsgrundlage eine systematische **Standortanalyse** durchzuführen. Darin beleuchtet man die verschiedenen **Standortfaktoren** genauer, auf die wir in den folgenden Abschnitten eingehen.

Aus wirtschaftlicher Sicht gibt es zwei entscheidende Kriterien für die Standortwahl:

- **Kostenvorteile:** Es besteht die Möglichkeit, mehr Rendite zu erzielen.
- **Marktnähe:** Grössere Umsatzchancen sollten auch zu mehr Gewinn führen.

Je nach Ausrichtung des Unternehmens kommen bei der Standortanalyse unterschiedliche Kriterien zum Tragen, wie z. B. Lohnniveau, Qualifikation der Arbeitskräfte, vorhandene Infrastruktur (Verkehrslage, Energieversorgung, Telekommunikation), staatliche Abgaben (Steuern, Zölle) und Auflagen (gesetzliche Bestimmungen, Bewilligungsverfahren), Angebot an Boden, Nähe zu wichtigen Zulieferern (von Rohstoffen oder Vorprodukten), politische Stabilität eines Landes.

Abb. [10-1] **Standortfaktoren**

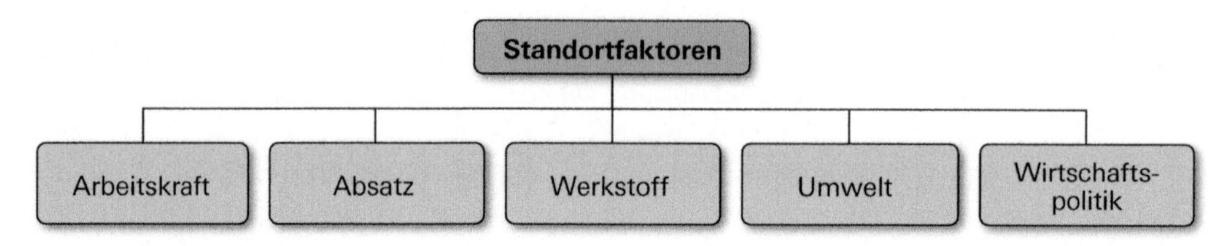

10.2.1 Arbeitskraft

Für fast alle Unternehmen ist die Arbeitskraft ein zentraler Standortfaktor. Dabei geht es vor allem um folgende Kriterien:

- Lohnkosten (inklusive Lohnnebenkosten)
- Arbeitsproduktivität (Wertschöpfung pro Arbeitsstunde)
- Verfügbarkeit von Arbeitskräften
- Qualifikation der Arbeitskräfte

Nebst den ausbezahlten Löhnen sind die Lohnnebenkosten zu betrachten. Darunter fallen alle Sozialabgaben der Arbeitgeber an den Staat, an die berufliche Vorsorge und an Kranken- und Unfallversicherungen.

Bei der Kostenbetrachtung reichen die bezahlten Lohn- und Lohnnebenkosten jedoch nicht aus, sondern es geht vielmehr um die Wertschöpfung, die mit einer geleisteten Arbeitsstunde erzielt wird. Man nennt diese Grösse auch **«Arbeitsproduktivität»**. Als wichtige zusätzliche Bemessungsgrösse fällt dabei die Jahresarbeitszeit ins Gewicht, aber auch das gewerkschaftliche Verhandlungsklima oder die Anzahl Streiktage spielen eine Rolle.

Beispiel Die Schweiz weist gegenüber Deutschland in fast allen Bereichen ein markant höheres Lohnniveau aus. Jedoch fallen die Lohnnebenkosten zulasten des Arbeitgebers deutlich tiefer aus (in der Schweiz ca. 20%, in Deutschland ca. 50%). Die durchschnittliche Jahressollarbeitszeit liegt in der Schweiz bei rund 1 850 Stunden, d. h. ca. 150 Stunden mehr als in Deutschland.

Trotz der stärkeren Internationalisierung schränkt die Frage nach der Verfügbarkeit von ausreichend qualifizierten Arbeitskräften auch heute noch die Standortwahl ein. Daher haben viele Schweizer Industrieunternehmen die serienmässige Fertigung und Montage ganz oder in grossem Mass in Niedriglohnländer verlegt, während sie qualifiziertere und spezialisierte Arbeitskräfte (z. B. in der Forschung, der Konstruktion oder im Design) nach wie vor im Heimatland beschäftigen.

10.2.2 Absatz

Zu den absatzbezogenen Standortfaktoren gehören insbesondere folgende:

- Kundennähe
- Konkurrenzsituation vor Ort
- Erreichbarkeit für Kunden

Eine optimale **Kundennähe** ist für Detailhandelsgeschäfte, Apotheken, Restaurants, Reisebüros und Serviceunternehmen durch den Geschäftszweck vorbestimmt. Es geht darum, für die potenziellen Kunden optimal erreichbar zu sein. Ein attraktiver Standort kann eine belebte Geschäftsstrasse in der Innenstadt genauso sein wie das Einkaufszentrum am Stadtrand, das mit dem Auto gut erreichbar ist.

Die Kundennähe zeigt sich aber auch im Zusammenhang mit der **Globalisierung** als wichtiger Standortfaktor. Insbesondere in China, aber auch in Osteuropa sind für verschiedene Branchen wie die Mikroelektronik oder den Anlagenbau attraktive Wachstumsmärkte entstanden. So sind viele Anbieter dazu übergegangen, in diesen Ländern nicht nur vor Ort zu produzieren, sondern aufgrund der kulturellen und sprachlichen Nähe dort auch Service- und Vertriebsorganisationen aufzubauen.

10.2.3 Werkstoffe

Als wichtigstes Argument für die Standortwahl gilt hier einerseits die **Nähe zum Gewinnungsort** des zu verarbeitenden Rohstoffs, andererseits die **Versorgungssicherheit** von gelieferten Werkstoffen. Es geht dabei um folgende drei Kriterien:

- Transportkosten
- Verkehrsgünstiger Standort
- Zuliefersicherheit
- Versorgungssicherheit von Energie

Um Transportkosten möglichst tief zu halten, wird der Standort von rohstoffverarbeitenden Betrieben so nahe wie möglich bei den Rohstoffquellen gewählt.

Beispiel

Marmor- oder Zementwerke wählen ihren Standort so nahe wie möglich bei Marmor- oder Kalksteinbrüchen.

Ein verkehrsgünstiger Standort mit raschem Zugang zu Autobahnen, Schienenverkehr, Schifffahrtswegen oder Flughäfen ist für alle transportorientierten Unternehmen wichtig, seien dies Verteilzentren von Detailhandelsketten, der Baustoff-Grosshandel oder Speditionsfirmen ganz allgemein.

Für Produktions- oder Montageunternehmen, die die Vorprodukte nicht selbst herstellen, ist die Zuliefersicherheit ein wesentliches Standortkriterium. Nur so können sie ihre Produktion reibungslos aufrechterhalten und somit kostengünstig produzieren.

Ein reibungsloser Datenaustausch ist heutzutage die Grundlage für moderne Produktionsmethoden und Dienstleistungen. Die Versorgungssicherheit von elektrischer Energie und die Telekommunikationsinfrastruktur sind daher zu wichtigen internationalen Standortkriterien geworden.

10.2.4 Ökologie und Raumplanung

Umweltbezogene Auflagen sind von wachsender Bedeutung für die Standortwahl: Vorschriften und Verordnungen zum Schutz der Umwelt verursachen Kosten oder verunmöglichen gar die Betriebsaufnahme.

Auch das Raumplanungsgesetz, das die Nutzung des verfügbaren Bodens regelt (Zonen für Landwirtschaft, Gewerbe und Wohnen), kann die Standortwahl erheblich einschränken.

Beispiel

Eine Produktionsstätte, die grossen Lärm verursacht, erhält wegen möglicher Anwohnerbeschwerden keine Betriebsbewilligung in einem Wohngebiet.

10.2.5 Wirtschaftspolitisches Umfeld

Die wirtschaftspolitischen Gegebenheiten sind ein nicht zu unterschätzendes Standortkriterium für viele Unternehmen. Als wichtigste Kriterien gelten hier:

- Steuern und Abgaben
- Zölle
- Gesetzliche Auflagen
- Effizienz der öffentlichen Verwaltung
- Wirtschaftspolitische Rahmenbedingungen
- Politische Stabilität

Niedrige **Steuern** und staatliche Abgaben sind ein Standortvorteil, der für jedes Unternehmen ins Gewicht fällt.

Für den internationalen Warenverkehr sind die geltenden Zollbestimmungen (sowohl die zu bezahlenden Zölle als auch der zeitliche Aufwand für die Zollabfertigung) ein wichtiges Standortkriterium.

Auch staatliche und **gesetzliche Auflagen** (Vorschriften) spielen eine Rolle bei der Standortwahl: Ein dichtes Netz von Vorschriften kann die wirtschaftliche Dynamik hemmen, weil sich neue Vorhaben nicht oder zu wenig zügig realisieren lassen. Länder mit geringer Regelungsdichte und grossen Freiräumen haben daher einen Wettbewerbsvorteil und ziehen dynamische Unternehmen an. Auch die Effizienz der öffentlichen Verwaltung ist von nicht unerheblicher Bedeutung. Komplizierte, teure oder gar korrupte Bewilligungsverfahren verzögern die Neuansiedlung, mit erheblichen Kostenfolgen für das Unternehmen.

Viele europäische Länder oder Regionen betreiben eine aktive **Wirtschaftsförderung.** Die Behörden kommen potenziellen Investoren massgeblich entgegen, indem sie sowohl materielle Unterstützung, wie befristete Steuerbefreiung oder Investitionskredite, als auch unbürokratische Verfahren z. B. bei der Baugenehmigung anbieten.

Gesetzliche Regelungen können jedoch auch die Anbieter vor Ort begünstigen und somit einen erheblichen Standortvorteil bedeuten. Man spricht in diesem Zusammenhang auch von protektionistischen Massnahmen durch den Staat.

Beispiel

Das schweizerische Bankgeheimnis ist gesetzlich verankert. Es soll verhindern, dass Banken unerlaubt Informationen über ihre Kunden weitergeben. Dadurch geniessen inländische wie ausländische Anleger einen weitgehenden Schutz. Die Schweiz bietet dadurch einen bedeutenden Standortvorteil für Banken.

Zu den **wirtschaftspolitischen Rahmenbedingungen** gehören unter anderem tiefe Zinsen, eine stabile Währung sowie eine tiefe Inflationsrate. Dies sind günstige Voraussetzungen, die vor allem für international tätige Unternehmen ins Gewicht fallen. Mit den wirtschaftspolitischen Rahmenbedingungen eng verknüpft sind stabile politische Verhältnisse, die die langfristig orientierte Standortwahl begünstigen.

Zusammenfassung

Jeder Standort hat bestimmte Vor- und Nachteile. Eine systematische **Standortanalyse** hilft, den geeigneten Standort zu bestimmen.

Zwei wirtschaftliche Kriterien sind ausschlaggebend für die Standortüberlegungen:

1. Das Erzielen von Kostenvorteilen
2. Das Schaffen von Marktnähe

Es gibt im Wesentlichen **fünf** Standortfaktoren, die je nach Unternehmen bedeutend sind:

Repetitionsfragen

59 Die zunehmende Globalisierung der Wirtschaft hat die Standortwahl erheblich beeinflusst. Zeigen Sie beispielhaft zwei typische Entwicklungen bezüglich der Standortwahl für ein Unternehmen in der Textilproduktion auf.

60 In der Tabelle sind verschiedene Faktoren aufgeführt. Welche Faktoren sind für ein Fitness-studio die wichtigsten? Ordnen Sie die sechs aufgeführten Standortfaktoren entsprechend zu.

Sehr wichtig	Weniger wichtig	Standortfaktoren
☐	☐	Anschluss an das Verkehrsnetz, kurze Gehzeiten zum öffentlichen Verkehrsnetz
☐	☐	Grundstückpreise; niedrige Bodenpreise, da hoher Platzbedarf, auch für Parkplätze
☐	☐	Angenehmes Klima, nicht zu heiss im Sommer (da die Besucher ja ohnehin schwitzen), gute Luft
☐	☐	Absatzmöglichkeiten; grosse potenzielle Kundenzahl in der Nähe
☐	☐	Arbeitskräfte; genug speziell ausgebildete Arbeitskräfte vorhanden
☐	☐	Herrschende Gesetze; keine strengen Beschränkungen, z. B. gegen Lärm, da das Studio vorwiegend in den Randstunden (Abend, Wochenende) betrieben wird

11 Geschäftsprozesse I: Leistungserstellung

Lernziele

Nach der Bearbeitung dieses Kapitels können Sie ...

- die Beschaffungsstrategie und den Beschaffungsprozess erläutern.
- wichtige Beschaffungskonzepte wie Make or Buy und Just in Time beschreiben.
- die Grundlagen der Produktion und die Fertigungsarten darstellen.
- die Logistikprozesse nennen und beschreiben.

Schlüsselbegriffe

Beschaffung, Beschaffungsmethoden, Beschaffungsprozess, Beschaffungsstrategie, Fertigungsarten, Global Sourcing, Insourcing, Just in Time, kritische Menge, Lager, Logistik, Make or Buy, Modular / System Sourcing, Outsourcing, Produktion, Single Sourcing, Supply Chain Management, Transport

Die Erstellung der Marktleistung bedeutet für das Unternehmen, dass es Input beschafft, bearbeitet und den Output zu den Kunden schafft. Der Leistungserstellungsprozess eines Unternehmens setzt sich darum aus den Funktionen Beschaffung, Produktion und Logistik zusammen. Wir besprechen alle drei Funktionen in diesem Kapitel und beginnen mit der Beschaffung.

11.1 Beschaffung

Jedes produzierende Unternehmen braucht **Werkstoffe** (Roh-, Hilfs- und Betriebsstoffe, Vorfabrikate), die es im Produktionsprozess weiterverarbeitet und aus denen es ein Endprodukt herstellt. Jedes Handelsunternehmen hat das Ziel, Werkstoffe oder Endprodukte an seine Kunden weiterzuverkaufen. Darum ist die **Beschaffung** eine wichtige Funktion in allen Unternehmen.

11.1.1 Beschaffungsstrategie

Die **Beschaffungsstrategie** wird aus der Unternehmensstrategie abgeleitet und strebt im Allgemeinen folgende Ziele an:

- Versorgung mit Materialien und Informationen sicherstellen.
- Beschaffungskosten optimieren.
- Andere Unternehmensbereiche unterstützen (z. B. Informationen für Fertigung liefern).

Eine wirksame Beschaffungsstrategie trägt zur **Stärkung der Wettbewerbsfähigkeit eines Unternehmens** bei, indem sie neue Beschaffungsmöglichkeiten und Innovationspotenziale erschliesst und den Beschaffungsmarkt im Sinn der Unternehmensstrategie beeinflusst. Intern kann sich eine Beschaffungsstrategie unter anderem auf die in der Tabelle aufgeführten **Unternehmensbereiche** auswirken.

Abb. [11-1] **Auswirkungen der Beschaffungsstrategie auf das Unternehmen**

Bereiche / Aufgaben	Möglichkeiten / Aspekte
Beschaffungs-organisation	• Gliederung nach dem Objektprinzip (z. B. nach Rohstoffen, Hilfsstoffen, Mechanik, Elektronik etc.) • Gliederung nach dem Verrichtungsprinzip (z. B. in Bestellwesen, Terminkontrolle, Rechnungsprüfung etc.)
Einkaufsorganisation	• Zentraler Einkauf • Dezentraler Einkauf
Lieferantenauswahl	• Anzahl Lieferanten • Leistungsfähigkeit (wirtschaftlich, technisch) • Flexibilität bezüglich Menge und Zeit
Bedarfsermittlung	• Deterministische Bedarfsermittlung[1] • Stochastische Bedarfsermittlung[2]
Beschaffungs- und Bestellabwicklung	• Beschaffungsform: fallweise Beschaffung, Vorratsbeschaffung, fertigungssynchrone Beschaffung • Bestellmenge und Bestellzeitpunkt: Einmalbestellung, Mehrfachbestellung, Mindestbestand, Meldebestand, optimale Bestellmenge
Warenannahme und Rechnungswesen	• Wareneingang • Wareneingangsprüfung • Rechnungsprüfung • Terminprüfung • Qualitätsprüfung
Lagerung und Verteilung	• Einlagerung • Bestandsüberwachung und -pflege • Auslagerung

Eine Beschaffungsstrategie muss auch die strategische **Grundausrichtung des Unternehmens in Bezug auf das Marktverhalten** berücksichtigen. Je nach Marktstellung und Einkaufsmacht[3] ergeben sich verschiedene Strategien, die zwischen den Polen **aktives Verhalten** und **passives Verhalten** liegen. Ein aktives Verhalten bedeutet, dass das Unternehmen versucht, die Beschaffungsmärkte mitzugestalten und den Lieferanten bzw. Verkäufern seine Bedingungen zu diktieren. Ein passives Verhalten bedeutet, dass das Unternehmen bewusst auf solche Aktivitäten verzichtet und die Bedingungen der Beschaffungsmärkte akzeptiert.

11.1.2 Beschaffungsmethoden

Anhand der Beschaffungsstrategie können geeignete **Beschaffungsmethoden** erarbeitet werden. In diesem Kapitel stellen wir verbreitete Beschaffungsmethoden näher vor. In der Praxis sind auch Mischformen dieser Methoden anzutreffen.

A] Global Sourcing

Global Sourcing bedeutet eine Ausrichtung der Beschaffung auf internationale Beschaffungsmärkte und -quellen. Dadurch sollen primär weltweite Kosten- und Preisvorteile genutzt werden. Die zunehmende globale Vernetzung erleichtert eine Ressourcenbeschaffung in aller Welt und nationale Beschaffungsstrukturen werden vermehrt durch internationale Beschaffungsstrukturen abgelöst.

Ein Global Sourcing erschliesst nicht nur neue Beschaffungsmärkte, sondern eröffnet auch **neue Absatzchancen.** Voraussetzung dafür ist, dass ein Unternehmen die jeweiligen Markt-

[1] Der zukünftige Bedarf leitet sich aus bestehenden Stücklisten oder Absatzprogrammen ab: Wir wollen 500 Stück absetzen im ersten Halbjahr, also brauchen wir XY Stück von Halbfabrikat Z.
[2] Der zukünftige Bedarf ergibt sich aus den Verbrauchswerten der Vergangenheit. Man wertet die Verbrauchswerte der Vergangenheit aus und erstellt dann Prognosen für die Zukunft: In den letzten drei Jahren haben wir im Monat Mai im Schnitt 400 Stück verkauft, also brauchen wir für den Monat Mai XY Stück von Halbfabrikat Z.
[3] Das 5-Forces-Modell von Michael E. Porter zeigt auf, wie die Machtverteilung zwischen Unternehmen und Lieferanten in einer Branche aussieht.

verhältnisse vor Ort analysiert und bereit ist, auf lokale Gegebenheiten und Wertvorstellungen einzugehen. Gleichzeitig ist das Global Sourcing in der Regel mit dem **Auf- bzw. Ausbau eines systematischen Lieferantenmanagements** verbunden.

B] Modular / System Sourcing

Modular / System Sourcing[1] bedeutet eine Ausrichtung der Beschaffung auf fertige Module bzw. Teilsysteme, die mit wenig Aufwand zu einem Gesamtsystem integriert werden können. Es werden also nicht mehr 1 000 Einzelteile, sondern bereits (vor)montierte Module bzw. Teilsysteme beschafft (z. B. Armaturenbrett, Einbauküchen, Festplatten für Computer etc.), die über definierte Schnittstellen verfügen. Die folgende Grafik stellt das Prinzip der Einzelteilbeschaffung und des Modular / System Sourcings einander gegenüber.

Abb. [11-2] **Einzelteilbeschaffung (links) und Modular / System Sourcing (rechts)**

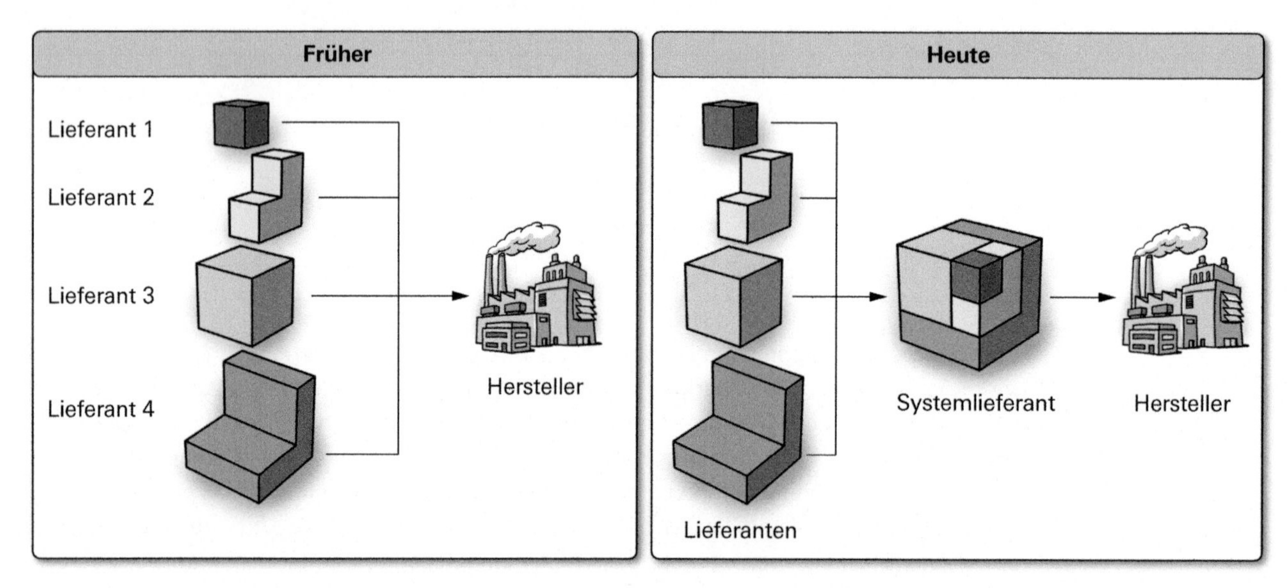

Das Modular / System Sourcing entsteht durch die Auslagerung von Fertigungsschritten, die entweder nicht zu den Kernkompetenzen gehören oder eine hohe Komplexität aufweisen und deshalb sehr arbeits- und kostenintensiv sind. Die Reduktion der Fertigungstiefe **erleichtert die Prozessplanung und -steuerung** und **entlastet die Lagerbewirtschaftung.** Zudem wird das **Lieferantenmanagement vereinfacht,** weil nur noch die Kontakte zu den Modul- bzw. Systemlieferanten gepflegt werden müssen. Der aufwand- und kostenseitigen Entlastung sind höhere Beschaffungsrisiken gegenüberzustellen.

C] Single Sourcing

Single Sourcing bedeutet eine Ausrichtung der Beschaffung auf eine einzige Beschaffungsquelle bzw. auf einen einzelnen Lieferanten, mit dem eine längerfristige Zusammenarbeit angestrebt wird. Der Ansatz verzichtet auf kurzfristige Preisvorteile, die der globale Beschaffungsmarkt bietet, und versucht diese durch eine partnerschaftliche Zusammenarbeit mit dem ausgewählten Lieferanten zu übertreffen. Ein effizientes Single Sourcing setzt eine enge Abstimmung der Prozesse zwischen Kunde und Lieferant und ein Höchstmass an Kooperationsbereitschaft voraus. Die grössten Risiken liegen in der gegenseitigen Verflechtung und Abhängigkeit zwischen den beiden Partnern.

[1] Schulte, Christoph (1999): Logistik: Wege zur Optimierung des Material- und Informationsflusses, 3. Auflage, Verlag Vahlen, München, S. 236.

D] Insourcing und Outsourcing

Bei der Entscheidung zwischen Eigenfertigung **(Insourcing)** oder Fremdbezug **(Outsourcing)** stellt sich die Frage, ob ein bestimmter Artikel selbst hergestellt oder extern bezogen werden soll. Im Vordergrund dieser **«Make-or-Buy-Entscheidung»** stehen kosten-, qualitäts- und zeitbezogene Aspekte:

- **Kosten:** Vergleich zwischen Herstellungskosten und Einstandspreisen. Frage: Kann der auf dem Markt erhältliche Artikel günstiger selbst hergestellt werden bzw. ist das selbst hergestellte Produkt auf dem Markt zu tieferen Gesamtkosten erhältlich?
- **Qualität:** Vorhandensein geeigneter Lieferanten. Frage: Gibt es einen Lieferanten, der den Artikel qualitativ besser herstellt, bzw. ist der selbst hergestellte Artikel auf dem Markt in besserer Qualität erhältlich?
- **Termine:** Beschaffungszeit bei kurzfristigem Bedarf. Frage: Kann der auf dem Markt erhältliche Artikel in der benötigten Zeit zur Verfügung gestellt werden bzw. ist der selbst hergestellte Artikel schneller erhältlich?

Neben den Kosten, der Qualität und der Zeit spielen bei der Make-or-Buy-Entscheidung **weitere Kriterien** eine Rolle. In der Tabelle haben wir einige Beispiele – getrennt nach internen und externen Kriterien – aufgeführt.

Abb. [11-3] **Interne und externe Kriterien bei der Make-or-Buy-Entscheidung**

Interne Kriterien	Externe Kriterien
• Aufbau, Erhaltung von eigenem Know-how und Wissen • Bestehende Kapazitäten und ihre Auslastung • Fähigkeiten und Potenzial der eigenen Mitarbeitenden • Investitionsbedarf für neue Mitarbeitende, Betriebs- und Transportmittel • Strategische Bedeutung des Artikels	• Abhängigkeiten vom Lieferanten • Finanzielle Situation des Lieferanten • Image und Innovationspotenzial des Lieferanten • Termintreue und Flexibilität des Lieferanten • Vertrauenswürdigkeit des Lieferanten im Umgang mit Daten und Informationen

Ausgangspunkt bei der Frage **«Eigenfertigung oder Fremdbezug?»** ist die strategische Bedeutung des Artikels vor dem Hintergrund der eigenen Kernkompetenzen. Während bei der Versorgung mit unkritischen Produkten ein Fremdbezug vorzuziehen ist, ist bei strategischen Produkten bzw. Engpassartikeln eine Eigenfertigung im Allgemeinen vorteilhafter. Das Zusammenspiel der wichtigsten Entscheidungskriterien lässt sich anhand des folgenden **Entscheidungsprozesses** nachvollziehen:

Abb. [11-4] Entscheidungsbaum zur Frage «Make or Buy?»

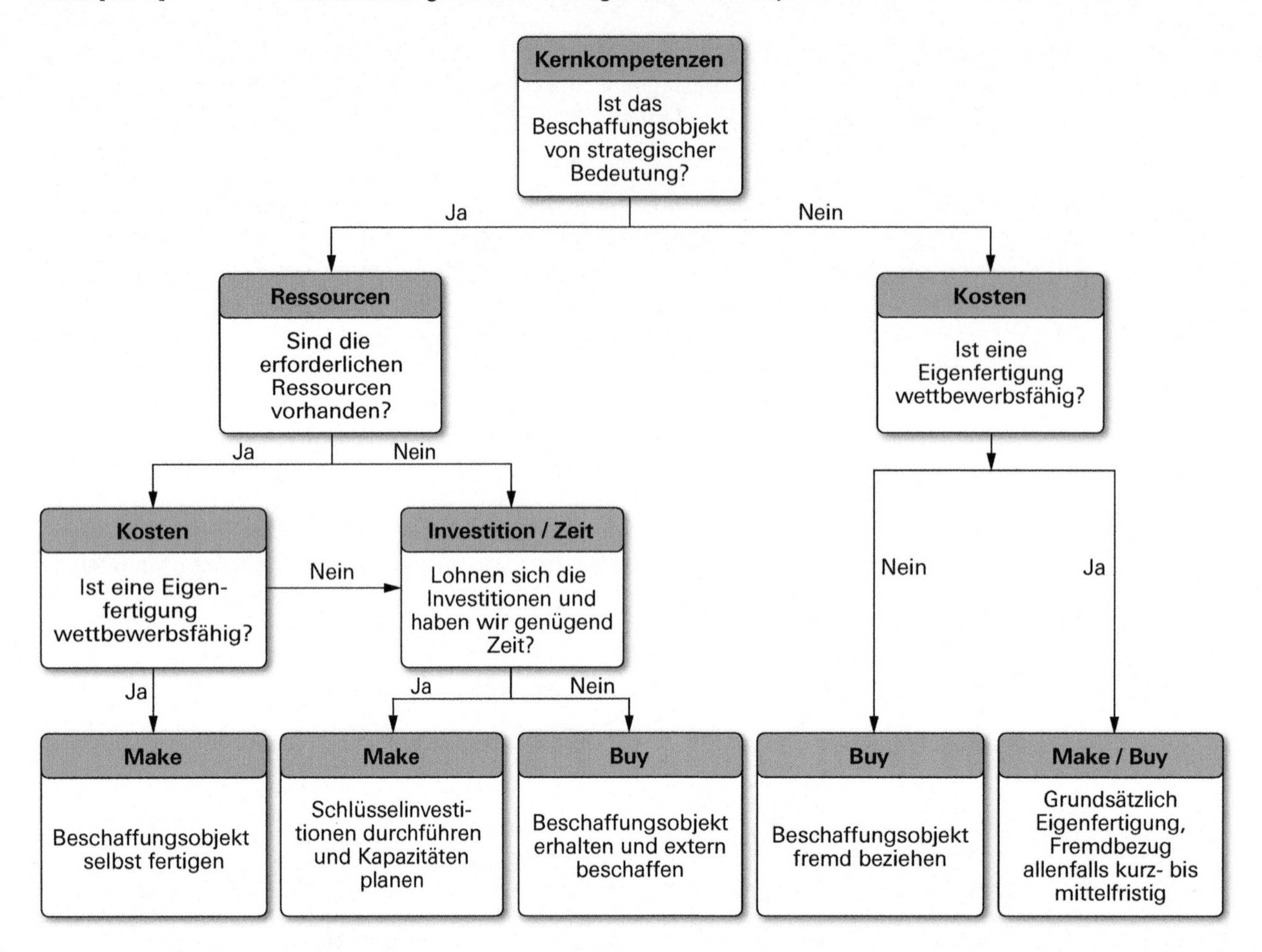

Eine Make-or-Buy-Entscheidung hat nicht nur weitreichende Auswirkungen auf die **Beschaffungslogistik,** sondern auch auf andere Logistikbereiche wie z. B. auf die Produktionslogistik und die Lagerbewirtschaftung. Aus diesem Grund sollten logistische Überlegungen immer in eine Make-or-Buy-Entscheidung einfliessen. Was nützt z. B. ein grundsätzlich geeigneter Lieferant, der jedoch so weit entfernt ist, dass die Transportkosten alle Kostenvorteile wieder «auffressen»?

Bei Make-or-Buy-Entscheidungen muss die **kritische Menge** errechnet werden. Die kritische Menge ist diejenige Menge, bei der die Kosten für die Eigenfertigung gleich hoch sind wie die Kosten für den Fremdbezug.

Beispiel

Die eigene Produktion verursacht Fixkosten in Höhe von EUR 30 000 pro Monat. Für jedes selbst hergestellte Einbauteil entstehen variable Kosten in Höhe von EUR 500. Der Fremdbezug verursacht variable Kosten[1] in der Höhe von EUR 1 000 pro Einbauteil. Die Berechnung der Kosten für Fremdbezug und Eigenfertigung sieht wie folgt aus:

Fremdbezug	Eigenfertigung
1 000 X =	30 000 + 500 X
1 000 X – 500 X	30 000
500 X =	30 000
X =	60

Ergebnis: Die kritische Menge, bei der die Eigenfertigung und der Fremdbezug gleich teuer sind, liegt bei 60 Einheiten. Eine höhere Anzahl an Einbauteilen spricht für eine Eigenfertigung, eine tiefere Anzahl an Einbauteilen für einen Fremdbezug.

[1] Kosten, die sich verändern bei Änderung der Produktions- bzw. Absatzmenge. Im Gegensatz dazu stehen die fixen Kosten, die unabhängig von der Produktionsmenge entstehen.

Abb. [11-5] **Die Vor- und Nachteile der Eigenfertigung und des Fremdbezugs**

	Vorteile	Nachteile
Eigenfertigung	• Auslastung vorhandener Kapazitäten • Einfache Terminplanung (hohe Verfügbarkeit, keine Transportzeiten) • Erhaltung der Autonomie (Unabhängigkeit von Lieferanten) • Erhaltung von Know-how • Hohe Flexibilität, schnelle Reaktionsmöglichkeiten • Laufende, wirksame Qualitätskontrolle • Vermeidung von Beschaffungskosten	• Fehlender Zugang zum Know-how der Lieferanten • Höhere Erfolgsrisiken • Höhere Innovationskosten • Höhere Kapitalbindung des Unternehmens • Höhere Ressourcenbindung durch hoch qualifiziertes Personal (Spezialisten) • Mehr Mitarbeitende müssen eingesetzt werden bzw. mehr Mitarbeiterkapazitäten müssen vorhanden sein
Fremdbezug	• Imagewert einer Fremdmarke • Keine oder geringe Fixkosten • Möglichkeit von Gegengeschäften • Nutzung modernster Produktionstechnologien, -anlagen und -verfahren • Nutzung von externem Know-how und Wissen • Preisgünstige Versorgung bei kleineren Bedarfsmengen • Preisgünstige Versorgung bei Standard- oder Hebelprodukten	• Abhängigkeit vom Lieferanten • Hemmung der (Weiter)entwicklung moderner Produktionstechnologien, -anlagen und -verfahren im eigenen Unternehmen • Mangelhafte Sicherheit vertraulicher Daten und Informationen • Schaffung günstiger Bezugsquellen für Konkurrenten

Die Nachteile der Eigenfertigung und des Fremdbezugs können gegebenenfalls durch Kooperationen gemildert werden.

Make-or-Buy-Entscheidungen sind für **Dienstleistungsunternehmen** genauso relevant wie für Produktionsunternehmen. Allerdings ist es schwieriger, eine kritische Menge zu ermitteln.

Beispiel Eine Bank möchte ihren Kunden Fonds als Investitionsmöglichkeit anbieten. Anstatt eigene Fonds aufzubauen, kauft sich die Bank den Zugang zu den Fonds eines darauf spezialisierten Anbieters ein.

E] Just in Time

Das **Just in Time** (JIT) sieht vor, dass die für die Produktion erforderlichen Materialien (Teile, Komponenten) immer genau dann zur Verfügung stehen, wenn sie von der betreffenden Fertigungsstufe benötigt werden. Dadurch soll weder unnötiges Kapital gebunden noch unnötiger Lagerraum beansprucht werden. JIT setzt eine enge Koordination der Prozesse zwischen Lieferanten und Hersteller voraus und lässt sich durch folgende **Merkmale** charakterisieren:

- **Abstimmung der Beschaffungs- und Produktionslogistik:** Die direkte Materiallieferung an den Verarbeitungsort setzt eine rechtzeitige Vorabinformation des Lieferanten voraus. Beim JIT-Abruf wird der für eine Periode benötigte Bedarf zusammengefasst und dem Lieferanten übermittelt. Die Abstimmung erfolgt mengengenau zum Liefertermin und zur Steuerung der Reihenfolge wird die Lieferreihenfolge festgelegt.
- **Flexibler Personaleinsatz:** Um Leer- und Wartezeiten zu vermeiden, werden die erforderlichen Personalkapazitäten kurzfristig geplant und dem Arbeitsumfang angepasst.
- **Kopplung der Produktionsprozesse:** Die Fertigungsprozesse des Lieferanten und des Herstellers werden zeitlich und mengenmässig exakt aufeinander abgestimmt.
- **Sicherstellung der Qualität:** Um Qualitätsschwankungen zu vermeiden, werden die bezogenen Leistungen bzw. Produkte auf spezifizierte Qualitätsanforderungen hin überprüft.
- **Standardisierte Prozesse:** Es werden standardisierte Ladungsträger (z. B. Container, Paletten) verwendet. Für den Informations- und den Datenaustausch werden standardisierte Tools und Schnittstellen eingesetzt. In der Fertigung werden standardisierte Produktionsprozesse angewendet.
- **Vereinbarung von Fixgeschäften:** Die Wirksamkeit der Lieferverträge steht und fällt mit der Einhaltung der Lieferfristen.

- **Verzicht auf Problempuffer:** Es werden keine Sicherheitsbestände und somit keine Lagerbestände für Problemfälle geführt.

11.1.3 Beschaffungsprozess

Der **operative Beschaffungsprozess** lässt sich in folgende Phasen und Aufgaben gliedern:

Phase	Aufgaben	Aspekte
Planung und Disposition	Bedarfsermittlung	• Materialbedarfsarten berücksichtigen. • Geeignete Methode der Bedarfsermittlung anwenden.
	Ermittlung der Bezugsquelle	• Sourcing-Strategie bzw. Beschaffungskonzept berücksichtigen. • Geeignete Bezugsquellen festlegen.
Entscheidung und Durchführung	Lieferantenauswahl	• Lieferanten bewerten. • Lieferanten anfragen. • Angebote prüfen und verhandeln. • Verträge abschliessen.
	Bestellabwicklung	• Bestellung freigeben. • Bestellauftrag an Lieferanten erteilen.
Koordination und Controlling	Bestellüberwachung	• Bestellungen nach den Kriterien Kosten, Qualität und Termine überwachen. • Auftragsbestätigungen verwalten. • Lieferfristen kontrollieren.
	Wareneingang	• Warenannahme • Warenprüfung • Mangelhafte Waren zurückweisen • Innerbetrieblicher Transport, Umschlag und Lagerung
	Rechnungsprüfung	• Bestell- und Rechnungsdokumente vergleichen. • Rechnung sachlich und rechnerisch kontrollieren (Mengen, Preise, Rabatte, Mehrwertsteuer). • Mangelhafte Rechnungen zurückweisen.
	Zahlungsabwicklung	• Zahlung für korrekte Rechnungen freigeben. • Zahlungsanweisung erteilen.

Die folgende Abbildung gibt einen Überblick über den **Ablauf des operativen Beschaffungsprozesses.**

Abb. [11-6] **Beschaffungsprozess im Überblick**[1]

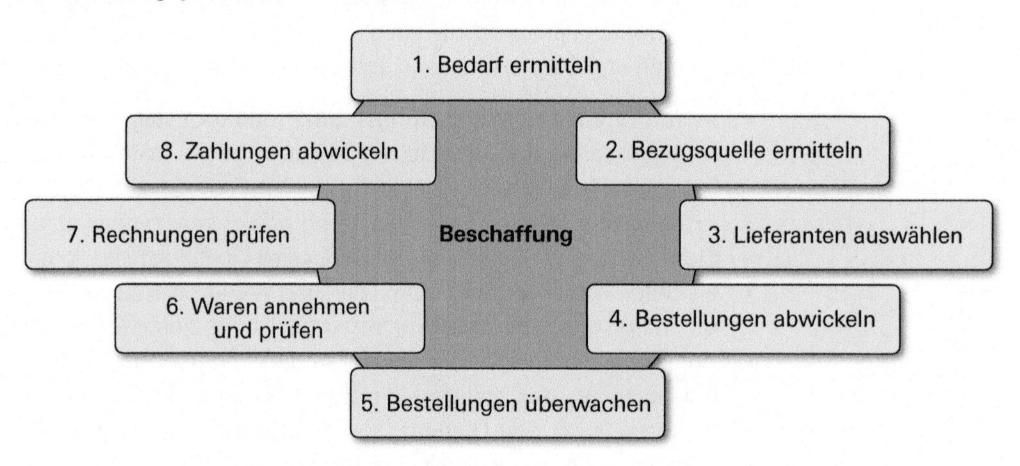

Um den Beschaffungsprozess zu optimieren, empfiehlt sich eine **systematische Lieferantenbewertung** nach einheitlich festgelegten und transparenten Kriterien. Für die Beurteilung der Lieferanten können Rückmeldungen aus dem operativen Beschaffungsprozess, aber auch Reklamationen aus der Produktion herangezogen werden. Beim **Lieferantenaudit** wird direkt

[1] Engelsberger, Eva-Maria: Skript und Unterrichtsfolien zum Thema Materialwirtschaft, Bundeshandelsakademie Hallein, Österreich 2003.

vor Ort (beim Lieferanten) untersucht, ob der Lieferant die an ihn gerichteten Anforderungen erfüllt bzw. ob bei der Leistungserbringung Verbesserungsmöglichkeiten bestehen.

11.2 Produktion

11.2.1 Grundlagen

In der Produktion entstehen die Produkte und Dienstleistungen, die das Unternehmen seinen Kunden auf den Absatzmärkten anbietet. Wir unterscheiden zwei **Arten von Unternehmen:**

- **Produzierende Unternehmen:** Die Produktionsprozesse umfassen die Bearbeitung und die Verarbeitung von Werkstoffen, die Montage von Bauteilen usw.
- **Dienstleistungsunternehmen:** Diese erbringen Dienstleistungen für den Kunden, wie z. B. die Realisierung von Softwareprogrammen in der Informatik oder Beratungsleistungen in Beratungsunternehmen.

Das eigentliche **Ziel** der Produktion ist, die Produkte oder Dienstleistungen in der erforderlichen Qualität und Menge zum richtigen Zeitpunkt und auf rentable Weise herzustellen.

Überlegungen zur **Wirtschaftlichkeit** der Produktionsprozesse stehen dabei im Zentrum. Die kostenbewusste Leistungserstellung wird im Wesentlichen über eine **Optimierung** der für die Leistungserstellung eingesetzten Ressourcen und Verfahren erreicht. Daraus ergibt sich für viele Unternehmen die strategische Kernfrage: Welche Leistungen erbringen wir selbst, welche kaufen wir zu? Wir treffen hier wie bei der Beschaffung auf die Frage nach «Make or Buy?».

Die **Produktionsplanung** befasst sich mit dem optimalen Einsatz der vorhandenen Produktionskapazitäten. Dazu ist die Klärung folgender Fragen notwendig:

- **Ablaufplanung:** Wie durchlaufen einzelne Kundenaufträge die Produktion?
- **Kapazitätsplanung:** Wie werden die vorhandenen Kapazitäten optimal ausgelastet?
- **Zeitplanung:** Wie werden die einzelnen Produktionsschritte terminiert und koordiniert? Wie werden die Produktionstermine eingehalten?
- **Kostenplanung:** Wie bzw. wo können wir am kostengünstigsten produzieren?

Um die Produktion besser auf die Marktbedürfnisse ausrichten zu können, hat sich in vielen produzierenden Unternehmen die **Just-in-Time-Produktion** durchgesetzt. Damit ist die Produktion auf Abruf gemeint.

Die Planung und Steuerung von Produktionsprozessen basiert auf einer Vielfalt von Informationsdaten, deren Erfassung, Verarbeitung und Auswertung heute weitestgehend durch computergestützte Programme unterstützt werden. Solche Programme werden als **Computer-Integrated Manufacturing (CIM)** bezeichnet. Die bekanntesten Elemente des CIM sind:

- Computer-Aided Design (CAD): die computergestützte Entwicklung und Konstruktion
- Computer-Aided Manufacturing (CAM): die computergestützte Steuerung und Überwachung des Fertigungsprozesses
- Produktionsplanung und -steuerung (PPS): die computergestützte organisatorische Planung, Steuerung und Überwachung der gesamten Produktionsabläufe

11.2.2 Fertigungsarten und Fertigungsstrukturen

Die **Fertigungsart** und die **Fertigungsstruktur** prägen den unternehmensspezifischen Material- und Informationsfluss. Ausserdem besteht eine enge Wechselwirkung zwischen der Fertigungsstruktur und den Fertigungsprozessen. So hat die Fertigungsstruktur entscheidenden Einfluss auf die Durchlaufzeiten des Materials sowie auf den Aufwand bei der Koordination des Produktionsablaufs. Bezüglich der Fertigungsarten lassen sich generell folgende **Ansätze** unterscheiden:

- **Verrichtungsprinzip:** Hier werden die Betriebsmittel in Organisationseinheiten zusammengefasst, die gleichartige Verrichtungen durchführen.
- **Objekt- oder Flussprinzip:** Hier werden die Betriebsmittel entsprechend dem Arbeitsablauf bzw. nach der Abfolge der einzelnen Arbeitsschritte angeordnet.
- **Gruppenprinzip:** Hier wird das Verrichtungs- und Objektprinzip so kombiniert, dass ein optimaler Materialfluss erreicht wird.

Nachfolgend schauen wir uns die obigen Ansätze und einige Fertigungsarten näher an.

A] Fertigung nach dem Verrichtungsprinzip

Werkstattfertigung

Bei der Werkstattfertigung werden alle Werkzeuge, Maschinen, Anlagen und Arbeitsplätze mit gleichartiger Arbeitsverrichtung räumlich in einer Werkstatt zusammengefasst. Dabei kann zwischen Werkstattfertigung mit **manuell bedienten Werkzeugen bzw. Maschinen** und Werkstattfertigung mit **automatisch arbeitenden Maschinen bzw. Anlagen** unterschieden werden. Typische Beispiele für diese Fertigungsart sind die Bohrerei, die Dreherei, die Fräserei oder die Schreinerei.

Baustellenfertigung

Bei der Baustellenfertigung werden die Werkstücke nicht zu den Betriebsmitteln transportiert, sondern die Betriebsmittel werden **zentral** bei den zu fertigenden Produkten deponiert. Das Arbeitsobjekt ist also ortsfest, während die Produktiveinheiten (Arbeitsstationen, Arbeitskräfte und / oder Betriebsmittel) den Standort wechseln. Typische Beispiele für diese Fertigungsart sind das Bauhauptgewerbe (Hoch- und Tiefbau), das Baunebengewerbe (Sanitärinstallation, Maler, Tapezierer, Bauschlosser) und der Schiffsbau (Werft).

B] Fertigung nach dem Fluss- bzw. Objektprinzip

Fliessfertigung

Bei der Fliessfertigung werden die Maschinen, Anlagen und Arbeitsplätze räumlich nach dem Fertigungsablauf angeordnet. Dabei lassen sich folgende Kategorien unterscheiden:

- **Reihenfertigung:** Hier sind die Betriebsmittel oder Arbeitsplätze in einer bestimmten Reihenfolge nach dem Fertigungsprozess angeordnet, wobei zeitlich kein zwingender Arbeitstakt vorgegeben wird.
- **Fliessbandfertigung:** Hier sind die Produktionsmittel ebenfalls in einer bestimmten Reihenfolge nach dem Arbeitsablauf angeordnet. Gegenüber der Reihenfertigung sind die einzelnen Arbeitsgänge zudem zeitlich vorbestimmt, d. h., die Arbeiter müssen einen vorgeschriebenen Arbeitstakt einhalten. Als Transportmittel für die Werkstücke kommen Fliessbänder, Schwebebahnen oder ähnliche Systeme zum Einsatz, die sich kontinuierlich oder nach einer bestimmten Taktzeit fortbewegen. Die Geschwindigkeit des Transportmittels bzw. die Taktzeiten bestimmen die Arbeitszeit für die Werkstücke.
- Eine **Transferlinie** (auch: Fertigungslinie, Transferstrasse, Fliessstrasse) liegt vor, wenn auf einem Fliessband mehrere Produktvarianten parallel hergestellt werden können, d. h., nach technischen Eingriffen an den Maschinen bzw. Anlagen (z. B. durch Umrüstung oder mittels Werkzeugwechsel) können auch andere Produkte gefertigt werden. Bei einer starren Transferlinie werden die Werkstücke durch mehrere hoch spezialisierte Maschinen im Takt bearbeitet. Das bedeutet, dass alle Werkstücke an allen Bearbeitungsstationen gleich lang bleiben und zur gleichen Zeit weitertransportiert werden. Bearbeitungs- und Trans-

portzeit ergeben den Takt, wobei sich der Takt nach der längsten Bearbeitungszeit richtet. Die Übergabe der Werkstücke erfolgt also unabhängig von der individuellen Bearbeitungszeit an einer Bearbeitungsstation. Eine **starre Transferlinie** eignet sich für die Bearbeitung grosser Stückzahlen im Rahmen von Serien- und Massenfertigungen (z. B. in der Metallindustrie). Aufgrund ihrer hohen Spezialisierung kann sie nur mit grossem Aufwand an eine geänderte Bearbeitung angepasst werden. Bei einer **flexiblen Transferlinie** wird eine starre Transferlinie in mehrere Teilstrassen aufgeteilt und ein Puffer zwischen den einzelnen Teilstrassen eingerichtet. Dadurch können die Takte der Teilstrassen variieren. Ausserdem können die Teilstrassen separat für neue Werkstücke umgerüstet werden. Dies bedeutet einen geringeren Aufwand bei der Umrüstung und geringere Rüstkosten. Gegenüber einer starren Transferstrasse ermöglicht eine flexible Transferlinie also kleinere Losgrössen und eignet sich somit besser zur Herstellung verschiedener, ähnlicher Werkstücke (z. B. in der Automobilindustrie). Dieses System ist zudem weniger anfällig gegenüber Störungen, da nur die von der Störung betroffene Teilstrasse ausfällt.

Wanderfertigung

Die Wanderfertigung ist eine **Sonderform** der Fliessfertigung und kann mit der Baustellenfertigung verglichen werden. Während die Produktiveinheiten bei der Fliessfertigung standortfest sind, bewegen sich die Menschen und Betriebsmittel bei der Wanderfertigung entsprechend dem Arbeitsfortschritt am Arbeitsgegenstand entlang. Typische Beispiele für die Wanderfertigung sind die Arbeiten beim Strassen- und Gleisbau.

C] Fertigung nach dem Gruppenprinzip

Bei der **Gruppenfertigung** werden das Verrichtungsprinzip und das Fluss- bzw. Objektprinzip so kombiniert, dass die Vorteile beider Ansätze genutzt werden können. Hier werden die Produktionsmittel für einen bestimmten Teilfertigungsprozess zwar zu einer Gruppe zusammengefasst. Innerhalb dieser Fertigungsgruppe werden die Produktionsmittel aber nach dem Fliessprinzip angeordnet. Im Zusammenhang mit dem Gruppenprinzip lassen sich folgende Fertigungssysteme unterscheiden:

- Flexible Fertigungszelle
- Flexibles Fertigungssystem

Flexible Fertigungszelle

Eine flexible Fertigungszelle (FFZ) ist eine **Kleinwerkstätte** mit einem computergesteuerten Werkstück- und Werkzeugwechsel. Sowohl die Messung, Prüfung und Handhabung der Werkstücke als auch die Überwachung und der Werkzeugwechsel erfolgen automatisch und können durch eine selbstständige Diagnose bzw. Fehlererkennung ergänzt werden. Auf diese Weise können verschiedene Fertigungsaufgaben mit einem Minimum an manuellen Eingriffen im Bearbeitungsablauf und ohne grosse Zeitverluste für Umrüstungen durchgeführt werden. Die FFZ kann als Bearbeitungsmaschine aufgefasst werden, die auf der Grundlage einer frei programmierbaren Steuerung diverse Werkstücke weitgehend vollständig und selbstständig bearbeitet.

Flexibles Fertigungssystem

Ein flexibles Fertigungssystem (FFS) besteht aus mehreren flexiblen Fertigungszellen, die über ein **gemeinsames Steuerungs- und Transportsystem** miteinander verbunden sind. Dadurch werden die Vorteile der Werkstattfertigung und der Fliessfertigung kombiniert und eine hohe Produktivität bei gleichzeitig hoher Flexibilität realisiert. Ein FFS lässt sich im Allgemeinen in folgende Komponenten gliedern:

- Das **Bearbeitungssystem** beinhaltet Werkzeugmaschinen, -speicher und -wechsler sowie Einrichtungen für die Spann-, Mess- und Prüfmittel. Es wird durch eine CNC-

Maschine mit Speichereinheit gesteuert, die eine flexible Reihenfolge der Werkstückbearbeitung erlaubt.

- Das **Materialflusssystem** umfasst die Versorgung und die Entsorgung der Werkstücke und den Werkzeugwechsel.
- Das **Informationsflusssystem** stellt Steuerungs- und Überwachungstätigkeiten sicher und übernimmt die Kontrolle der Werkstücke und Werkzeuge sowie die Verteilung der Informationen.

Ein flexibles Fertigungssystem hat die folgenden **Vor- und Nachteile:**

Abb. [11-7] Vor- und Nachteile des flexiblen Fertigungssystems

Vorteile	Nachteile
• Geringere Durchlaufzeiten der Werkstücke • Automatisierung von Kleinserien- und Einzelfertigungen • Geringere Umrüstzeiten und -kosten • Geringere Kapitalbindung bei geringen Stillstandzeiten der Maschinen	• Hohe Investitionskosten • Technisches Know-how muss verfügbar sein • Hoher Umstellungsaufwand bei nicht vorhersehbaren Änderungen im Produktionsprogramm

Die folgende Grafik fasst die erläuterten Fertigungsarten zusammen, wobei der Automatisierungsgrad von links nach rechts zunimmt.

Abb. [11-8] Fertigungsarten[1]

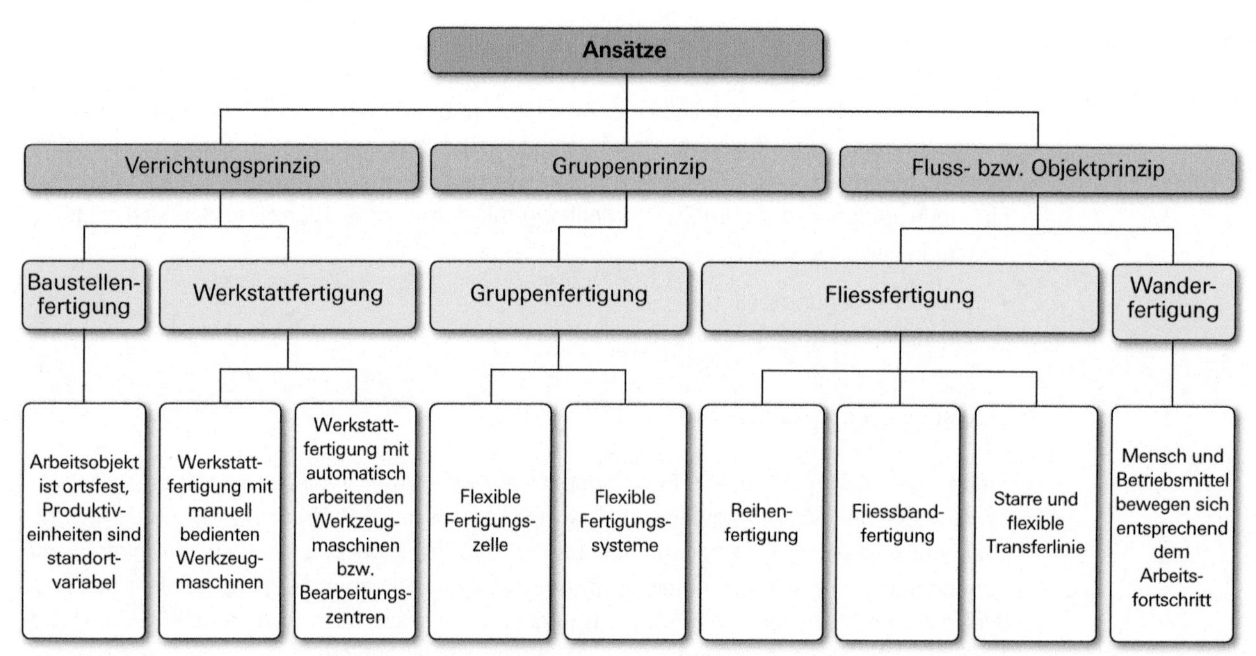

D] Weitere Fertigungsarten

Fertigungsarten lassen sich auch anhand der **Losgrösse** unterscheiden. Die Losgrösse der Produktion ist diejenige Menge, die gemeinsam (in einem Los) gefertigt wird. Die Menge der in einem Los gefertigten Erzeugnisse hat Einfluss auf die Produktionslogistik. In diesem Zusammenhang kann zwischen folgenden **Fertigungsarten** unterschieden werden:

- Bei der **Einzelfertigung** wird zu einem bestimmten Zeitpunkt bzw. in einer bestimmten Periode nur eine Einheit eines bestimmten Produkts hergestellt. Dabei werden die Beschaffung der Betriebsmittel und die Werkstoffe in der Regel speziell auf diesen Produk-

[1] Zäpfel, Günther: Grundzüge des Produktions- und Logistikmanagements, 2. Auflage, Verlag Oldenbourg, 1989.

tionsauftrag zugeschnitten, was zu relativ hohen Stückkosten führt. Vor allem bei einem unregelmässigen Auftragseingang setzt die Einzelfertigung eine genaue Kapazitätsplanung voraus. Beispiele: Grossanlagen bei der Bauindustrie, beim Schiffsbau oder beim Grossmaschinenbau.

- Bei der **Serienfertigung** (auch: Auflagenfertigung) werden Produkte in begrenztem Umfang mehrfach hergestellt, d. h., es werden gleichzeitig oder nacheinander mehrere gleichartige Erzeugnisse produziert. Nach der Erstellung einer bestimmten Stückzahl (Auflage) wird eine neue Artikelserie aufgelegt. Je grösser die Serie ist, desto kleiner sind die Umrüstkosten, weil die Produktion nicht so oft unterbrochen werden muss. Gleichzeitig steigen die Lagerkosten für die Halb- und Fertigerzeugnisse. Beispiele: Möbelherstellung, Fahrradproduktion, Werkzeugfabrik.
- Bei der **Sortenfertigung** werden Produkte hergestellt, die bezüglich ihrer Herstellungsart und der eingesetzten Grundstoffe gleich oder ähnlich sind, sich bezüglich der Produktmerkmale aber unterscheiden. Dabei werden die artverwandten Produkte gleichzeitig oder nacheinander erstellt. Beispiele: Brauen unterschiedlicher Biersorten, Herstellung verschiedener Käse- oder Papiersorten.
- Bei der **Massenfertigung** (auch: Massenproduktion) wird kontinuierlich eine vorab unbegrenzte Menge von Produkten mit gleichen Eigenschaften hergestellt. Dabei werden die gleichen Maschinen in der gleichen Reihenfolge und mit der gleichen zeitlichen Beanspruchung pro Werkstück eingesetzt. Die Massenfertigung beruht auf der Gleichartigkeit eines Produkts, sodass der identische Herstellungsprozess sehr oft wiederholt werden kann. Beispiele: Herstellung von Zement, Ziegeln, Mineralwasser.

E] Fertigungssegmentierung

Unter **Fertigungssegmentierung** versteht man einen ganzheitlichen, alle Unternehmensbereiche umfassenden Organisationsansatz. Dabei wird die Fertigung so gegliedert (segmentiert), dass alle Produkte mit ähnlichen Arbeitsverrichtungen räumlich zusammengefasst und nach dem Gruppenprinzip in flexiblen Fertigungszellen bzw. -systemen bearbeitet werden. Ein **Fertigungssegment** ist also eine produktorientierte, sich weitgehend selbst regulierende Fertigungseinheit, die mehrere Stufen des Wertschöpfungsprozesses bearbeiten kann (von der selbstständigen Bearbeitung bis zur vollständigen Herstellung eines Produkts) und auch Funktionen wie Beschaffung, Qualitätssicherung und Logistik übernimmt. Das **Ziel einer Fertigungssegmentierung** besteht darin, die hohe Produktivität der Fliessfertigung mit der hohen Flexibilität der Werkstattfertigung zu verbinden.

F] Fraktale Organisation

Der Begriff «fraktal» bedeutet ursprünglich «vielfältig gebrochen», «stark gegliedert» oder «fragmentiert» und wird in der Mathematik zur Beschreibung geometrischer Strukturen von Materie und natürlichen Organismen verwendet. Charakteristisch für Fraktale ist die **Selbstähnlichkeit**, d. h., jedes Bruchstück des Ganzen widerspiegelt die Gesamtstruktur des Ganzen. Auf ein Unternehmen übertragen bedeutet dies: Alle Fraktale der Gesamtorganisation (Bereiche, Abteilungen, Teams, Mitarbeitende) sind selbstständige und eigenverantwortliche Einheiten, die im Sinn des Gesamtunternehmens denken und handeln. Fraktale sind quasi **kleine Unternehmen im Unternehmen**; jedes Fraktal verfolgt die Ziele des Gesamtsystems und organisiert und optimiert sich weitgehend selbst.

Beispiel

Fraktale Fertigungsstruktur

«Jeder Mitarbeiter im System beherrscht alle Arbeitsplätze und arbeitet eigenverantwortlich stets so, dass eine gleichmässige Leistung unter Vermeidung von Störungen erzielt wird. Auf diese Weise wird der Mitarbeiter zum ‹eigenständigen Unternehmer›. Produziert wird nur, was bereits verkauft ist. Die Tages-, Wochen- und Monatsarbeitszeit richtet sich nach der Auftragslage und wird über Arbeitszeitkonten gesteuert. Überstunden im klassischen Sinn gibt es quasi nicht mehr. Die Arbeitszeitkonten umfassen eine Spanne von +500 bis –100 Stunden. Die Wochenarbeitszeit liegt je nach Auftragslage zwischen 30 und 40 Stunden. Die Mitarbeitenden bestimmen selbst, wann sie kommen, wann sie gehen und wer welche Arbeit im Fraktal macht. Feierabend ist, wenn der Kundenauftrag erfüllt ist. Je nach Bedarf werden täglich zwei oder drei Schichten gefahren, bis zu 17 Schichten pro Woche.»[1]

11.3 Logistik

Unter der **Logistik** versteht man alle Massnahmen, die den Warenfluss betreffen, also die Warenbewegung vom Hersteller zum Produktverwender.

Die **Logistikprozesse** stellen die termin- und qualitätsgerechte Zulieferung, Lagerung und Auslieferung von Werkstoffen und Produkten sicher. Logistikleistungen werden bei der Beschaffung, bei der Produktion und beim Vertrieb erbracht. Man unterscheidet daher auch zwischen der Eingangslogistik (von den Lieferanten zur Produktion) und der Ausgangslogistik (von der Produktion zu den Kunden).

Typische **Logistikaufgaben** sind:

- Das Management der **Lagerhaltung:** Planen, Steuern und Controlling der Lagerbewirtschaftung
- Das Sicherstellen der **Transportprozesse** innerhalb des Unternehmens, von Lieferanten und zu Kunden

Moderne Logistik beinhaltet die Steuerung der gesamten Produktströme vom Lieferanten bis zum Kunden. Man spricht in diesem Zusammenhang von **Supply Chain Management.** Dies geschieht mit modernen IT-Systemen und schliesst ergänzende Dienstleistungen ein wie Qualitätsprüfung, auftragsbezogene Kommissionierung, kundengerechte Teilelieferung, Transportabwicklung, Zwischenlagerung und Bestandsführung. Manche Unternehmen haben inzwischen die Planung, Organisation und Umsetzung der Logistikprozesse teilweise oder vollständig an spezialisierte Logistikdienstleister vergeben (= Outsourcing der Logistikprozesse).

11.3.1 Supply Chain Management

Die **Supply Chain** (Versorgungskette) ist die Gesamtheit der «Abfolge von Aktivitäten, die notwendig sind, um Kunden bzw. Märkte erfolgreich zu versorgen». Einfacher formuliert geht es um das Zusammenspiel – die Verkettung – aller an der Herstellung eines Erzeugnisses Beteiligten. Die Kette beginnt beim Abbau des Rohstoffs und endet beim Verkauf eines Produkts an den Endverbraucher. Alle dazwischenliegenden Wirtschaftssubjekte (Hersteller, Dienstleister, Grosshändler, Spediteur etc.) sind Elemente der Versorgungskette. Die einzelnen Elemente sind dabei durch wirtschaftliche Interaktion mit den ihnen vor- und nachgelagerten «Gliedern» verkettet. Es werden immer sowohl der Material- als auch der Informationsfluss betrachtet.

Supply Chain Management ist die Steuerung der gesamten logistischen Prozesse entlang der Wertschöpfungskette, vom Lieferanten zum Hersteller, über den Einzelhändler zum Endkunden. Supply Chain Management bezweckt im Wesentlichen folgende **vier Optimierungen:**

- Physischer Güterfluss (Warenfluss): Hersteller – Transporteur – Händler – Transporteur – Kunde
- Eigentumsfluss: Hersteller – Händler – Kunde
- Geldfluss: Kunde – Bank – Händler – Bank – Hersteller
- Informationsfluss: Hersteller – Verkauf – Händler – Verkauf – Kunde und umgekehrt

[1] Röhrle, Josef; Werkleiter Siemens Automation & Drives Motion Control, Gerätewerk Erlangen. Aus: Fachzeitschrift Produktion Nr. 51 / 52 2006, Kalkowsky Maren, Interview zur Verleihung «Fabrik-des-Jahres-Gesamtsieger 2006».

Abb. [11-9] **Die Supply Chain aus der Optik der involvierten Partner**

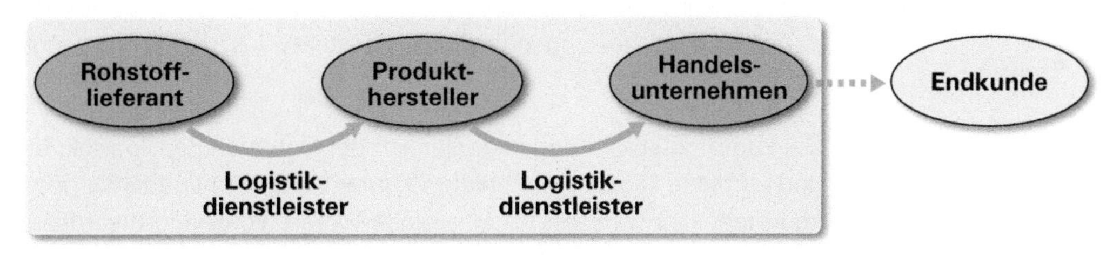

Abb. [11-10] Eigentumsfluss: Hersteller – Händler – Kunde

Partner in der Supply Chain	Kunde (Beispiele)	Lieferant (Beispiele)	Dienstleister (Beispiele)
Rohstofflieferant	Produkthersteller	Lieferant von z. B. Büromaterial	Logistikdienstleister
Produkthersteller	Handelsunternehmer	Rohstofflieferant	Logistikdienstleister
Handels-unternehmen	Endkunde	Produkthersteller	Logistikdienstleister
Logistikdienstleister	Generell Auftraggeber: Kann sowohl Lieferant als auch Handelsunternehmen sein.	Lieferanten von z. B. Büromaterial, Benzin etc.	Subcontractor (z. B. für Lagerhaltung oder Transport)

11.3.2 Lagerhaltung

Ein betriebliches **Lager** beinhaltet alle Waren, die nicht am Leistungserstellungsprozess teilnehmen, aber kurzfristig für die Leistungserstellung verfügbar sein müssen. Durch die **Lagerung** von Waren lassen sich Wartezeiten im Materialfluss verhindern, die den Leistungserstellungsprozess unterbrechen. Die Lagerung ist somit das Bindeglied zwischen der Beschaffung und der Verteilung. Sie stellt die kontinuierliche Versorgung der Produktion mit den notwendigen Materialien und des Vertriebs mit den auszuliefernden Gütern sicher. Ein Lager stellt zudem die Lieferbereitschaft gegenüber den Kunden sicher. Folgende Grafik verdeutlicht die Stellung der Lagerung:

Abb. [11-11] **Lagerung zwischen Beschaffung und Verteilung**

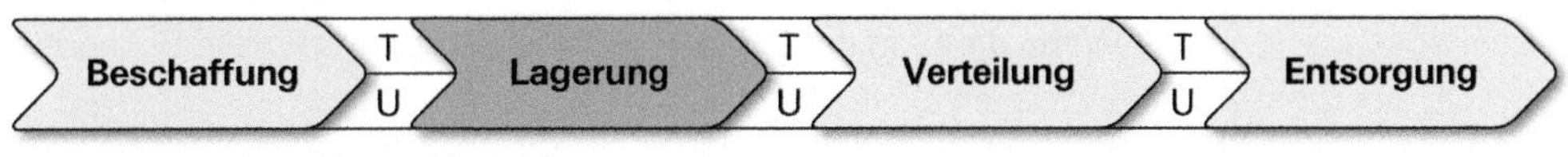

T = Transport U = Umschlag

Lager ist jedoch immer mit Kosten verbunden. Eine intelligente **Lagerbewirtschaftung** stärkt die Wettbewerbsfähigkeit eines Unternehmens, indem sie die notwendigen Reserven (Polster, Puffer) für das Leistungssystem sicherstellt und die Kosten für die Lagerung optimiert. Allgemein kann gesagt werden, dass ein Lager dann sinnvoll ist, wenn die Ersparnisse bei den Frachtkosten und die Kostenvorteile aus der gestiegenen Lieferfähigkeit die entstehenden Lagerkosten übersteigen.

Es stellt sich die Frage, wie gross das Lager sein soll. Ein **grosses Lager** bringt einerseits eine hohe Lieferbereitschaft, kostet aber viel Geld und erhöht das Risiko, dass die Produkte an Lager bleiben. Ein **kleines Lager** senkt die Kosten, vermindert aber die Lieferleistung. Hier ist also Abwägen wichtig: Für Waren, die oft bestellt werden oder dem Kunden rasch geliefert werden müssen, sollte man ein grösseres Lager führen. Für Produkte, die unregelmässig und eher selten bestellt werden, hält man ein möglichst reduziertes Lager.

Es gilt darum, das optimale Lager zu finden. Das ist notwendig, weil die Produktion mit unvorhersehbaren Störungen bzw. die Distribution mit unvorhersehbaren Schwankungen rechnen muss und der Input und der Output eines Leistungssystems nie zu 100% aufeinander abgestimmt werden können. Um den optimalen Zeitpunkt und die optimalen Mengen der Lagerzu-/-abgänge zu bestimmen, gibt es verschiedene **Lagerhaltungsmodelle.** Die meisten ziehen als Entscheidungsgrössen den Bestellzyklus, die Bestellmengen und den Bestellpunkt heran.

Die **Lagerlogistik** ist derjenige Bereich der Unternehmenslogistik, der sich um eine effektive und effiziente Lagerbewirtschaftung unter Berücksichtigung der gesamten Versorgungskette kümmert. Hier wird festgelegt, welche Waren wo gelagert werden, wie sie aufbewahrt und transportiert werden und wann und wie sie die Lager wieder verlassen. Die **innerbetriebliche Logistik** befasst sich mit der internen Lagerung, Kommissionierung und Beförderung von Waren und erstreckt sich vom Beschaffungs- bis zum Absatzmarkt.

Vergleichen Sie dazu folgende Grafik:

Abb. [11-12] **Innerbetriebliche Logistik**

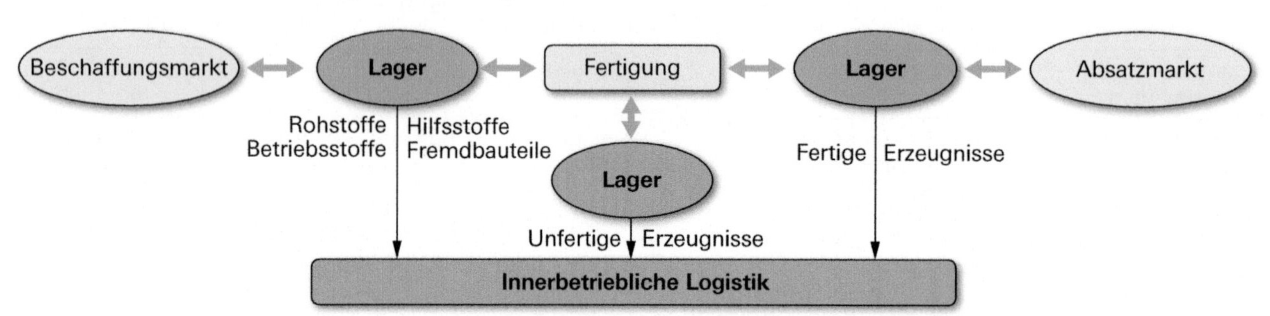

Im Zusammenhang mit dem Lager ist auch die Entscheidung zwischen **Eigen- oder Fremdlager** zu treffen. Wegen der hohen Fixkostenbelastung ist es erst ab einer bestimmten Lagerkapazität sinnvoll, Eigenlager zu errichten. Hier geht es also auch wieder um eine «Make-or-Buy-Entscheidung». Neben der reinen Kostenbetrachtung helfen die folgenden Kriterien bei der **Entscheidung für Eigen- oder Fremdlager:**

Für ein **Eigenlager** sprechen:

- Eine stabile Nachfrage
- Man hat eine direkte und bessere Kontrolle
- Imagefaktor (Hersteller mit eigenem Lager tun alles für ihre Produkte)
- Wenn spezielle Ausrüstungen zur Materialhandhabung erforderlich sind
- Wenn die Produkte vor der Auslieferung eine spezielle Behandlung erfordern

Für ein **Fremdlager** sprechen:

- Stark schwankende, saisonal unterschiedliche Nachfrage
- Weit verstreute und häufig wechselnde Märkte
- Häufig wechselnde Transportmittel
- Einführung eines neuen Produkts (Risiko)
- Keine Kapitalbindung (Liquidität für andere Bereiche)

11.3.3 Transport

Der **Transport** vom Lieferanten zum Abnehmer ist oft das schwächste Glied in der Auslieferungskette. Auch wenn die Bestellung schnell erfasst und bereitgestellt wird, hat gar nichts geklappt, wenn der Transport nicht klappt.

Der Transport ist mehr als nur das Überbringen der Waren. Folgende Aspekte müssen auch berücksichtigt werden:

- **Wirtschaftlichkeit:** Ein halb leerer Lastwagen, der von A nach B fährt, die Lieferung ablädt und leer zurückfährt, ist nicht wirtschaftlich.

- **Transportorganisation:** Die Routen müssen so geplant werden, dass die Wartezeiten und Wegstrecken möglichst minimal bleiben. Dabei wird die Transportplanung jedoch oft durch spezielle Kundenwünsche erschwert, z. B., wenn die Anlieferung zu einem ganz bestimmten Zeitpunkt erfolgen soll. Auch lange Warte- und Abladezeiten beim Kunden lassen sich oft nicht vermeiden.
- **Geschwindigkeit:** Besonders für Frischprodukte oder gekühlte Waren muss der Transport in einem kurzen Zeitraum erfolgen.
- **Wahl des Transportmittels:** Schliesslich müssen die idealen Transportmittel gewählt werden. Sie sollen einerseits eine wirtschaftliche Auslieferung ermöglichen, andererseits den Anforderungen der Kunden und Waren (Grösse und Gewicht) entsprechen.
- Weitere **Kostengesichtspunkte** sind zu beachten: Transportkosten, Lagerhaltungskosten, Verpackungskosten, mögliche Kosten für Auftragsverluste wegen nicht termingerechter Belieferung und Imageschädigungen aufgrund verspäteter Auslieferung sowie etwaige Konventionalstrafen.

Es gibt drei Möglichkeiten für die **Organisation** des Transports, wobei wir auch wieder auf die Frage nach Make (Eigentransport) or Buy (Fremdtransport) treffen:

1. **Eigene Fahrzeuge:** Firmeneigene Fahrzeuge führen die Transporte durch. Das verlangt einen relativ hohen Aufwand für die Planung der Routen und die Disposition der Fahrzeuge. Bei schwankenden Absatzmengen kann der eigene Fuhrpark sehr unflexibel sein, da er oft entweder überlastet oder nicht ausgelastet ist.
2. **Fremde Fahrzeuge:** Ein Transportdienstleister übernimmt sämtliche Transporte. Wichtig ist dabei vor allem seine Zuverlässigkeit.
3. **Gemischte Lösung:** Bei der gemischten Lösung wickelt ein kleiner Bestand von eigenen Fahrzeugen vor allem die Transporte für Kunden ab, die in regelmässigen Abständen und mit einer fixen Route beliefert werden. Ein professioneller Transportdienstleister übernimmt den Rest, der durch ihn effizienter durchgeführt werden kann.

Die wenigsten Unternehmen haben genug Zeit und Know-how für das Transportwesen. Schwächen zeigen sich unter anderem durch unregelmässig ausgelastete Transportkapazitäten mit Engpässen und durch transportbedingte Lieferschwierigkeiten. Deshalb wird der eigene Fuhrpark immer mehr abgebaut und die Transporte werden **professionellen Dienstleistern** überlassen. Dadurch spart das Unternehmen Kosten und kann sich vor allem auf die eigenen Stärken konzentrieren. Besonders sinnvoll ist die Auslieferung durch einen Dienstleister bei der Feinverteilung, wenn

- eine weit verstreute Kundschaft beliefert werden soll.
- weite Distanzen zurückgelegt werden müssen.
- die Liefermengen pro Abnehmer relativ klein sind.

Für den **Eigentransport** sprechen die grössere Unabhängigkeit, die bessere Kontrolle, sorgfältigere Behandlung der Waren, Kundenkontakt (Marktinfos), Image und Werbemöglichkeiten.

Die Entscheidungen für Eigentransport oder Fremdtransport sind **langfristiger Art** und können kurzfristig nicht oder nur schwer revidiert werden. Es ist deshalb unabdingbar, dass für jeden Betrieb eine genaue Analyse der Vor- und Nachteile vorgenommen wird. Dazu gehören ein Vergleich der entstehenden Kosten bei Eigentransport (Eigenfuhrpark) und bei Fremdtransport. Die Entscheidung über die Wahl der Transportmittel kann in der Regel nicht unabhängig von der Entscheidung über die Anzahl und Art der Auslieferungslager gefällt werden. Weitere Überlegungen betreffen die Zielgruppen, Auftragsgrössen, Produkte und Produktgruppen.

Zusammenfassung

Der **Leistungserstellungsprozess** eines Unternehmens setzt sich aus den Beschaffungs- und den Produktionsprozessen zusammen. Die Logistikprozesse verbinden die Leistungserstellungsprozesse mit den Kundenprozessen.

Der **Beschaffungsprozess** umfasst alle Aktivitäten der Beschaffungsplanung, der Beziehungspflege mit den Lieferanten, des Einkaufs und der Qualitätssicherung der gelieferten Werkstoffe oder Produkte.

Die **Beschaffungsstrategie** trägt zur Stärkung der Wettbewerbsfähigkeit eines Unternehmens bei, indem sie neue Beschaffungsmöglichkeiten und Innovationspotenziale erschliesst und den Beschaffungsmarkt im Sinn der Unternehmensstrategie beeinflusst.

Anhand der Beschaffungsstrategie können geeignete **Beschaffungsmethoden** erarbeitet werden. Jedes Konzept hat unmittelbare Auswirkungen auf die Beschaffungsstruktur eines Unternehmens. Folgende **Beschaffungsmethoden** finden breite Anwendung:

- **Global Sourcing**
- **Modular / System Sourcing**
- **Single Sourcing**
- **Insourcing / Outsourcing** bzw. **Make or Buy**
- **Just in Time**

Der **operative Beschaffungsprozess** lässt sich in folgende Phasen und Aufgaben gliedern:

- Planung und Disposition
- Entscheidung und Durchführung
- Koordination und Controlling

Die **Produktion** umfasst die Planung und Steuerung des gesamten Herstellungsprozesses von Produkten und Dienstleistungen in der nötigen Qualität und Menge und zu den festgelegten Terminen.

Die konkreten Ziele und die Gestaltung der Produktionslogistik hängen von der jeweiligen Ausprägung der Fertigung ab. Bei den **Fertigungsarten** lassen sich generell folgende Ansätze unterscheiden:

- **Verrichtungsprinzip:** Zusammenfassung der Betriebsmittel in Organisationseinheiten, die gleichartige Verrichtungen durchführen (Werkstatt-, Baustellenfertigung)
- **Objekt- oder Flussprinzip:** Anordnung der Betriebsmittel entsprechend dem Arbeitsablauf bzw. gemäss Abfolge der einzelnen Arbeitsschritte (Fliess-, Wanderfertigung)
- **Gruppenprinzip:** Kombination von Verrichtungs- und Objektprinzip, sodass ein optimaler Materialfluss erreicht wird (flexible Fertigungszelle, flexibles Fertigungssystem)

Fertigungsarten lassen sich auch anhand der Losgrösse wie folgt unterscheiden:

- **Einzelfertigung**
- **Serienfertigung**
- **Sortenfertigung**
- **Massenfertigung**

Eine **fraktale Fertigungsstruktur** ist eine Produktionsorganisation, in der flexible Produktionseinheiten mit eindeutigen Zielen ihre Prozesse unter den Aspekten Kundenorientierung und Wirtschaftlichkeit in eigener Verantwortung steuern.

Unter **Fertigungssegmentierung** versteht man einen ganzheitlichen, alle Unternehmensbereiche umfassenden Organisationsansatz.

Unter **Logistik** versteht man alle Massnahmen, die den Warenfluss betreffen, also die Warenbewegung vom Hersteller zum Produktverwender.

Die **Logistikprozesse** umfassen die Sicherstellung des Transports von Produkten zwischen Lieferanten und den Produktionsstätten, innerhalb der Produktionsstätten und zwischen den Produktionsstätten und den Kunden, die Lagerplanung, die Gewährleistung der Lagerhaltung sowie das Entsorgen von betrieblichen Abfällen.

Das **Lager** erfüllt verschiedene Funktionen. Es ist ein zeitlicher Puffer zwischen Herstellung und Verbrauch, der eine prompte Lieferbereitschaft garantiert. Wer neu ein Lager einrichten muss / kann, steht vor der Frage: **Eigen- oder Fremdlager?** Auch beim **Transport** muss man sich zwischen eigenen oder fremden Fahrzeugen entscheiden.

Repetitionsfragen

61	Die Beschaffungsstrategie wirkt sich auf unterschiedliche Unternehmensbereiche bzw. -aufgaben aus. Führen Sie mindestens sechs Beispiele an.
62	Erläutern Sie das Problem der Make-or-Buy-Entscheidung anhand der drei Aspekte Kosten, Qualität und Termine.
63	Erklären Sie Just in Time und nennen Sie mindestens vier typische Merkmale.
64	Beschreiben Sie drei prinzipiell unterschiedliche Fertigungsarten jeweils in einem Satz.
65	Nennen Sie drei Partner, die in der Supply Chain zusammenarbeiten.
66	Nennen Sie drei Vorteile des eigenen und des fremden Lagers (gemietete Lagerräume).
67	Nennen Sie drei Nachteile des eigenen und des fremden Lagers (gemietete Lagerräume).
68	A] Was verstehen Sie unter dem Transport-Outsourcing? B] Was für Vorteile hat das Transport-Outsourcing für das Produktionsunternehmen? Nennen Sie zwei Vorteile. C] Unter welchen Umständen ist das Transport-Outsourcing eine gute Lösung? Nennen Sie zwei Umstände.

12 Geschäftsprozesse II: Marketing

Lernziele

Nach der Bearbeitung dieses Kapitels können Sie ...

- den Begriff «Marketing» definieren.
- den Unterschied zwischen Käufermärkten und Verkäufermärkten erklären.
- erklären, was ein Marketingkonzept ist und aus welchen Elementen es besteht.
- zwischen Konsumgüter-, Dienstleistungs- und Investitionsgütermarketing unterscheiden.
- die Bestandteile des Marketingmix (4 P und 3 P) beschreiben.

Schlüsselbegriffe

Dienstleistungsmarketing, Investitionsgütermarketing, Käufermärkte, Konsumgütermarketing, Kundenorientierung, Marketing, Marketinginstrumente, Marketingkonzept, Marketingmix, Verkäufermärkte

Wie viele Automarken kennen Sie? Welches Modell bevorzugen Sie und wo kaufen Sie Ihr nächstes Auto? Das Marketing der Autohersteller beschäftigt sich mit diesen Fragen: Was müssen BMW oder Renault tun, damit sie Kunden gewinnen, diese an das Unternehmen oder an die Marke binden und sie somit auf treue Kunden zählen können? In grossen Unternehmen beschäftigen sich Heerscharen von Mitarbeitenden mit Marketingfragen und -aufgaben. Doch auch die Schreinerei auf dem Land oder der selbstständige Coach betreiben Marketing, wenn auch mit einem sehr viel kleineren Budget. Auch sie wollen Kundenaufträge ausführen, Produkte gestalten und verkaufen. In diesem Kapitel erfahren Sie, welche Aufgaben und Funktionen das Marketing in einem Unternehmen hat.

12.1 Was ist Marketing und was ist es nicht?

Eine einfache, umgangssprachliche Definition lautet: «Marketing sind alle Tätigkeiten und Anstrengungen eines Unternehmens, um ein **Bedürfnis des Markts** zu erkennen, in ein entsprechendes Produkt oder eine entsprechende Dienstleistung umzuwandeln und diese anschliessend auf dem Markt den Kunden mit Gewinn zu verkaufen.» Diese Definition beinhaltet folgende Aufgaben und Entscheide:

- **Bedürfnisse erkennen:** Welche Produkte oder Dienstleistungen werden nachgefragt? Welche Produkteigenschaften sind für die Kunden wichtig, welche sind unwichtig? Diese Fragen versuchen Unternehmen mittels Marktanalyse und Marktforschung zu beantworten.
- **Bedürfnisse in ein Produkt oder eine Dienstleistung umwandeln:** Vom Erkennen des Bedürfnisses zum fertigen Produkt sind verschiedene Schritte notwendig. Die Produktentwicklung erstellt mittels Innovations- und kontinuierlicher Verbesserungsprozesse neue oder verbesserte Produkte.
- **Produkt oder Dienstleistung auf den Markt bringen:** Bei einer Produkteinführung müssen der Preis und die Vertriebskanäle definiert und eingerichtet werden.
- **Produkt oder Dienstleistung bekannt machen und verkaufen:** Neue und bestehende Produkte müssen beworben werden.

Die meisten Märkte sind heutzutage **Käufermärkte,** d. h., die Kunden können aus einem reichhaltigen Angebot auswählen. Marketing ist notwendig, um erstens die eigenen Produkte / Dienstleistungen bekannt zu machen, um zweitens die Kunden davon zu überzeugen, dass die eigenen Produkte / Dienstleistungen besser sind als die der Mitbewerber, und um drittens die Kunden an das Unternehmen zu binden. Im Gegensatz dazu steht der **Verkäufermarkt.** Hier haben die Kunden nur ein beschränktes Angebot zur Auswahl, sodass die Verkäufer in der besseren Position sind. In einem Verkäufermarkt müssen Unternehmen weniger Marketing betreiben, weil sie ihre Produkte / Dienstleistungen nur bekannt machen müssen. Da keine oder nur wenig Konkurrenz herrscht, müssen die Kunden nicht von der Überlegenheit des Angebots überzeugt werden.

Unternehmen, die nicht das versprochene **Preis-Leistungs-Verhältnis** bieten oder versuchen, die Kunden übers Ohr zu hauen, fallen schnell auf und fallen aus dem Käufermarkt heraus, wenn die Kunden ihre Produkte und Dienstleistungen nicht mehr kaufen. Dank des Internets können sich Kunden zudem schneller und besser über das Angebot informieren und allfällige Falschinformationen filtern als in der Vergangenheit. Eine konsequente **Kundenorientierung** – die Grundhaltung im Marketing – ist daher ein entscheidender Wettbewerbsvorteil. Die (kurzfristige) Gewinnorientierung zulasten der Kunden führt langfristig nicht zum Ziel. Marketing bedeutet also nicht, dass ein Unternehmen auf Biegen und Brechen den Kunden Produkte oder Dienstleistungen «andreht», die diese gar nicht brauchen. Marketing heisst auch nicht, dass man dem Kunden erfolgreich minderwertige Produkte oder Dienstleistungen zu einem möglichst hohen Preis verkauft. Marketing bedeutet, die Kunden und ihre Bedürfnisse zu verstehen und die eigenen Produkte und Dienstleistungen darauf auszurichten.

Marketing findet nicht nur in der Marketingabteilung statt, sondern im ganzen Unternehmen:

- **Marketing, Kommunikation und Verkauf** prägen den Auftritt nach aussen, kommunizieren mit den Kunden über die Leistungen, die das Unternehmen zu bieten hat, und arbeiten bei der Produktentwicklung mit.
- **Finanz- und Rechnungswesen** gestalten Prozesse, die den Kunden bei jedem Kauf betreffen: die Zahlungsmöglichkeiten, die Rechnungsstellung oder das Mahnwesen. Oft ist das Finanz- und Rechnungswesen zudem in die Preis- und Konditionengestaltung involviert – wichtige Instrumente des Marketings.
- Die **Produktion** stellt sicher, dass die Versprechen der Werbung und des Verkaufs in Bezug auf Qualität, Lieferfristen und Ausführungsarten eingehalten werden können.
- Die **Logistik** stellt die Leistung bereit, damit das Produkt zum richtigen Zeitpunkt am richtigen Ort zur Verfügung steht.
- Das **HR** stellt die Mitarbeitenden ein, konzipiert Schulungen und fördert damit die Kundenorientierung und Beratungskompetenz der Mitarbeitenden.
- Als Mitarbeiter oder Mitarbeiterin betreiben auch Sie Marketing: In Ihrem Bekanntenkreis beklagen Sie sich vielleicht über die Arbeitszeiten, empfehlen einem Freund das Produkt, das Ihr Unternehmen herstellt, und erzählen einer Kollegin von einer offenen Stelle, für die sie sich interessieren könnte. In all diesen Fällen sind Sie ein Botschafter Ihres Arbeitgebers und prägen damit das Image, das er in der Öffentlichkeit geniesst. Auch das ist Teil des Marketings.

Wenn Sie ein Haus bauen wollen, brauchen Sie verschiedene Pläne: Pläne für die Maurer oder Zimmerleute, Elektropläne, damit der Elektriker die Steckdosen richtig platziert, Sanitärpläne, damit die Leitungen richtig gelegt werden. Ähnlich verhält es sich im Marketing: Sie benötigen auf verschiedenen Ebenen Pläne, damit Sie mit Ihren Produkten / Dienstleistungen die richtigen Kunden gewinnen und an sich binden. Alle diese Pläne zusammen bilden das **Marketingkonzept.**

Im unternehmerischen Alltag ist es weder möglich noch notwendig, dass ein erarbeitetes Konzept eins zu eins in die Praxis umgesetzt wird. Auch wenn die Marketingkonzepte von Branche zu Branche, von Unternehmen zu Unternehmen und von Produkt zu Produkt anders aussehen können, eignet sich die **Systematik** des Konzepts als «geistige Landkarte» für weite Bereiche des Marketings.

In der Praxis hat es sich bewährt, das Marketingkonzept in **sieben Schritten** zu erarbeiten.

Abb. [12-1] **Erarbeitung eines Marketingkonzepts**

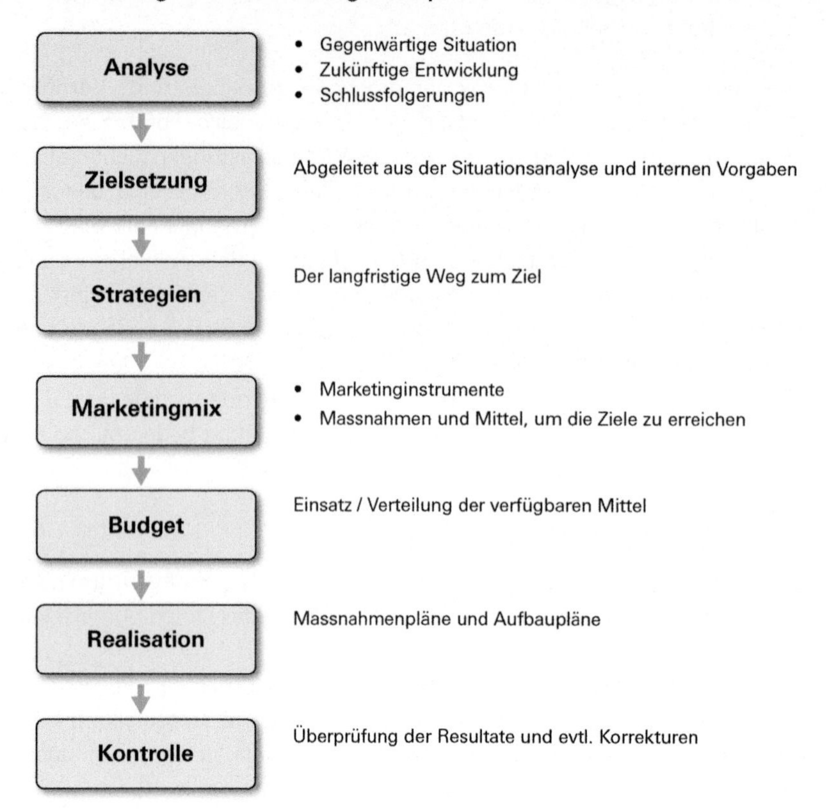

Der erste Schritt beinhaltet eine **Analyse** der Ausgangslage, gefolgt von einer **Zielbeschreibung** im zweiten Schritt. Im dritten Schritt werden **Strategien** formuliert, um von der Ausgangslage (Ist-Zustand) zum Ziel zu gelangen (Soll-Zustand). Aus diesen Strategien wird der **Marketingmix** abgeleitet, der das orchestrierte Zusammenspiel aller Marketingmassnahmen umfasst. Die notwendigen Ressourcen für die Umsetzung des Marketingmix werden im **Budget** zusammengefasst. Die **Realisation** der Massnahmen wird mit einer **Kontrolle** abgeschlossen. Obwohl dieser Prozess in der Praxis selten so linear durchgearbeitet wird, hat er sich als didaktisches Modell bewährt. In der Praxis kann es z. B. vorkommen, dass die Geschäftsleitung Ziele (Schritt 2) und ein Marketingbudget (Schritt 5) vorgibt und dass das Marketingteam daraus ein Konzept entwickelt.

Bei der Erstellung eines Marketingkonzepts sind die folgenden drei Punkte wichtig:

- Erstens müssen **alle Elemente** von der Analyse bis zur Kontrolle behandelt werden, sonst ist das Konzept unvollständig. Das wäre z. B. der Fall, wenn nach der Analyse direkt Massnahmen entschieden würden, ohne die Zielsetzung und die Strategie vorher festzulegen.
- Zweitens müssen die **Elemente des Konzepts zusammenpassen.** Wenn also z. B. bei der Analyse festgestellt wird, dass das Hauptproblem eine mangelnde Differenzierung ist, müssen die Strategie und der Marketingmix darauf abzielen, sich über das Produkt oder die Dienstleistung von der Konkurrenz zu differenzieren. Wenn hingegen die Strategie darin besteht, in den chinesischen Markt einzutreten, müssen die entsprechenden personellen, juristischen und finanziellen Mittel im Budget bereitgestellt werden.
- Drittens muss das Marketingkonzept den **Vorgaben der Geschäftsleitung entsprechen,** sonst harmoniert es nicht mit der Gesamtstrategie des Unternehmens. In der Praxis ist es manchmal so, dass die Vorgaben der Geschäftsleitung eher vage und sogar widersprüchlich sind. In solchen Fällen empfiehlt es sich, die grobe Struktur des Konzepts als Diskussionsgrundlage für eine weitere Verfeinerung und Klärung der Vorgaben der Geschäftsleitung zu erarbeiten.

12.2 Marketingmix Übersicht

Die **Marketingstrategie** legt die mittel- und langfristig zu erreichenden Marketingziele fest. Aus den strategischen Marketingzielen lässt sich auch der optimale Einsatz der Marketinginstrumente ableiten. Der **Marketingmix** ist die Kombination der **Marketinginstrumente,** die jedes Unternehmen individuell ausgestaltet. Die einfachste Definition für den Marketingmix ist das Konzept der **«4 P»**:

- **Product:** Produkt und Sortiment
- **Price:** Preis
- **Place:** Distribution und Verkaufspunkte
- **Promotion:** Kommunikation und Werbung

Die Abstimmung der vier Marketinginstrumente erfolgt im Marketingmix. Nur wenn sämtliche Massnahmen des Marketingmix fein aufeinander abgestimmt sind, wirkt die Marktleistung des Unternehmens als **überzeugendes Ganzes.**

Abb. [12-2] **Marketinginstrumente**

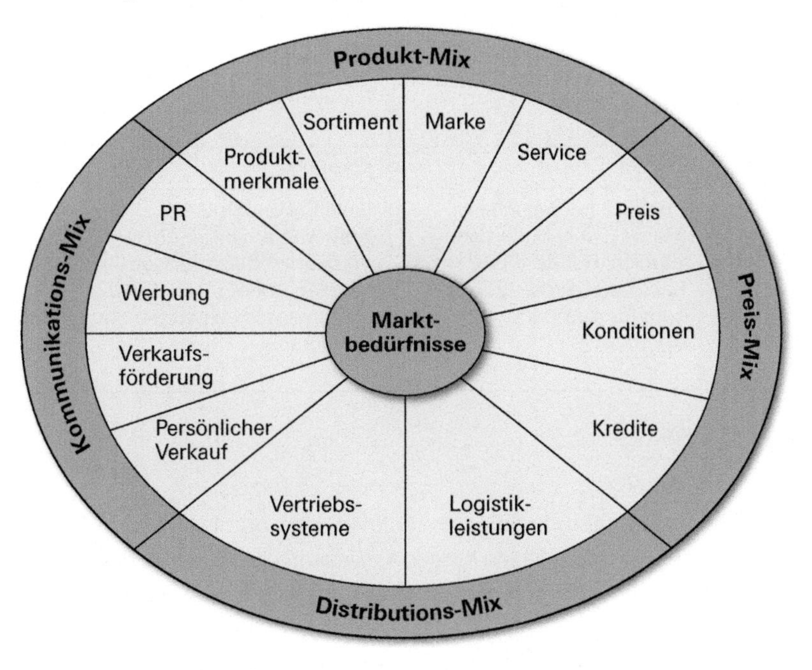

Beispiel

Anbieter von Luxusprodukten, wie z. B. Bally, verkaufen Taschen, Schuhe und Kleider in einer gepflegten Atmosphäre und mit individueller Beratung. Sonst lässt der Kunde sich kaum von der Exklusivität der Produkte überzeugen.

Der Discounter für Unterhaltungselektronik Media Markt dagegen kann seine Produkte in einfach gestalteten Räumen und mit einem Mindestmass an Beratung anbieten. Seine Kunden suchen primär den Preisvorteil.

Die Gestaltung des Marketingmix ist abhängig von der Marktleistung und den anzusprechenden Segmenten. Im Marketing ist es üblich, bezüglich Marktleistung zwischen **Konsumgütern, Investitionsgütern** und **Dienstleistungen** zu unterscheiden. Vereinfacht betrachtet denken wir bei Konsumgütern deshalb vor allem an «Dinge», die man in einem Geschäft kaufen kann. Bei Investitionsgütern handelt es sich meistens um teurere Anschaffungen auf dem Business-to-Business-Markt (B2B). Dienstleistungen sind Leistungen von Banken, Versicherungen, Ärzten, Gastronomen, Schulen und Ähnlichem.

Es wichtig, die wesentlichen Unterschiede zwischen **Konsumgütermarketing, Investitionsgütermarketing** und **Dienstleistungsmarketing** zu kennen:

Abb. [12-3] **Vergleich Konsumgüter-, Investitionsgüter- und Dienstleistungsmarketing**

Kriterium	Konsumgütermarketing	Investitionsgütermarketing	Dienstleistungsmarketing
Produkt- und Marktleistungsmix	Standardisiert	Individuell, je nach Kundenbedürfnis	Heterogen, wird im Prozess mit dem Kunden erstellt
Preis- und Konditionenmix	Standardisiert, transparent, Aktionen sind wichtig	Komplexe Vertragsaushandlung, nicht der Kaufpreis, sondern die Kosten über die gesamte Nutzungsdauer zählen	Variantenreich, verschiedene Module
Distributionsmix	Zwischenhandel sehr bedeutend, weil viele kleine Kunden	Handel weniger bedeutend, weil viel Direktvertrieb	Direkter Kundenkontakt ohne Zwischenhandel
Kommunikationsmix	Ziel ist emotionale Positionierung und Verkaufsförderung am POS[1]	Ziel ist Information	Ziel ist es, «unsichtbare» Leistungen sichtbar zu machen
Kundenstruktur	Viele kleine Kunden	Wenig grosse Kunden	Unterschiedlich
Typische Käufer	Privatpersonen ohne besondere Kenntnisse	Geschäftsleute mit Fachwissen, mehrere Personen in unterschiedlichen Rollen am Kaufentscheid beteiligt	Kunden mit hohem Einsatz, weil persönlicher Kontakt
Beziehung Produzent–Kunde	Häufig keine, anonym	Langjährig und intensiv	Persönlicher Kontakt, häufig nicht intensiv
Kaufprozess	Einfach	Komplex	Einfach bis komplex
Marktforschung	Primär- und Sekundär-Mafo[2], viele Multi-Client-Studien, Handels- und Haushaltspanel, grosses Universum für Ad-hoc-Studien	Viele Sekundärquellen, Adressen erhältlich über Verbände oder Adressenhändler, hohe Rücklaufquoten, grosses Fachwissen der Befragten	Qualitätsforschung nimmt einen wichtigen Platz ein, Befragungen sind oft schwierig, weil Dienstleistungen nicht greifbar sind, persönliche Erfahrungen sind wichtig

[1] POS = Point of Sale, Verkaufspunkt.
[2] Abkürzung für Marktforschung.

Bei Konsumgütern funktionieren die 4 P sehr gut. Im Dienstleistungsmarketing und Investitionsgütermarketing fehlen hingegen wesentliche Aspekte, die zu einer erfolgreichen Marktbearbeitung dazugehören. Deshalb gibt es die **3 P**, um die Marktleistung genauer zu bestimmen:

- **People:** Mitarbeitende
- **Process:** Prozesse
- **Physical Tangibles:** Geschäftsräume, Einrichtungen, Geräte

Wir schauen uns im Folgenden alle 7 P und die einige der dazugehörigen Marketinginstrumente an.

12.3 Product

Produktmerkmale

Wer ein neues Auto benötigt, findet auf dem Automobilmarkt eine breite Auswahl an unterschiedlichen Marken, Grössen, Formen, Ausstattungen usw. Das Beispiel zeigt, dass das Produkt Auto weit mehr ist als ein reines Transportmittel. Es erfüllt nicht nur das Grundbedürfnis «Transport», sondern auch funktionale Bedürfnisse (Motorstärke, Bequemlichkeit), ästhetische Bedürfnisse (Form) und nicht zuletzt auch soziale Bedürfnisse (Prestige). Zu den **Produktmerkmalen** gehören die Produkteigenschaften (Features), das Design, die Qualität und die Verpackung.

Sortiment

Ein Sortiment definiert, welche Produktarten und welche Produktvarianten ein Unternehmen in seinem Absatzprogramm führt:

- **Sortimentsbreite:** Bei vielen verschiedenen Produktarten spricht man von einem breiten Sortiment, bei einer geringen Zahl von einem schmalen Sortiment.
- **Sortimentstiefe:** Ein tiefes Sortiment bedeutet viele Varianten derselben Produktart, ein flaches Sortiment wenige Produktvarianten.

Marke

Als Marke bezeichnet man einen Namen oder ein Symbol zur **unverwechselbaren Kennzeichnung** eines Produkts oder einer Dienstleistung.

Beispiel

- Wortmarken: Toblerone, Persil, Coca-Cola, Marlboro
- Bildmarken: das M von Migros, der Mercedes-Stern, die drei Streifen von Adidas

Der Aufbau einer Marke, die im Bewusstsein der Bevölkerung verankert ist und einen hohen Wiedererkennungswert besitzt, ist finanziell aufwendig und benötigt viel Zeit. Die Marke muss zudem auch nach dem Erreichen des angepeilten Bekanntheitsgrads laufend gepflegt werden. Als Gegenleistung profitiert der Markenbesitzer von wertvollen **Marketingvorteilen,** wie der Bekanntheit, dem Prestige und dem Lebensgefühl, die mit der betreffenden Marke verbunden werden.

Garantie-/Serviceleistungen

Garantie- und Serviceleistungen bieten dem Kunden einen **Mehrwert** über das eigentliche Produkt hinaus. Dazu gehören Garantien, Hauslieferung, Installation, Kundenbindungsprogramme usw. Hier bietet sich dem Unternehmen ein breiter Spielraum zur Abgrenzung von Konkurrenzprodukten.

12.4 Process, People and Physical Tangibles

Als der Marketingmix mit den 4 P entwickelt wurde, lag der Fokus des Marketings auf Konsumgütern. Im Lauf der Zeit hat die gezielte Marktbearbeitung für **Dienstleistungen** zugenommen. Die 4 P wurden daher um drei weitere P ergänzt, die die Besonderheiten im Dienstleistungsmarketing ergänzen und – bei richtigem Einsatz – einen Wettbewerbsvorteil bringen. Die drei zusätzlichen P sind:

- **Process:** Prozesse bei der Erbringung der Dienstleistung bzw. bei Interaktionen mit Kunden
- **People:** Personal bzw. Mitarbeitende, die eine Dienstleistung gegenüber dem Kunden erbringen
- **Physical Tangibles:** Räumlichkeiten, Einrichtungen und Erscheinungsbild, worin die Dienstleistung erbracht wird

Die 3 P sind zwar aus dem Dienstleistungsmarketing heraus entstanden. Da die meisten physischen Produkte eine **Service-Komponente** beinhalten, sind sie auch bei anderen Marktleistungen, insbesondere bei Investitionsgütern wichtig.

Process

Wenn ein Kunde zum Coiffeur geht, wird er in der Regel in Empfang genommen, die Coiffeuse oder der Coiffeur fragt ihn nach seinen Wünschen, wäscht ihm die Haare und bringt sie mit Schere und Rasierer in Form, bevor sie getrocknet werden. Der Ablauf beim Coiffeur ist ein Prozess, der nach einem bestimmten Schema abläuft. Ob Sie als Kunde mit dem Resultat, d. h. dem neuen Haarschnitt, zufrieden sind, hängt davon ab, wie gut Ihr Coiffeur diesen **Prozess** im Griff hat.

Tourismusorganisationen sprechen dabei von der **Servicekette.** Die Idee ist, dass für den Touristen nicht das einzelne Angebot (z. B. die Casinos in Las Vegas) entscheidend ist, sondern die Kombination der verschiedenen Leistungsangebote (Flug, Taxi, Hotel, Casino, Partys, Shows, Restaurants, Ausflüge zum Grand Canyon oder die Shoppingcenter).

Im **B2B[1]-Marketing** gewinnt das Prozessmanagement auch bei physischen Gütern an Bedeutung. Grund dafür ist eine strategische Verschiebung weg vom Produktverkauf und hin zum **Lösungsanbieter** (Solution Provider).

Beispiel

In der Vergangenheit kauften Museen zum Schutz ihrer Kunstwerke bei einem Unternehmen Alarmanlagen, ein weiteres Unternehmen stellte die Wartung der Alarmanlage sicher. Das Museum selbst beschäftigte zusätzlich Bewachungspersonal, das für die Sicherheit während der Öffnungszeit sorgte. Das Unternehmen Protectas offeriert hingegen eine umfassende Lösung. Kernelement ist das Security Operations Center (SOC), in dem sämtliche Informationen (Videoaufnahme, Alarmauslöser, Geräteanzeigen, manuelle Meldungen und Ähnliches) über das bewachte Objekt zusammenfliessen. Die Einsatzleitung entscheidet anhand der mit dem Kunden festgelegten Instruktionen, wie bei Störungen vorzugehen ist. Damit diese Einsätze reibungslos funktionieren, muss Protectas seine eigenen Prozesse den Prozessen des Kunden anpassen. Dafür ist Protectas stärker eingebunden und ein Wechsel des Dienstleisters ist für das Museum nur mit hohen Wechselkosten, d. h. einem hohen Aufwand möglich.

Wenn die Prozesse ein entscheidender Submix im Marketingmix sind, ist es die Aufgabe des Marketings, sicherzustellen, dass sie **kundenorientiert** organisiert sind. Das bedingt, dass das Unternehmen alle Kontaktpunkte (engl. «touchpoints») der Kunden mit dem Unternehmen kennt und so gestaltet, dass sie kundenfreundlich sind.

People

In vielen Situationen sind es einzelne **Mitarbeitende** («people»), die den wesentlichen Beitrag zur Kundenzufriedenheit leisten. Im Coiffeursalon ist es Ihr Coiffeur, bei der Steuerberatung der Steuerberater, der Ihre Steuererklärung ausfüllt. Mitarbeitende übernehmen in ihrem Alltag häufig verschiedene Marketingaufgaben und gehören damit mit zu den wichtigsten Botschaftern des Unternehmens und der Marke. Zudem haben die Mitarbeitenden einen wesentlichen Einfluss auf die 4 P im Marketingmix.

Beispiel

Ein Pizza-Kurier ist selten direkt am Ofen, um die Pizza zuzubereiten. Häufig nimmt er aber Kundenbestellungen am Telefon entgegen, empfiehlt bestimmte Gerichte (Promotion) und hat damit direkt einen Einfluss auf die Bestellung (Product). Er berechnet den Preis der Bestellung, macht den Kunden aber auch auf Aktionen oder Zuschläge (Price) aufmerksam und liefert die Pizza aus (Place). Der Pizza-Kurier hat es mit seinem Service (schnelle Lieferung, freundliches und höfliches Verhalten) in der Hand, ob der Kunde immer wieder eine Pizza bestellt.

---

[1] Business to Business, damit sind Unternehmen gemeint, deren Kunden andere Unternehmen sind. Im Gegensatz dazu stehen B2C, Business to Customer, oder Unternehmen, die Geschäftsbeziehungen mit Privatpersonen haben.

Der Mitarbeiter ist das Bindeglied zwischen Unternehmen und Umwelt. Aufgrund dieser Rolle können verschiedene **Konflikte** entstehen, die häufig in Echtzeit gelöst werden müssen.

Rollenkonflikt	Beispiel
Person gegen Rollen	Die Architektin bevorzugt einen modernen Stil mit viel Glas, Beton und Stahl. Die Familie möchte jedoch so viel Holz wie möglich verwenden.
Firma gegen Kunde	Die Architekturfirma kann das Honorar durch Mehrkosten am Bau massiv aufbessern. Für jeden Extrawunsch der Bauherren kann die Architektin einen Zuschlag verrechnen, auch wenn der Extrawunsch keine zusätzliche Arbeit bedeutet (z. B. teurere Armaturen). Bauherren wissen aber oft nicht, welche Mehrkosten sinnvoll sind und welche Extras keinen Nutzen bringen.
Kunde gegen Kunde	Die Architektin muss, direkt oder indirekt, die verschiedenen Interessen und Vorlieben der Ehepartner ausgleichen.
Qualität gegen Produktivität	Die Architektin könnte immer noch eine Stunde mehr investieren, um ein Detail zu verbessern. Wenn sie z. B. unzufrieden ist mit der Wahl der Schiebetür zum Balkon, muss sie sich fragen, ob es sich lohnt, die Entscheidung zu hinterfragen. Sie müsste Gegenofferten einholen, mit den Kunden die Ausstellungen besichtigen, die Pläne abändern und würde dafür nicht bezahlt. Die Kunden würden den Qualitätsunterschied vielleicht auch niemals bemerken, weil sie die Funktion der besseren Tür gar nie erleben mussten.

Verknüpft mit diesen Rollenkonflikten ist die Frage der **Emotionsarbeit** in der Kundeninteraktion. Emotionsarbeit bedeutet, dass vom Mitarbeiter gewisse Emotionen erwartet werden, z. B. ein freundliches Gesicht, eine nette Bemerkung, eine empathische Begrüssung oder Anteilnahme. Diese Emotionsarbeit kann ein wichtiges Element im Marketing sein, wenn z. B. Freundlichkeit des Hotelpersonals als Differenzierungsmerkmal im Markt bekannt und gesucht ist. Allerdings kann Emotionsarbeit auch zur Überforderung, zu Burn-out oder zu Erschöpfungsdepressionen führen. Die Schulung der Mitarbeitenden, die Motivation und Unterstützung in schwierigen Situationen sind Führungsaufgaben, die bei Mitarbeitenden mit Kundenkontakt eine besondere Bedeutung haben. Denn erwiesenermassen haben zufriedene und motivierte Mitarbeitende einen direkten Einfluss auf die Kundenzufriedenheit.

Physical Tangibles

Physical Tangibles umfasst die **Gestaltung** der Geschäftsräume, die Einrichtungen, die Geräte oder die Ambiance, in der die Dienstleistung erbracht wird. Zu den physischen Elementen zählen zudem die Bekleidung und das Äussere der Mitarbeitenden. Mit der zunehmenden Bedeutung von Dienstleistungen ist der Kunde häufig bei der Leistungserstellung präsent, z. B. im Restaurant, im Hotel, beim Arzt, im Flugzeug. Man spricht dabei auch von «Customer Experience» und meint damit ein ganzheitliches **Kundenerlebnis** über den ganzen Prozess und an allen Touchpoints mit dem Unternehmen.

Beispiel

Starbucks ist in der Lage, Kaffee zu einem wirklich hohen Preis zu verkaufen, weil viele Kunden die Atmosphäre schätzen. Starbucks kreiert «das zweite Wohnzimmer» (engl. «the third space»), einen Raum zwischen dem Zuhause und der Arbeit, wo man sich wohlfühlen, arbeiten oder relaxen kann. Dazu tragen die bequemen Sitzgelegenheiten und das Gratis-WLAN als Physical Tangibles bei. Die über 31 000[1] Starbucks-Geschäfte weltweit zeigen, dass die Idee vom zweiten Wohnzimmer funktioniert.

[1] Stand 2019.

Aber auch im B2B-Marketing spielen die physischen Elemente eine Rolle.

Beispiel

Eine Werbeagentur wird immer auch beurteilt nach der Lage (Zürich Seefeld oder Altstetten), der Möbeleinrichtung (USM Haller oder IKEA) und den Bildern an den Wänden (verrückte Eigenkreation oder sattgesehene Andy-Warhol-Kopie).

12.5 Price

Externe und interne Faktoren beeinflussen die Preisgestaltung:

Abb. [12-4] **Faktoren der Preisgestaltung**

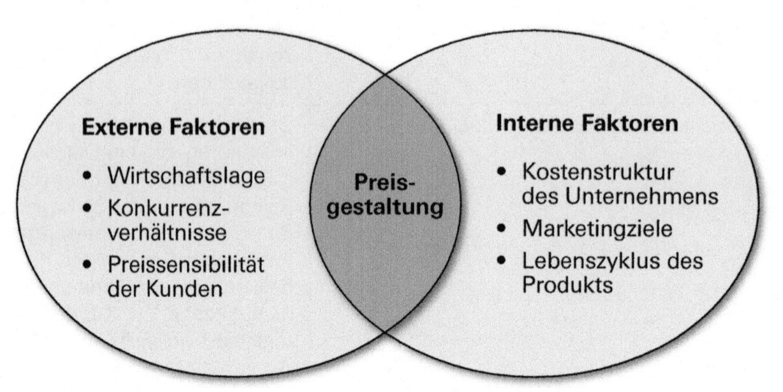

Von diesen Einflussfaktoren sind die Kostenstruktur des Unternehmens (interner Faktor) und die Preissensibilität der Kunden (externer Faktor) von besonderer Bedeutung:

- Die Kostenstruktur legt die untere Schwelle des Preisgestaltungsspielraums fest, denn kein Unternehmen kann dauerhaft unter seinen Selbstkosten verkaufen.
- Die Preissensibilität der Kunden setzt eine Obergrenze für den Preisgestaltungsspielraum. Über dieser Preisschwelle nimmt die Nachfrage nach dem Produkt stark ab.

In der Praxis kann der Preis basierend auf den 4 K bestimmt werden. Das erste K steht für Kosten: Das Unternehmen kalkuliert seine Kosten und bestimmt den Preis so, dass die Kosten gedeckt werden und ein ansprechender Gewinn erzielt wird. Das zweite K steht für Konkurrenz. Das Unternehmen beobachtet die Preisentwicklung der Konkurrenten. Wenn die Konkurrenz den Preis senkt, wird der Preis auch gesenkt. Hebt die Konkurrenz den Preis an, wird der Preis ebenfalls angehoben. Das dritte K steht für Konsumentenzahlungsbereitschaft. Die Konsumentenzahlungsbereitschaft widerspiegelt sich in der Nachfragefunktion. Das vierte K steht für Kapazität. Ist die Kapazität (z. B. die verfügbaren Zimmer eines Hotels) nicht ausgelastet, kann bereits ein tiefer Preis einen positiven Deckungsbeitrag[1] erzielen. Ist hingegen die Kapazitätsgrenze erreicht, kann der Verkauf von zusätzlichen Einheiten sehr hohe Kosten verursachen. Der Preis wird so gewählt, dass der Gewinn unter Berücksichtigung der Preis-Mengen-Funktion maximal ist.

[1] Der Deckungsbeitrag ist der Verkaufspreis minus die variablen Kosten. Der Deckungsbeitrag hilft, die untere Preisgrenze für die eigene Marktleistung festzulegen.

Beispiel Die Abbildung zeigt vier verschiedene Arten der Preisbestimmung anhand von vier Beispielunternehmen:

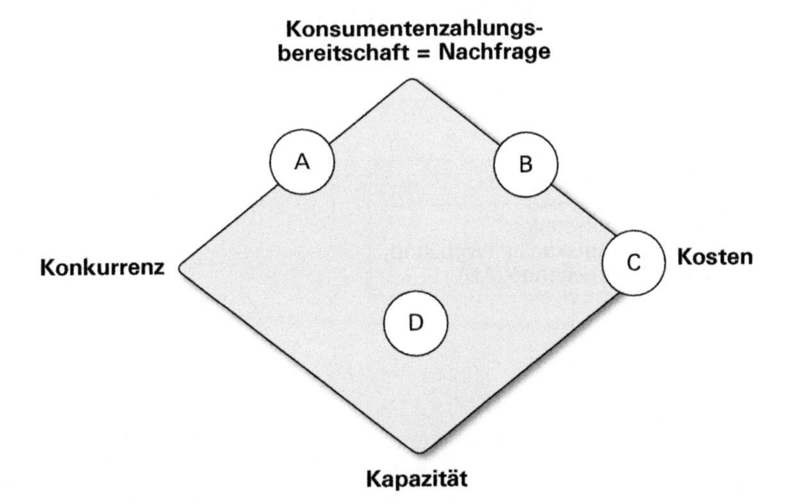

Berücksichtigung von Konsumentenzahlungsbereitschaft und Konkurrenz

Unternehmen A bestimmt den Preis aufgrund der Konsumentenzahlungsbereitschaft und der Konkurrenz. Die Kosten werden vernachlässigt. Dies könnte auf eine Unternehmensberatung zutreffen, die ihre Projektofferte einerseits danach ausrichtet, was der Kunde zu zahlen bereit ist, andererseits auch darauf achtet, dass die Offerte nicht wesentlich über den Preisen ähnlicher Konkurrenten liegt.

Berücksichtigung von Kosten und Konsumentenzahlungsbereitschaft

Unternehmen B berücksichtigt die Konkurrenz nicht, sondern schaut auf die Kosten (wie viel muss ich mindestens dafür kriegen?) und die Konsumentenzahlungsbereitschaft (wie viel kann ich höchstens verlangen?). Das Beispiel wäre der einzige Bootsvermieter an einem Seeufer.

Berücksichtigung von Kosten

Unternehmen C betreibt eine reine Zuschlagskalkulation. Es berechnet seine eigenen Kosten und schlägt die Marge dazu. Ein Schuhgeschäft schlägt z. B. 30% zum Einkaufspreis dazu, bei exklusiven Modellen 60%.

Berücksichtigung von Kosten, Konkurrenz, Konsumentenzahlungsbereitschaft und Kapazität

Unternehmen D berücksichtigt bei seiner Preispolitik alle 4 K, es könnte sich z. B. um ein Stadthotel handeln.

Es macht Sinn, nicht nur ein K für die Preisfestsetzung zu berücksichtigen, sondern mehrere. Die Preisfestsetzung kann sich auch ändern, sodass man ein K über einen Zeitraum stärker gewichtet als die anderen, je nachdem, wie die **Situation auf dem Markt** aussieht.

12.6 Place

Mit dem **Vertriebssystem** wird der Weg beschrieben, den ein Produkt oder eine Dienstleistung vom Hersteller zum Konsumenten zurücklegt. Die Entscheidung für ein bestimmtes Vertriebssystem ist sowohl von den Bedingungen des Unternehmens als auch von den Kundenwünschen und den zur Verfügung stehenden Absatzmittlern abhängig. Die wohl wichtigste Entscheidung bei der Gestaltung des Vertriebssystems ist die Frage nach direktem oder indirektem Vertrieb.

Abb. [12-5] Vertriebssystem

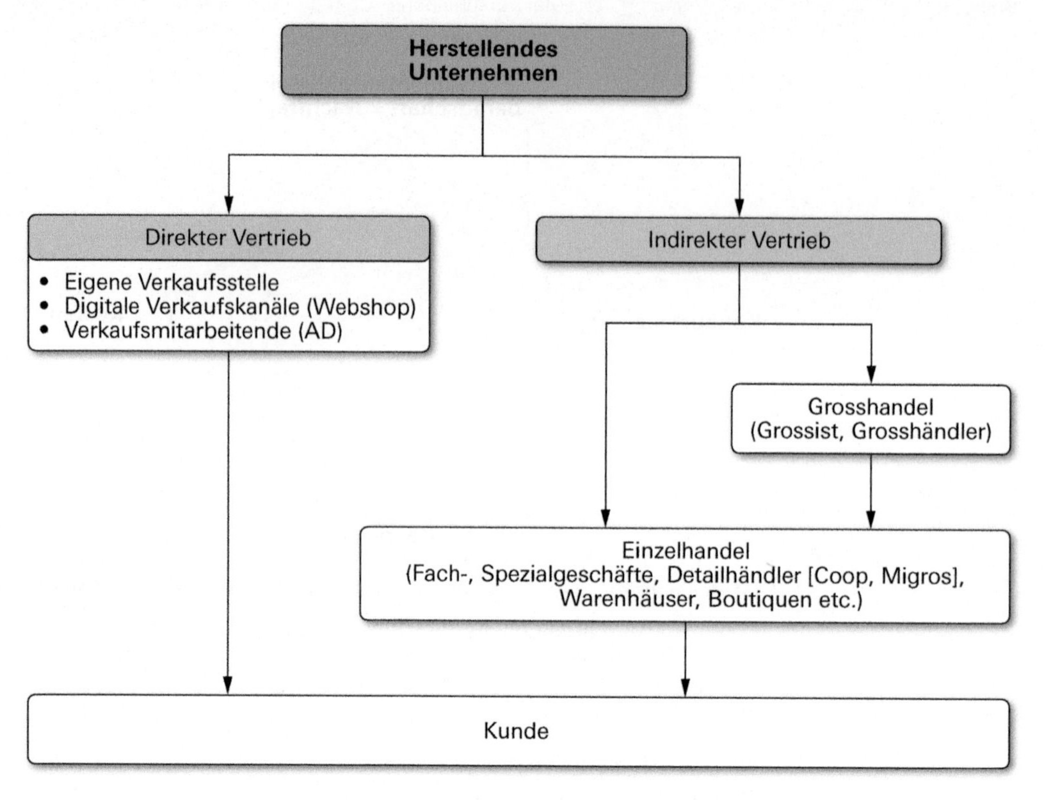

Der **direkte Vertrieb** wird durch unternehmenseigene Verkaufskanäle organisiert. Der **indirekte Vertrieb** erfolgt durch unternehmensfremde Verkaufskanäle. Dazu müssen die passenden Distributionspartner und die Anzahl der Vertriebsstufen ausgewählt werden. Bei einem zweistufigen Vertrieb liefert das produzierende Unternehmen direkt an den Einzelhändler. Im dreistufigen Vertrieb wird ein Grossist dazwischengeschaltet.

Grossisten und Einzelhändler haben **unterschiedliche Funktionen.** Grosshandel, Grossisten und Grosshändler bündeln Bestellungen der Einzel- oder Detailhändler bei verschiedenen Lieferanten. Sie übernehmen damit auch eine Lagerfunktion. Es gibt verschiedene Ausprägungen von Grosshändlern, z. B. Cash and carry (Einkauf von Lebensmitteln für Restaurationsbetriebe), Rackjobber (Bewirtschaftung von gewissen Regalen, z. B. Süssigkeiten an der Kasse im Detailhandel) oder auch Spezialgrosshändler (z. B. Buchhandelsauslieferung für Buchhändler). Im Gegensatz dazu bezieht der Einzelhandel die Produkte entweder direkt beim Hersteller oder bei einem Grosshändler. Dazu gehören Fach- und Spezialgeschäfte (z. B. Buchhandlung, Metzgerei), Supermärkte (Migros, Coop, Denner etc.), Warenhäuser, Boutiquen oder Discounter. Sowohl der direkte als auch der indirekte Vertrieb haben Vor- und Nachteile:

Abb. [12-6] **Vor- und Nachteile des direkten und des indirekten Vertriebs**

	Vorteile	Nachteile
Direkter Vertrieb	Hohe Beratungsqualität kann sichergestellt werden Direkte und umfassende Steuerung der Vertriebskanäle Direkter Kundenkontakt	Hohe Kosten für den Aufbau eines flächendeckenden Distributionssystems Je nach Produkt: mangelnde Akzeptanz der Kunden, die alles an einem Ort kaufen wollen
Indirekter Vertrieb	Schneller Markteintritt möglich Händler übernehmen einen Teil des Debitorenrisikos sowie eine Lagerfunktion Absatz von grossen Mengen möglich	Tiefere Marge, da der oder die Händler mitverdienen wollen oder eine Listinggebühr[1] fordern Kein direkter Kundenkontakt Wenig bis kein Einfluss auf die Beratungsqualität Händler können Verkaufspreise und Rabatte selbst festlegen

[1] Gebühr, die Hersteller oder Händler für die Aufnahme ihrer Produkte in ein Sortiment bei einem Detailhändler bezahlen.

Wählt ein Produzent für den Absatz seines Produkts unterschiedliche Absatzkanäle für die einzelnen Zielkunden-Segmente, so spricht man vom **Multichannel Marketing** (Mehrkanal-Distribution). Das Multichannel Marketing gewinnt zunehmend an Bedeutung, weil die verschiedenen Vertriebskanäle besser auf die einzelnen Zielgruppen abgestimmt werden können. Allerdings haben viele und verschiedenartige Vertriebskanäle auch einen hohen Koordinationsbedarf, da alle kontrolliert und koordiniert werden müssen.

Neben den klassischen Einzelhändlern mit ihren Verkaufsstellen nimmt der **E-Commerce,** d. h. der Verkauf übers Internet, stark zu. Unter E-Commerce kann der Vertrieb über einen eigenen Webshop oder über eine E-Commerce-Plattform eines Händlers verstanden werden.

Abb. [12-7] **Direkter und indirekter Vertrieb im E-Commerce**

	Direkter Vertrieb	Indirekter Vertrieb
Beispiele	Eigener Webshop	Vertrieb über Plattformen wie Amazon, Zalando, Google Play, App Store, Digitec etc.
Vorteile	Direkter Kundenkontakt, Kontrolle über Service-/Beratungsleistungen	Grosse, teilweise weltweite Verbreitung, hohe Professionalität der Shops, Vertrauen der Kunden in den Shop
Nachteile	Ganze Logistik, Bezahlprozess etc. müssen aufgebaut und unterhalten werden	Teilweise sehr hohe Händlermargen, geschlossene Systeme, Macht der grossen Plattformen

Die Digitalisierung und der Trend der Kunden, mehr online einzukaufen, führen dazu, dass viele Unternehmen ihre Distributionspolitik überprüfen müssen. E-Commerce ermöglicht es auch Kleinstunternehmen, einen **internationalen Markt** zu bedienen. Das stellt jedoch das Unternehmen vor die Herausforderung, die unterschiedlichen Gesetzgebungen und Regelungen im internationalen Geschäftsverkehr zu kennen und zu befolgen.

12.7 Promotion

Mit den Instrumenten der **Marketingkommunikation** werden die Kundenzielgruppen angesprochen. Sie bezwecken die Beeinflussung von Meinungen, Erwartungen und des Kaufverhaltens.

Persönlicher Verkauf

Es ist das Hauptziel des persönlichen Verkaufs, einen **Verkaufsabschluss** zu erzielen. Der Verkäufer nutzt dabei den Spielraum aus, den ihm der Marketingmix bietet, wie z. B. die Rabattkonditionen, Werbe- und Verkaufsförderungsmassnahmen, Garantie- und Serviceleistungen usw. Neben dem Verkaufsabschluss gehört die systematische **Pflege von Kundenbeziehungen** (Customer Relationship Management) zu den Aufgaben des Vertriebs.

Werbung

Standen früher bei der Werbung das Produkt und die Förderung des Absatzes im Vordergrund, spielen heute oft andere Aspekte die Hauptrolle. Mit der Medienwerbung können verschiedene Ziele verfolgt werden:

- Image profilieren.
- Bekanntheit steigern.
- Eigenschaften und Nutzen einer Leistung in den Köpfen verankern.
- Einstellung der Kunden gegenüber dem Produkt oder dem Unternehmen verändern.
- Eine bestimmte Aktion bei den Kunden auslösen: Kauf, Informationsbeschaffung, Besuch der Website des Unternehmens.

Medienwerbung richtet sich primär an die Zielgruppe Kunden. Mit Werbung können sowohl Privatkunden (B2C) als auch Geschäftskunden (B2B) erreicht werden.

Beispiel

Ein Softwareunternehmen hat eine neue Buchhaltungssoftware für KMU entwickelt. Die Zielgruppe für die Werbemassnahmen sind daher Geschäftsführer/-innen und Rechnungswesenspezialisten/-innen in kleineren und mittleren Unternehmen, die sich mit Fachzeitschriften auf dem Laufenden halten. Das Softwareunternehmen findet somit in Fachzeitschriften (Organisator, Expert Focus ...) ein passendes Umfeld für die Werbung.

Bei der Formulierung der **Werbebotschaften** verwenden Werbetreibende bei der Gestaltung der Werbebotschaften die AIDA-Formel als Leitlinie und Checkliste.

AIDA ist eine Abkürzung und steht für:

- **Attention** (Aufmerksamkeit): Die Werbung erregt die Aufmerksamkeit potenzieller Kunden.
- **Interest** (Interesse): Die Werbung weckt das Interesse potenzieller Kunden.
- **Desire** (Wunsch): Die Werbung weckt den Wunsch bei potenziellen Kunden, Produkte / Dienstleistungen zu kaufen.
- **Action** (Aktion): Die Werbung regt potenzielle Kunden an, aktiv zu werden (Kauf des Produkts, Bestellung von Informationsmaterial, Vereinbarung eines Beratungstermins usw.).

Beispiel

Sie sehen den folgenden TV-Werbespot:

Ein Grossvater spielt mit seinem Enkelkind im Park Fangen. Beide lachen und haben Spass. Der Grossvater fängt das Kind und will es hochheben, da schiesst ihm ein Schmerz in den Rücken und er greift sich an den Rücken. Das Kind fragt besorgt: «Alles in Ordnung, Opi?» Die Grossmutter kommt hinzu und fragt: «Dein Rücken?» Und der Grossvater nickt mit schmerzverzerrtem Gesicht. Die Grossmutter sagt zum Kind: «Wir wissen, was da hilft, gell?» Das Kind nickt und die Grossmutter nimmt eine Tube mit einer Salbe aus ihrer Tasche. In der nächsten Szene schwingt der Grossvater das Kind auf seinem Arm und eine Stimme sagt den Markennamen der Salbe und: «... der Schmerz geht, der Spass bleibt. In Ihrer Apotheke.»

Attention: Die Grossvater-Enkelkind-Szene erregt die Aufmerksamkeit der Zielkunden, weil sie diese Szene wahrscheinlich selbst schon erlebt haben.

Interest: Die plötzlichen Rückenschmerzen erregen das Interesse der Zielkunden, weil sie wahrscheinlich schon selbst in dieser Situation waren.

Desire: Die schnelle Hilfe durch die Salbe in einer alltäglichen Situation zeigt den Kunden den Nutzen der Salbe. Action: Der Hinweis mit der Apotheke zeigt den Kunden, wo die Salbe zu kaufen ist.

Für die Platzierung der Werbung stehen eine Vielzahl an Medien zur Verfügung. Die Medien, die die Werbung präsentieren, werden **Werbeträger** genannt. Werbeträger sind demnach Zeitungen, Fernsehen oder auch Plakatstellen. Das **Werbemittel** ist hingegen das Inserat, der Fernsehspot oder das Plakat, d. h. das Format, mit dem die Werbebotschaft übermittelt wird.

Die folgende Tabelle gibt einen Überblick über die häufigsten Werbeträger.

Abb. [12-8] **Vergleich Werbeträger**

Werbeträger	Vorteile	Nachteile
Zeitungen	+ Regelmässige Erscheinung + Kurzfristige Platzierung möglich + Lokal und regional einsetzbar	– Einschränkungen bei der Gestaltung – Grosser Streuverlust, da Zeitungen von verschiedenen Bevölkerungsgruppen gelesen werden – Flüchtiger Kontakt mit der Zielgruppe
Zeitschriften	+ Hohe Zielgruppengenauigkeit, v. a. bei Fachzeitschriften im B2B-Kontext und bei Special-Interest-Zeitschriften (z. B. Frauenzeitschriften, Sportmagazine) + National und international (ganzer deutschsprachiger Raum) einsetzbar + Gute Druckqualität	– Längerfristige Planung notwendig, da Zeitschriften nur wöchentlich oder gar nur monatlich erscheinen – Flüchtiger Kontakt mit der Zielgruppe
Radio	+ Für regionale Kampagnen gut geeignet + Relativ günstig	– Zielgruppengenauigkeit ähnlich schlecht wie bei Zeitungen – Begrenzte Möglichkeiten bei der Botschaftsgestaltung (nur Ton) – Geringe Reichweite – Nicht geeignet für Imagewerbung
Fernsehen	+ Hohe Reichweite der Werbung, daher vor allem für B2C[1]- bzw. Massenmärkte geeignet + Gute Darstellung mit Storytelling und Emotionen möglich + Geeignet, um schnell einen hohen Bekanntheitsgrad zu erreichen	– Teuer: Neben den hohen Schaltkosten ist auch die Produktion eines Werbespots teuer – Zukunft der Fernsehwerbung unklar, da Werbung beim Replay überspult werden kann – Hoher Streuverlust
Kino	+ Kinowerbung wird geschaut – die Kinobesucher können ihr nur schlecht ausweichen + Mit Plakaten gezeigt auf der Leinwand auch Werbeformen möglich, die weniger teuer in der Produktion sind als ein Fernsehspot + Gute regionale Steuerung	– Im Vergleich zur Fernsehwerbung sehr geringe Reichweite – Ungünstiges Verhältnis von Produktions- und Streukosten
Plakate	+ Auffälliger Werbeträger mit hoher Reichweite + Einsatzort kann sehr gezielt gesteuert werden + Hohe Aufmerksamkeit	– Wenig flexibel: Einsatz an bestimmten Zeitpunkt und Kampagne gebunden – Nicht geeignet für komplexe Botschaften – Sehr flüchtiger Kontakt – Kaum Erfolgskontrolle möglich
Verkehrsmittel	+ Hohe, regionale Reichweite + Hohe Akzeptanz bei den Passagieren + Dauerhafte Werbung möglich	– Grosser Streuverlust bei eingeschränkten Zielgruppen – Nicht geeignet für komplexe Botschaften, weil man nur kurze Aufmerksamkeit hat
Online / Mobile	+ Genaue Eingrenzung der Zielgruppen und darum gezielte Werbung möglich + Exakte Erfassung von aufgerufenen Werbeeinblendungen (Ad Impressions), Seiten (Page Impressions), Anzahl Besuchern (Visits) etc. erlauben eine bessere Kontrolle der Effektivität	– Grosse Anzahl von Formaten, unter anderem: Banners, Native Units, Social Media[2], Video oder Interstitials, SEA[3] – Verändert sich sehr schnell aufgrund des technologischen Wandels

[1] Steht für Business to Customer. Das sind Unternehmen, die Geschäftsbeziehungen mit Privatpersonen unterhalten. Das ist vor allem im Bereich Konsumgüter der Fall.
[2] Interaktives, sehr persönliches, zeitgebundenes Medium mit hohem Informations- und Unterhaltungscharakter.
[3] Bedeutet Search Engine Advertising. Es wird eingesetzt, damit die eigene Website in Suchmaschinen wie Google auf der Resultatseite angezeigt wird. Diese Anzeigen werden Adwords genannt. Adword-Kampagnen können sehr effektiv sein, da nur bezahlt werden muss, wenn die Anzeige angeklickt wird.

Verkaufsförderung

Während Werbemassnahmen eine mittlere bis längerfristige Zeitperspektive haben, sind Verkaufsförderungsmassnahmen meist **kurzfristig** ausgerichtet. Das Ziel ist es, den Absatz zu steigern.

Je nach Zielgruppe und Unternehmen, die die Verkaufsförderungsaktion auslösen, unterscheidet man drei Formen der Verkaufsförderung:

- **Trade Promotion** (handelsgerichtete Verkaufsförderung oder Dealer Promotion) ist vom Hersteller an den Handel gerichtet. Der Hersteller verfolgt das Ziel, den Händler zu eigenen Promotionsaktivitäten zu motivieren. An den Handel gerichtete kurzfristige Verkaufsförderungsmassnahmen sind z. B. Display-Material für Schaufenster und Verkaufsräume sowie Partneraktionen. Neue Produkte, denen der Händler skeptisch gegenübersteht, können als Konsignationsware dem Händler übergeben werden. Bei der Konsignation bezahlt der Händler den Hersteller erst, wenn er die Ware verkauft. Bei der Trade Promotion versucht das Unternehmen seine Produkte in den Handelskanal hinein zu verkaufen. Man spricht in diesem Fall von einem Push-Instrument.
- **Consumer Promotion** (konsumentengerichtete Verkaufsförderung) richtet sich an die Konsumenten. Sie kann vom Hersteller aus erfolgen (Kunden-Promotion, z. B. die Organisation eines Events auf dem Parkplatz eines Supermarkts) oder zusammen mit dem Handel initiiert werden, z. B. ein Sonderangebot mit Displayunterstützung. Hier sprechen wir von einem Pull-Instrument.
- Bei der **Verkaufsförderung durch den Händler** versucht der Händler sein eigenes Geschäft attraktiv für die Kunden zu machen.

Beispiel

Coop führt regelmässig Trophys durch (Pfannen-Trophy, Frühstücks-Trophy). Bei einem Einkauf sammeln Kunden Rabattmarken, mit denen sie innerhalb einer bestimmten Zeit andere Produkte stark vergünstigt kaufen können.

Die Cumulus-Karte von Migros oder die Superpunkt-Karte von Coop sind hingegen keine Verkaufsförderungsmassnahmen, sondern Kundenbindungsinstrumente. Sie sind auf die langfristige Kundenbindung ausgerichtet.

Public Relations (PR)

Public Relations (PR) ist im Gegensatz zur Werbung und zur Verkaufsförderung nicht auf einen bestimmten Markt ausgerichtet, sondern wendet sich an die breite Öffentlichkeit. Man bezeichnet PR daher auch als **Öffentlichkeitsarbeit.** Sie dient der Pflege der Kommunikationsbeziehungen mit allen Anspruchsgruppen des Unternehmens und damit der Imageförderung.

Zu den PR-Aktivitäten gehören insbesondere

- **Pressekonferenzen** bei wichtigen Ereignissen (Generalversammlung, Verkauf oder Kauf von Unternehmensbereichen, schwerwiegende Ereignisse für das Unternehmen),
- das **Sponsoring** von kulturellen, sozialen oder sportlichen Anlässen mit finanzieller Unterstützung oder mit Sachleistungen,
- das **Eventmarketing** (Veranstaltungsmanagement),
- die Herausgabe von **Publikationen** (Broschüren, Geschäftsberichten oder Medien-Informationen) und
- der **Website-Auftritt** des Unternehmens.

Zusammenfassung

Wir definieren **Marketing** als alle Tätigkeiten und Anstrengungen eines Unternehmens, um ein Bedürfnis des Markts zu erkennen, in ein entsprechendes Produkt oder eine entsprechende Dienstleistung umzuwandeln und diese anschliessend auf dem Markt den Kunden mit Gewinn zu verkaufen. Eine konsequente **Kundenorientierung** ist unerlässlich, um Bedürfnisse des Markts zu erkennen, diese Bedürfnisse mit einem Produkt oder einer Dienstleistung zu bedienen, diese auf den Markt zu bringen, bekannt zu machen und zu verkaufen.

Auf **Käufermärkten** können die Kunden aus reichhaltigem Angebot auswählen. Marketing ist darum notwendig, um die eigene Marktleistung bekannt zu machen und sie zu verkaufen. Auf **Verkäufermärkten** ist das Marketing weniger wichtig.

Das **Marketingkonzept** hilft bei der systematischen und strukturierten Umsetzung der Marketingstrategie des Unternehmens. Es ist wichtig, dass die einzelnen Elemente aufeinander aufbauen und abgestimmt sind. Es umfasst in der Regel die Analyse, die Zielsetzung, die Strategien, den Marketingmix, das Budget, die Realisation und die Kontrolle.

Die **Marketinginstrumente** sind zentral, um die strategischen Marketingziele zu erreichen. Wir teilen die Marketinginstrumente mithilfe des **Marketingmix** in vier Bereiche oder 4 P ein:

- Product
- Price
- Place
- Promotion

Für das **Konsumgütermarketing** sind die 4 P ausreichend. Für das **Dienstleistungsmarketing** und häufig auch für das **Investitionsgütermarketing** benötigen wir 3 P, um die Marktleistung umfassend zu definieren:

- People
- Process
- Physical Tangibles

Der **Marketingmix** ist eine Kombination von Teil-Mixen und Marketinginstrumenten, die untereinander auf die übergeordneten Marketingziele abgestimmt sind.

Product (People, Process, Physical Tangibles)	Price	Place	Promotion
Was bieten wir an?	Zu welchem Preis bieten wir an?	Wo bieten wir an?	Wie sprechen wir unsere Kunden an?
• Produktmerkmale • Sortiment • Marke • Garantie-/Serviceleistungen • Mitarbeitende • Prozesse • Gestaltung der Geschäftsräume	• Preis • Zahlungs- und Rabattkonditionen • Kreditbedingungen	• Vertriebssysteme • Logistikleistungen	• Verkauf • Verkaufsförderung • Werbung • Public Relations

69	Erklären Sie in je einem Satz, was Marketing in Verkäufer-, was in Käufermärkten bedeutet, und geben Sie je ein Beispiel.
70	Ein Kollege von Ihnen arbeitet bei einem KMU, das Verpackungen aller Art verkauft, in der Logistik. Er meint: «Ich sehe nicht ein, warum wir unbedingt eine Marketingabteilung brauchen. Das ist meiner Meinung nach rausgeschmissenes Geld. Der Kunde bestellt und wir liefern, das ist wichtig.» Erklären Sie Ihrem Kollegen, warum Marketing in seinem Unternehmen wichtig ist.
71	Warum ist die Werbung im Investitionsgütermarketing weniger wichtig als bei einem Konsumgut?

13 Unterstützungsprozesse

Lernziele

Nach der Bearbeitung dieses Kapitels können Sie ...

- die vier Phasen des Informationsmanagementprozesses nennen.
- Ziele, Aufgaben, Anforderungen, Kosten und Nutzen des Wissensmanagements erläutern.
- die Hauptaufgaben des Personalmanagements beschreiben.
- die Rechtsaufgaben und das Compliance erklären.
- die vier Phasen des Risikomanagementprozesses und Instrumente der Risikoüberwälzung aufzeigen.

Schlüsselbegriffe

Balanced Scorecard, Compliance, derivative Finanzinstrumente, Du-Pont-Kennzahlensystem, Franchising, Informationsmanagement, Informationssysteme, Kennzahlensysteme, MIS, Outsourcing, Personalmanagement, Rechtsaufgaben, Risikomanagement, Versicherungen, Wissensmanagement

Die Unterstützungsprozesse umfassen alle unternehmensinternen Unterstützungsleistungen. Sie sorgen für die möglichst effiziente und effektive Steuerung der Geschäftsprozesse und damit für die Infrastruktur des Unternehmens.

Das **neue St. Galler Management-Modell** zählt insgesamt sieben Teilprozesse auf. Wir konzentrieren uns in diesem Kapital auf die in der folgenden Grafik farbig schattierten vier Teilprozesse des Informations-, Personal-, Risikomanagements und des Managements von Rechtsaufgaben.

Abb. [13-1] **Unterstützungsprozesse des neuen St. Galler Management-Modells**

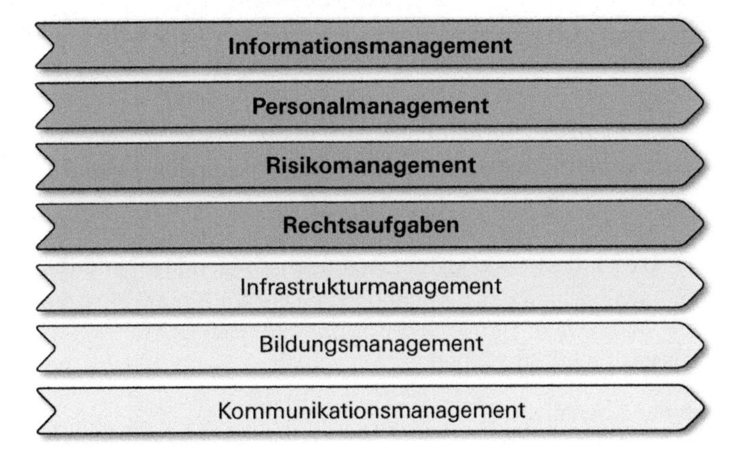

Bei weiteren drei Teilprozessen beschränken wir uns hier auf eine kurze Beschreibung:

- Prozesse des **Infrastrukturmanagements** sind alle Beschaffungs- und Unterhaltsprozesse der Unternehmensinfrastruktur, d. h. der Immobilien, Fahrzeuge, Maschinen, Arbeitsplatzausstattungen und der IT-Infrastruktur (Hard- und Software).
- Prozesse des **Bildungsmanagements** fördern eine nachhaltige Lernkultur im Unternehmen und die ständige Weiterentwicklung der Mitarbeiterqualifikationen.
- Prozesse des **Kommunikationsmanagements** tragen zur Pflege guter Beziehungen zu den Anspruchsgruppen bei. Insbesondere betreffen sie die Mitarbeitenden und die Öffentlichkeit.

13.1 Informationsmanagement

Ohne die gezielte Aufnahme, Nutzung und Weitergabe von Informationen können Prozesse nicht vollzogen werden. Sie sind für die Planung, Steuerung und Kontrolle der Unternehmensprozesse unerlässlich.

Allerdings geht es oft nicht um «zu wenige», sondern um «zu viele» Informationen, die uns beschäftigen. Wir werden täglich von Informationen überschwemmt. Probleme bereitet aber nicht nur die Menge, sondern auch die Qualität der angebotenen Informationen. Die Frage nach dem Nutzen der einzelnen Informationen steht dabei im Zentrum.

Die folgende Grafik zeigt das Informationsmanagement als eine Art Kreislauf rund um das Unternehmen.

Abb. [13-2] **Das Informationsmanagement als Kreislauf rund um das Unternehmen**

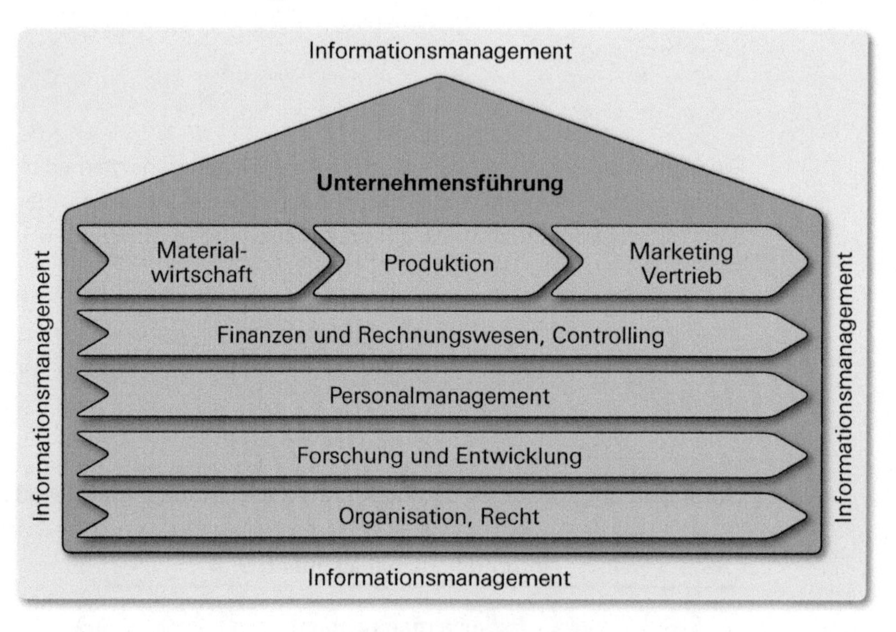

Diese Darstellung soll die Kernaufgabe des Informationsmanagements aufzeigen: die optimale **Vernetzung der Informationsflüsse** eines Unternehmens.

Das Ziel eines optimal funktionierenden Informationsmanagements ist, den einzelnen Mitarbeitenden die für die Erfüllung ihrer Aufgaben notwendigen Informationen in der geeigneten Form am gewünschten Ort zur richtigen Zeit zur Verfügung zu stellen.

Dazu müssen die Informationen

- richtig und genau sein,
- beim Empfänger wirksam sein – er bekommt, was er braucht,
- rationell gesammelt, gespeichert und übermittelt werden,
- rechtzeitig erfolgen – nicht zu früh und nicht zu spät,
- die richtigen Empfänger erreichen – nur jene, die sie brauchen,
- für den Empfänger verständlich und im richtigen Umfang aufbereitet sein.

13.1.1 Informationsmanagementprozess

Das Informationsmanagement lässt sich nicht an bestimmte Stellen delegieren, sondern ist die **Aufgabe aller Mitarbeitenden** eines Unternehmens.

Der Informationsmanagementprozess lässt sich in vier Phasen gliedern:

1. **Erfassen des Informationsbedarfs:** Alle notwendigen Informationen für die Planung, Steuerung, Ausführung und Kontrolle von Aktivitäten müssen identifiziert werden. Beim Festhalten des Informationsbedarfs sind Präzisierungen wichtig
   - des Informationsinhalts (was muss der Stelleninhaber wissen?)
   - der Darstellungsform der Information (mündlich, schriftlich, elektronisch?)
   - des Zeitpunkts des Informationsbedarfs.
2. **Planen des Informationsangebots:** In dieser Phase werden die Informationsquellen gesucht und erfasst, die die benötigten Informationen liefern können. Die Informationsquellen können aus internen oder aus externen Datenbeständen stammen.
3. **Verfügbarmachen der benötigten Informationen:** Der Zugriff auf die Datenquellen muss in technischer und rechtlicher Hinsicht sichergestellt werden. Eventuell müssen die Informationen aufbereitet werden, um für den Empfänger benutzerfreundlich zu sein.
4. **Organisation der Informationsversorgung:** Hier muss über die Informationsfreigabe entschieden werden. Welche Organisationseinheit soll in welchem Umfang zu den Informationen Zugang erhalten? Auch die Verantwortung für die Pflege der Datenbestände ist festzulegen.

13.1.2 Informationssysteme im Unternehmen

Die **Informationstechnologie (IT)** vereinfacht und strafft die Kommunikation und Koordination der Datenflut. Computer, Netzwerke, Internet, Intranet, Telekommunikationssysteme sowie Anwendungs- und Systemprogramme (Software) sind zu unverzichtbaren Werkzeugen in fast allen Unternehmen geworden.

Die Informatikspezialisten sind für die Entwicklung, Implementierung und Pflege der computerbasierten Informations- und Kommunikationssysteme im Unternehmen und für die Dokumentation und Schulung von Anwendern, die Forschung, Datenbankadministration, die Überwachung von Datenschutzbestimmungen usw. zuständig.

A] Operative Informationssysteme

Operative Informationssysteme unterstützen das Alltagsgeschäft. Mit ihnen werden alle Arbeitsprozesse geplant, gesteuert und kontrolliert und – wenn möglich – untereinander vernetzt.

Das folgende Beispiel zeigt eine typische Vernetzung zwischen der Produktionsplanung und dem Finanz- und Rechnungswesen auf:

Beispiel

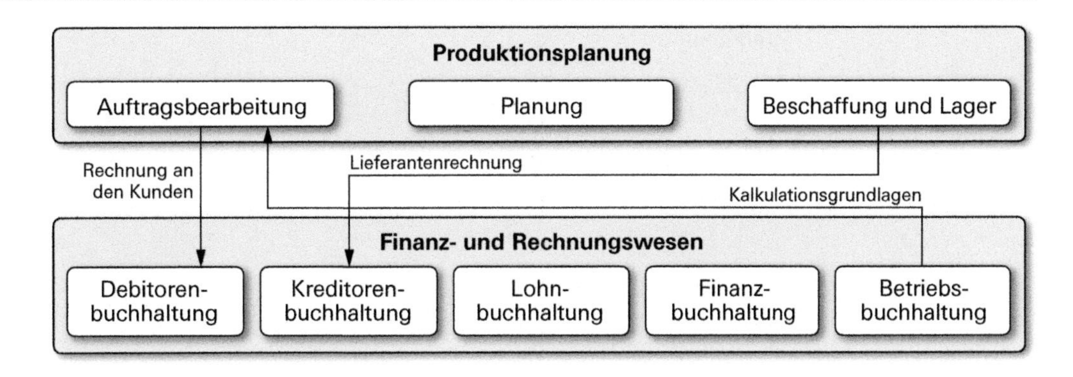

Die Auftragsbearbeitung liefert als Informationsdaten die Kundenrechnung an die Debitorenbuchhaltung zur Verbuchung. Aus der Beschaffung wird die Lieferantenrechnung an die Kreditorenbuchhaltung zur Verbuchung gemeldet. Die Betriebsbuchhaltung liefert Informationsdaten an die Auftragsbearbeitung, und zwar in Form von Kalkulationsgrundlagen für die Offertstellung an Kunden.

Die operativen Informationssysteme der Unternehmen basieren oft auf Standard-Lösungen grosser Software-Entwicklungsfirmen (z. B. SAP, Microsoft), die mit relativ geringem Aufwand an die betriebsspezifischen Bedürfnisse angepasst werden können. Neben Standard-Lösungen kommen aber auch branchenspezifische Anwendungen zur Anwendung.

Beispiel

- **Handel:** Warenwirtschaftssysteme zur Koordination von Beschaffung, Lagerung und Verkauf, elektronische Erfassung der Warenverkäufe mit optischen Lesegeräten
- **Dienstleistungsbetriebe (Hotels, Fluggesellschaften, Konzertveranstalter):** elektronische Reservationssysteme, bei Fluggesellschaften oft verknüpft mit einer automatischen Preisanpassung bei steigendem Auslastungsgrad (Yield-Management-Systeme)
- **Banken:** Applikationen für die automatische Abwicklung des Zahlungsverkehrs und der Finanzmarkttransaktionen, für die Kreditwürdigkeitsprüfung, Börsen-Informationssysteme usw.

B] Managementinformationssysteme (MIS)

Die Informationssysteme auf der strategischen Ebene werden als Managementinformationssysteme (MIS) bezeichnet. Sie bereiten die für diese Zielgruppe relevanten Informationen zu aussagekräftigen Kennzahlen auf und enthalten häufig auch spezielle Funktionen zur Entscheidungsfindung.

Im Gegensatz zu den operativen Informationssystemen sind Managementinformationssysteme oft massgeschneiderte Individuallösungen für das Unternehmen.

13.1.3 Kennzahlensysteme

In einem **Kennzahlensystem** werden Informationen oder Kennzahlen, die für sich alleine nur eine begrenzte Aussagekraft haben, zu einem hierarchischen oder netzförmigen System voneinander abhängiger oder sich ergänzender Kennzahlen zusammengefasst und gegebenenfalls stufenweise verdichtet. Im Folgenden werden zwei übergeordnete Kennzahlensysteme vorgestellt, die auf Unternehmensebene (häufig parallel) eingesetzt werden.

A] Das Du-Pont-Kennzahlensystem

Das **Du-Pont-Kennzahlensystem** ist ein hierarchisches Kennzahlensystem, das 1919 vom gleichnamigen amerikanischen Chemiekonzern entwickelt wurde. Ausgangspunkt und gleichzeitig übergeordnetes Ziel dieses Kennzahlensystems ist die **Gesamtkapitalrentabilität,** d. h. der Ertrag aus dem investierten Kapital (ROI[1]). Durch eine mehrstufige Zerlegung des ROI werden die Einflussgrössen und somit die Möglichkeiten zur Verbesserung der Gesamtkapitalrentabilität aufgezeigt. Das Kennzahlensystem nach Du Pont zeigt die Zusammenhänge der wichtigsten wertbezogenen Grössen im Unternehmen auf und ist wie folgt aufgebaut:

[1] Abkürzung für: Return on Investment.

Abb. [13-3] Du-Pont-Kennzahlensystem

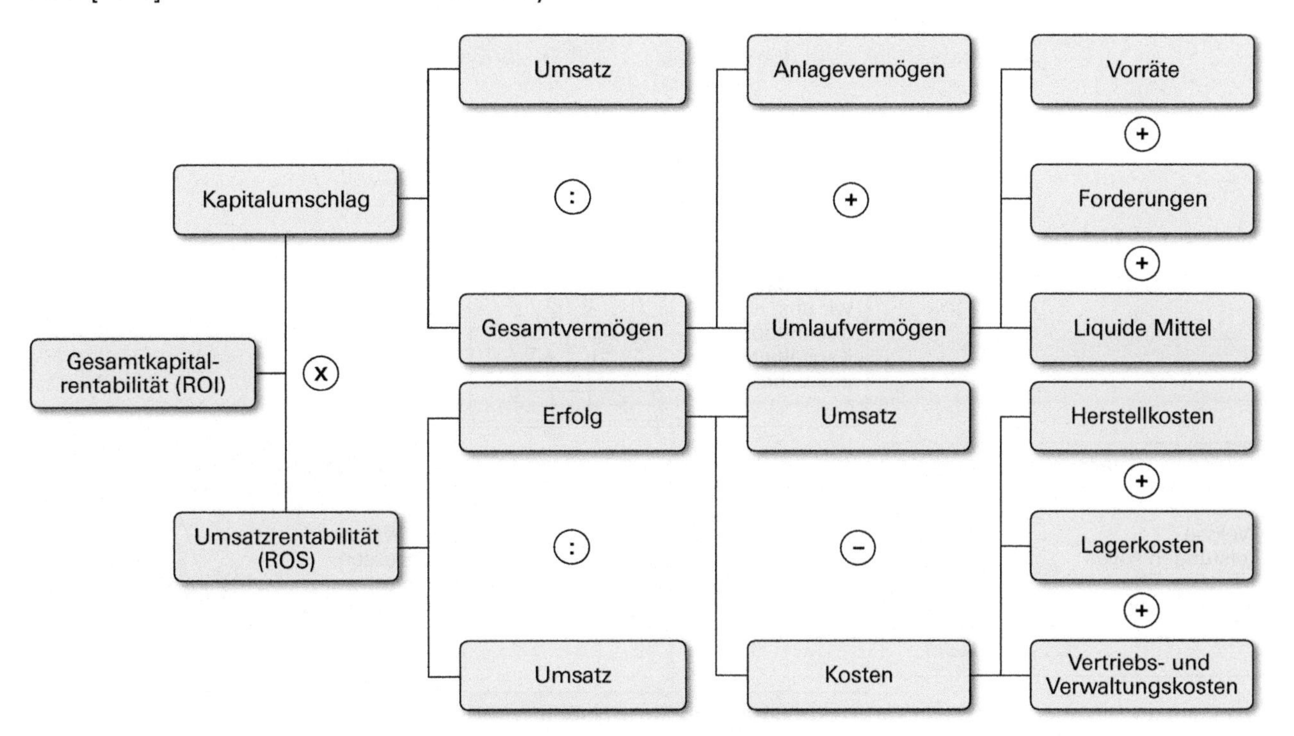

B] Die Balanced Scorecard

Die **Balanced Scorecard (BSC)** ist ein netzförmiges Kennzahlensystem, das von Robert Kaplan und David Norton[1] zur ganzheitlichen, strategieorientierten Steuerung eines Unternehmens entwickelt wurde. Dazu werden die Vision und Strategie des Unternehmens in vier verschiedene **Perspektiven** gegliedert, für die jeweils eigene Ziele, Kennzahlen, Vorgaben und Massnahmen definiert werden. Auf diese Weise kann die übergeordnete Unternehmensstrategie auf ein für alle Mitarbeitenden verständliches Niveau heruntergebrochen werden und es lassen sich konkrete Handlungsmöglichkeiten ableiten.

Die BSC wurde aus der Einsicht heraus entwickelt, dass Steuerungsinstrumente auf der Basis reiner Finanzkennzahlen nur den Erfolg oder Misserfolg einer Strategie (bzw. das Ergebnis der umgesetzten Massnahmen) in der Vergangenheit ausdrücken. **Leistungsbefähiger** wie Prozesse und Mitarbeitende oder kundenbezogene Faktoren, die den künftigen Erfolg eines Unternehmens bestimmen, bleiben unberücksichtigt.

Beispiel

Bei den internen Geschäftsprozessen geht es um die gesamte Wertschöpfungskette des Unternehmens. Im Rahmen des Produktionscontrollings sollen Kennzahlen entwickelt werden, die eine Messung und Beurteilung der innerbetrieblichen Fertigungsprozesse zulassen, da sie wesentlich zur Kundenzufriedenheit beitragen. Eine mögliche Kennzahl wäre die Termintreue. Die Termintreue spielt in Bezug auf die Lieferfähigkeit und Liefertreue dem Kunden gegenüber eine wesentliche Rolle. Ein Terminverzug bei der Fertigung kann auf fehlerhafte Materialien, Maschinen und Anlagen oder auf eine mangelhafte Planung bzw. Durchführung der Fertigungsprozesse zurückgeführt werden.

Die Balanced Scorecard wird als ausbalanciertes Kennzahlensystem bezeichnet, weil es neben den wichtigsten **Leistungsindikatoren** auch die wichtigsten **Leistungstreiber** berücksichtigt. Typischerweise werden folgende Perspektiven betrachtet:

- Finanzen
- Kunden
- Interne Geschäftsprozesse
- Lernen und Entwicklung

[1] Kaplan, Robert S.; Norton, David P. (Hrsg.) (1997, 1. Auflage): Balanced Scorecard, Schäffer-Poeschel-Verlag, Stuttgart.

Für jede Perspektive müssen geeignete Ziele, Kennzahlen und Vorgaben definiert werden, die Soll-Ist-Vergleiche zulassen und eine Verbesserung mittels Massnahmen ermöglichen. Die folgende Grafik zeigt den prinzipiellen Aufbau der Balanced Scorecard.

Abb. [13-4] **Balanced Scorecard**

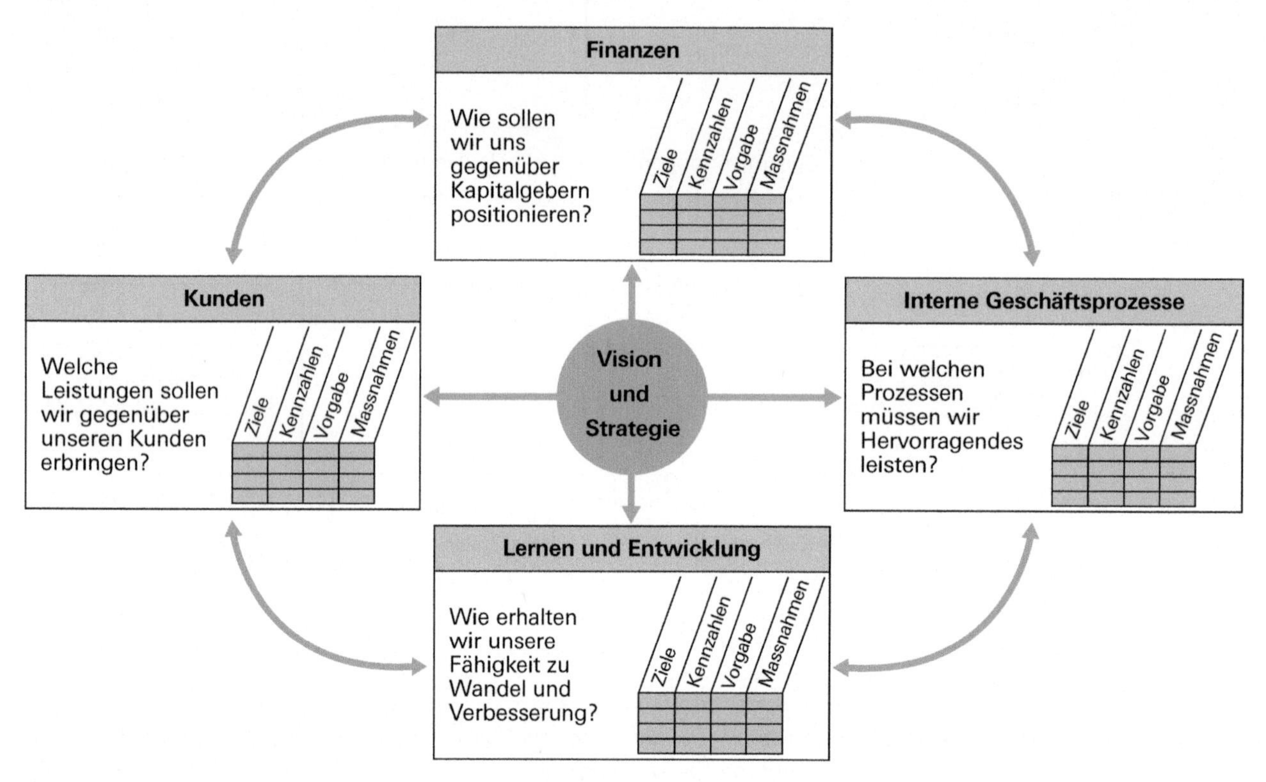

13.1.4 Wissensmanagement

Wissen ist in der Regel an Personen gebunden. In jedem Unternehmen erleben die Mitarbeitenden Tag für Tag neue Situationen, die sie meistern müssen. In den Arbeitsprozessen werden laufend neue Erkenntnisse gewonnen. Bleibt solches Wissen an Personen gebunden, kann es wieder verloren gehen, verliert seine Wirkung und andere können davon nicht ausreichend profitieren.

A] Ziele und Aufgaben des Wissensmanagements

Das Wissensmanagement hat zum Ziel, im Unternehmen vorhandenes Wissen bewusst zu nutzen, um das Unternehmensergebnis zu verbessern.

Ziele des Wissensmanagements sind:

- Gemachte Fehler sollen in Zukunft vermieden werden.
- Genauere Prognosen sollen ermöglicht werden.
- Bessere Entscheidungen sollen herbeigeführt werden.
- Die Effizienz der Mitarbeitenden soll erhöht werden.
- Die Effizienz des Unternehmens soll erhöht werden.

Um diese Ziele erreichen zu können, übernimmt das Wissensmanagement verschiedene **Aufgaben:**

- **Wissensnutzung:** Das im Unternehmen vorhandene Wissen soll genutzt und gezielt eingesetzt werden.
- **Wissensidentifikation:** Übersicht über im Unternehmen oder extern vorhandenes Wissen.

- **Wissens(ver)teilung:** Das vorhandene Wissen im Unternehmen soll den betroffenen Stellen zugänglich gemacht werden. Dies kann über gezielte Zustellung des Wissens an die Nutzer geschehen (Push-Verfahren) oder dadurch, dass das Wissen dem Nutzer zur Verfügung steht, die Initiative aber vom Nutzer ausgeht (Pull-Verfahren).
- **Wissensbewahrung:** Der Verlust von Wissen durch z. B. Mitarbeiter-Fluktuation wird durch Speicherung und Aktualisierung des Wissens verhindert.
- **Wissensentwicklung:** Das vorhandene Wissen soll ausgebaut und erweitert werden.
- **Wissenserwerb:** Wissen, das im Unternehmen nicht selber aufgebaut werden kann, wird von anderen, externen Stellen erworben. Das kann über den Kauf von Patenten oder Lizenzen geschehen oder über die Einstellung von Wissensträgern.

Wenn die angestrebten Ziele erreicht werden, können aufwendige Doppelarbeiten vermieden werden. Als Folge davon reduzieren sich Projektkosten, verkürzt sich die Projektdauer und Produkte und Dienstleistungen können schneller im Markt platziert werden.

B] Anforderungen an das Wissensmanagement

Damit Wissensmanagement effizient betrieben werden kann, müssen **Anreize** geschaffen und die notwendigen Instrumente bereitgestellt werden.

Um die geeigneten Anreize zu schaffen, muss der Wissensaustausch **belohnt und gefördert** werden. Häufig ist der individuelle Besitz von Wissen für eine Mitarbeiterin wichtig, weil sie ihr Ansehen und das Gefühl vermittelt, unentbehrlich zu sein.

Wissensmanagement muss in **sämtlichen Projekten** eines Unternehmens zur Anwendung gelangen. Projekterfahrungen werden für die Zukunft festgehalten und in künftigen Projekten genutzt.

Als Instrument zur Sicherung und Verbreitung von Wissen im Unternehmen werden meistens **Lösungen aus der Informationstechnologie** verwendet. Technische Hilfsmittel wie E-Mail, Foren, Intranet, Archive und Suchmaschinen sind aus dem betrieblichen Alltag nicht mehr wegzudenken. Sie stellen allerdings nur Hilfsmittel für ein funktionierendes Wissensmanagement dar. Im Mittelpunkt muss der Mensch stehen: Im Analysieren, Bewerten und Kategorisieren von Informationen ist der Mensch der Technik weit überlegen.

Ob Wissensmanagement erfolgreich betrieben werden kann, hängt stark vom Bekenntnis aller Mitarbeitenden zu den vorhandenen Einrichtungen ab. Die Ziele des Wissensmanagements werden dann erreicht, wenn im Unternehmen eine Kultur und ein Führungsstil gelebt werden, die auf Vertrauen basieren.

C] Kosten und Nutzen des Wissensmanagements

Wissensmanagement umzusetzen braucht Zeit und kostet Geld. Es ist nur sehr beschränkt möglich, die direkten Einsparungen von Zeit und Geld sowie die Mehreinnahmen durch ein effizientes Wissensmanagement abzuschätzen und den getroffenen Massnahmen zuzuordnen. Die Unternehmen versprechen sich vom Wissensmanagement, dass es

- zu Innovationen, höherer Produktivität, kürzeren Projektzeiten und besserer Konkurrenzfähigkeit führt.
- die Kompetenzen aller Mitarbeitenden erhöht und die Kunden- und Mitarbeiterzufriedenheit steigert.
- zur Entstehung und Sicherung von Wettbewerbsvorteilen beiträgt.
- das Risiko beim Ausfall von wichtigen Know-how-Trägern reduziert.

In den meisten Unternehmen besteht im Bereich des Wissensmanagements ein Nachholbedarf. Nur ein kleiner Teil des vorhandenen Wissens ist in schriftlicher oder elektronischer Form verfügbar, das restliche (wertvolle) Wissen liegt brach.

13.2 Personalmanagement

Unter Personalmanagement (auf Englisch: Human Resources Management oder HRM) verstehen wir die Summe aller Entscheidungen und Massnahmen, die den einzelnen Mitarbeitenden, aber auch die Zusammenarbeit mit anderen betreffen.

Das moderne Personalmanagement bewegt sich im Spannungsfeld zwischen den wirtschaftlichen und sozialen Zielen des Unternehmens:

- **Wirtschaftliche Ziele** streben eine Minimierung der Personalkosten und eine Optimierung der Arbeitsleistung an.
- **Soziale Ziele** streben eine höhere Arbeitszufriedenheit bei den Mitarbeitenden an.

Personalfragen lassen sich nicht an eine Personalabteilung delegieren, sondern sind eine Kernaufgabe jeder Führungskraft auf allen Stufen und in allen Funktionsbereichen des Unternehmens. Bei der Aufgabenverteilung gelten folgende Grundsätze:

- Die **Personalabteilung** trägt die Verantwortung für die Regelung von **Grundsatzfragen**, die sämtliche Mitarbeitenden – also die gesamte Belegschaft – betreffen. In der Personalpolitik werden die Werte, Richtlinien und Leitplanken für das Personalmanagement definiert.
- Die **Linienvorgesetzten** sind für alle **Einzelmassnahmen** zuständig, die die ihnen unterstellten Mitarbeitenden betreffen. Dabei setzen sie die Richtlinien der Personalpolitik um.
- Sämtliche Personalaufgaben sollen so weit wie möglich **vor Ort**, d. h. im Rahmen des Führungsprozesses, wahrgenommen werden und nur so weit wie nötig von der Personalabteilung.

Der Personalmanagementprozess lässt sich in **vier Hauptbereiche** aufteilen. Sie sind eng miteinander verknüpft:

- Die Rahmenbedingungen in Form von Werten, Verhaltensgrundsätzen und langfristigen Zielsetzungen für das Personalmanagement liefern die **Personalpolitik** und gegebenenfalls die daraus abgeleitete Personalstrategie des Unternehmens.
- Zur **Personalgewinnung** zählt die Bedarfsplanung der personellen Ressourcen. Aus dieser ergeben sich die konkreten Gewinnungsaufgaben, d. h. die Rekrutierung, Auswahl und Einarbeitung von neuen Mitarbeitenden.
- Die **Personalerhaltung** betrifft die Arbeitsbedingungen für das Personal: die Lohnfindung, Arbeitszeitregelungen, Mitwirkungsrechte der Mitarbeitenden und die Sozialpolitik im Unternehmen. Bei der Ausführung dieser Aufgaben spielen die Personaladministration und die Personalbetreuung eine wichtige Rolle.
- Die **Personalförderung** umfasst sämtliche Entwicklungsaufgaben: die systematische Personalbeurteilung, die Aus- und Weiterbildung, die Laufbahnplanung der einzelnen Mitarbeitenden sowie weitere Entwicklungsmassnahmen, wie z. B. Qualitätszirkel.
- Der Aufgabenbereich der **Personalverabschiedung** betrifft alle rechtlichen, organisatorischen und administrativen Fragen, die im Zusammenhang mit dem Ausscheiden von Mitarbeitenden aus dem Unternehmen zu lösen sind.

Abb. [13-5] Personalmanagementprozesse

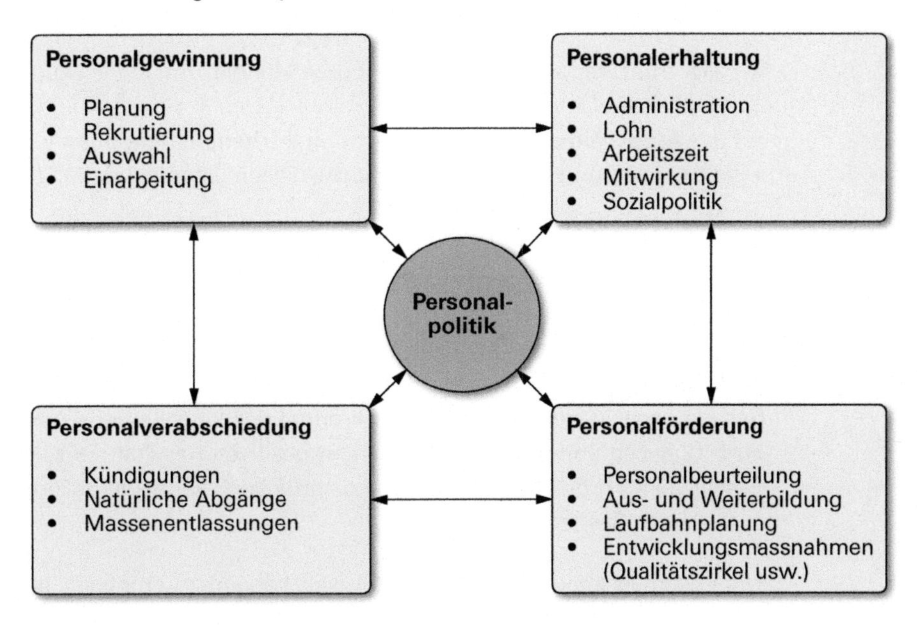

13.3 Management von Rechtsaufgaben und Compliance

Unternehmen werden in ihrer Tätigkeit tagtäglich mit rechtlichen Fragestellungen konfrontiert. Deshalb müssen sich die meisten Unternehmen durch Juristen rechtlich absichern. In grösseren Unternehmen gibt es dafür eigene, interne Rechtsabteilungen; kleinere oder mittlere Unternehmen arbeiten oftmals mit externen Juristen zusammen.

Die Rechtsspezialisten bearbeiten sämtliche Rechtsfragen, die im Zusammenhang mit der Unternehmenstätigkeit anfallen: aus dem Arbeitsrecht, Vertragsrecht, Wettbewerbsrecht, Patentrecht, Gesellschaftsrecht, Umweltschutzrecht oder dem Steuerrecht usw. Gegenüber staatlichen Instanzen vertritt die Rechtsabteilung überdies die Interessen des Unternehmens.

Im Zusammenhang mit dem Management von Rechtsaufgaben ist **Compliance** vor allem für grosse national und international tätige Unternehmen in den letzten Jahren zu einem Schlüsselthema geworden. Gründe für die wachsende Bedeutung von Compliance sind:

- Entwicklungen im rechtlichen Umfeld: Die einzuhaltenden Rechtsnormen werden immer dichter und komplexer.
- Entwicklungen im gesellschaftlichen Umfeld: Die Öffentlichkeit beobachtet die Unternehmenstätigkeit bestimmter Branchen, wie z. B. der Finanzdienstleister, der Rohstoff- oder der Pharma-Industrie, zunehmend kritisch. Bei einem regelwidrigen oder unethischen Verhalten drohen Reputationsschäden, die für das Unternehmen und die Branche oft schmerzhafter sind als die rechtlichen Sanktionen.
- Schutz der Mitarbeitenden: Je nach Regelverstoss wird nicht nur das Unternehmen bestraft, sondern es drohen auch Strafen für die fehlbaren Mitarbeitenden.

Unter Compliance versteht man die Massnahmen, die ein Unternehmen ergreift, um sicherzustellen, dass es sich regelkonform verhält. Compliance sorgt dafür, dass ein Unternehmen

- alle **gesetzlichen Gebote** und **Verbote** und
- die definierten **Werte** und **Verhaltensprinzipien** im Umgang mit seinen Anspruchsgruppen einhält.

Die Compliance-Spezialisten arbeiten eng mit den Rechtsspezialisten zusammen; ihre Aufgaben umfassen insbesondere

- das **frühzeitige Erkennen** von Entwicklungen im rechtlichen und gesellschaftlichen Umfeld des Unternehmens,
- das **Ausarbeiten von regelkonformen Verhaltensrichtlinien** für das Unternehmen,
- die **Umsetzung** dieser Verhaltensrichtlinien im Unternehmen.

13.4 Risikomanagement

Jede unternehmerische Tätigkeit ist mit vielfältigen Risiken verbunden. Das Eingehen dieser Risiken kann sich grundsätzlich als Gefahr und somit als negativ erweisen, weil ein möglicher Schaden oder Verlust droht. Ebenso eröffnet das Eingehen unternehmerischer Risiken aber auch Chancen und führt damit zu einem positiven Resultat. Es zeigt sich insbesondere im Erzielen eines grösseren Kundennutzens bzw. von Wettbewerbsvorteilen und in der Folge in zusätzlichen Gewinnchancen.

Unternehmensinterne und externe Risiken können zu empfindlichen Einbussen der Wertschöpfung bis hin zur Bedrohung der unternehmerischen Existenz führen. Hier entwickelt sich das Risikomanagement zum **Gefahrenmanagement.**

Ein Teil der Risiken lässt sich mit gezielten Massnahmen vermeiden, andere Risiken können nicht direkt beeinflusst werden und das Unternehmen muss mit diesen Risiken leben. In jedem Fall lohnt sich daher für das Unternehmen, ein Risikomanagement für einen bewussten Umgang mit Risiken und deren Auswirkungen aufzubauen und konsequent umzusetzen.

Der Risikomanagementprozess erfolgt in vier typischen Schritten und lässt sich als Regelkreis darstellen:

Abb. [13-6] **Der Risikomanagementprozess**

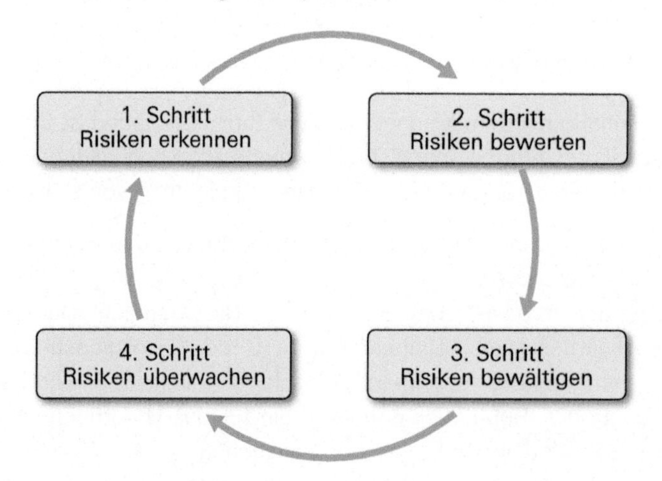

13.4.1 Risiken erkennen

Als Erstes müssen die potenziellen Gefahren (Risiken) ausfindig gemacht werden. Wichtig ist dabei, dass möglichst alle relevanten Risiken erkannt und erfasst werden. Die SWOT-Analyse und die Wettbewerbsanalyse eignen sich für die Analyse von strategischen Unternehmensrisiken. Weitere Instrumente sind Risikolisten, das Entwickeln von Szenarien, Expertenbefragungen und die Rückmeldungen der Mitarbeitenden.

Erkannte Risiken müssen gesammelt und geordnet werden. Um den Überblick zu erleichtern, werden oft Risikokategorien gebildet. Die folgende Tabelle zeigt eine von vielen Möglichkeiten der Kategorisierung.

Abb. [13-7] Kategorisierung von Risiken

Risikokategorie	Erläuterungen	Beispiele
Strategische Risiken	Mit der mittel- bis langfristigen Stossrichtung der Unternehmen verbundene Risiken	• Nachfrage-Überschätzung • Neue Konkurrenten • Änderung der rechtlichen Rahmenbedingungen
Operative Risiken	Mit der Wertschöpfungskette der Unternehmen verbundene Risiken	• Höhere Gewalt (Feuer, Wasser usw.) • Produktionsausfälle • Schadenersatzzahlungen
Finanzrisiken	Mit der Finanzierungs- und Investitionssituation der Unternehmen verbundene Risiken	• Zinssatzschwankungen • Wechselkursentwicklung • Konkurs von Kunden oder Lieferanten
Soziale Risiken	Mit den Mitarbeitenden, den Kunden und der Gesellschaft im Allgemeinen verbundene Risiken	• Imageverlust • Ökologische Risiken • Know-how-Verlust (Personalfluktuation)

13.4.2 Risiken bewerten

In einem zweiten Schritt geht es darum, die Risiken zu bewerten und zwar nach folgenden drei Kriterien:

- **Ursachen für das Eintreten des Risikos:** Dabei wird die Frage beantwortet: «Was könnte das Eintreten dieses Risikos auslösen?» Die Ursachenanalyse liefert wichtige Informationen für die Bewertung der Eintrittswahrscheinlichkeit.
- **Eintrittswahrscheinlichkeit:** Eine exakte Bewertung der Eintrittswahrscheinlichkeit ist in Unternehmen in den seltensten Fällen möglich. Man wird mit subjektiven Einschätzungen oder auch Erfahrungswerten leben müssen. Deswegen hat sich auch die Verwendung einer symbolischen Skala bewährt, die z. B. Werte von 1 (unwahrscheinlich) bis 5 (sehr wahrscheinlich) umfasst.
- **Tragweite für das Unternehmen:** Am besten ist es, die Tragweite monetär zu bewerten, d. h. das Schadensausmass in Franken auszuweisen, sofern dazu gesicherte Daten vorliegen. Andernfalls behilft man sich mit einer symbolischen Skala.

13.4.3 Risiken bewältigen

Die nächste Herausforderung an das Risikomanagement eines Unternehmens besteht darin, mit erkannten und bewerteten Risiken umzugehen. Risiken können bewältigt werden, indem das Unternehmen

- Risiken vermeidet,
- Risiken vermindert oder begrenzt,
- Risiken überwälzt oder
- mit Risiken lebt.

Das **Vermeiden von Risiken** kann dadurch erreicht werden, dass die das Risiko auslösenden Faktoren eliminiert werden.

Beispiel Das Risiko, dass das Unternehmen einem Feuer zum Opfer fällt, kann grösstenteils vermieden werden, indem das Internet als Unternehmensstandort gewählt wird (falls dies der Geschäftszweck zulässt).

Nicht alle Risiken können vermieden werden. Deshalb wird versucht, die verbleibenden **Risiken zu vermindern bzw. zu begrenzen.**

Beispiel Das Risiko, dass das Unternehmen oder ein Teil davon einem Feuer zum Opfer fällt, kann vermindert werden, indem in den gesamten Räumlichkeiten des Unternehmens ein generelles Rauchverbot gilt.

Risiken können auch über geeignete Instrumente **überwälzt** werden.

Beispiel Das Risiko, dass das Unternehmen oder ein Teil davon einem Feuer zum Opfer fällt, kann in seinen finanziellen Konsequenzen über eine entsprechende Versicherung überwälzt werden.

Risiken, mit denen das Unternehmen leben will oder muss, werden **in Kauf genommen.** Man hofft, dass der Schadensfall nicht eintritt.

Beispiel Das Risiko, dass das Unternehmen oder ein Teil davon einem Feuer zum Opfer fällt, kann nicht vollständig ausgeschlossen oder überwälzt werden. Sämtliche Gegenstände, die durch ein Feuer vernichtet werden, können nur in ihrem finanziellen Gegenwert von der Versicherung rückgefordert werden Zum Beispiel wäre ein Originalgemälde von Rembrandt durch ein Feuer unwiederbringlich zerstört, es lässt sich nicht ersetzen. Das Gleiche gilt für Gegenstände, die mit Erinnerungen verbunden sind wie Geschenke von verstorbenen Verwandten.

13.4.4 Risiken überwachen

Die Risiken müssen regelmässig überwacht und dokumentiert werden. Man spricht dabei auch vom Risiko-Controlling. Dabei stehen folgende Fragen im Vordergrund:

- Hat sich an der Eintrittswahrscheinlichkeit und / oder an der Tragweite der Risiken durch die Ausführung der geplanten Massnahmen etwas geändert?
- Wurden die Massnahmen überhaupt ausgeführt?
- Sind neue Risiken hinzugekommen?
- Wie effektiv waren die ergriffenen Massnahmen?

13.4.5 Instrumente der Risikoüberwälzung

Die möglichen Instrumente zur Überwälzung von Risiken sind vielfältig. Wir begnügen uns hier mit einer kurzen Betrachtung von vier möglichen Instrumenten:

- Outsourcing
- Franchising
- Versicherungen
- Derivative Finanzinstrumente

A] Outsourcing

Outsourcing heisst auf Deutsch «Auslagerung». Gemeint ist das Vergeben eines Produktionsschritts an andere. Statt eine bestimmte Tätigkeit im Rahmen des Leistungserstellungsprozesses selber auszuführen, wird die Tätigkeit von einem anderen Unternehmen (gegen Entgelt) fremdbezogen.

Damit sind die mit dieser Tätigkeit verbundenen **Risiken auf das andere Unternehmen überwälzt** und entfallen bei unserem Unternehmen. Der Fremdbezug erfolgt allerdings in den meisten Fällen zu einem höheren Preis als den Kosten der Eigenherstellung. Damit wird das zuliefernde Unternehmen – zumindest teilweise – für die Risiken entschädigt, die es trägt.

Oft wird bei der Entscheidung über das Outsourcing vergessen, dass das Auslagern von Produktionsschritten als solches Risiken für das Unternehmen verursachen kann. Die Fremdvergabe von Prozessen kann zu hohen **Abhängigkeiten von Dritten** führen, dem Unternehmen Know-how-Verluste zufügen, Qualitätseinbussen mit sich bringen und eine Differenzierung im Wettbewerb erschweren (die Zulieferfirmen stehen auch den Konkurrenten zur Verfügung).

B] Franchising

Von Franchising spricht man, wenn ein Unternehmen als Franchisegeber einem anderen Unternehmen (Franchisenehmer) die (regionale) Nutzung eines Geschäftskonzepts gegen Entgelt zur Verfügung stellt.

Der Franchisenehmer tritt als selbstständiger Unternehmer am Markt auf. Er liefert einen fixen Anteil der Erträge an den Franchisegeber ab. Aus Sicht des Franchisegebers ist durch die fixen Zahlungen das Risiko abgewälzt (sowohl das negative Risiko von Verlusten als auch das positive Risiko hoher Gewinne).

C] Versicherungen

Versicherungsgesellschaften bieten Unternehmen und Privatpersonen an, gewisse Risiken gegen Entgelt ganz oder teilweise zu übernehmen. Aufgrund der grossen Zahl von Versicherungsnehmern ist die Versicherungsgesellschaft in der Lage, Risiken zu tragen, die für den Einzelnen (Unternehmen oder Privatperson) finanziell nicht tragbar wären.

Die folgende Tabelle soll einen Überblick über die wichtigsten Arten von Versicherungen geben:

Abb. [13-8] **Wichtige Arten von Versicherungen**

Art des versicherten Gegenstands	Beschreibung	Beispiele
Personenversicherung	Natürliche Personen oder Gruppen von natürlichen Personen werden für die finanziellen Folgen des Eintritts bestimmter Gefahren versichert. Versicherte Gefahren sind je nach Versicherung Alter, Tod, Invalidität, Arbeitsunfähigkeit, Erwerbsunfähigkeit, Arbeitslosigkeit, Heilungskosten bei Unfall oder Krankheit usw.	• Sozialversicherungen wie AHV, IV, ALV • Unfallversicherung • Einzellebensversicherung • Kollektivlebensversicherung (Instrument der Pensionskassen)
Sachversicherung	Sachen werden für die finanziellen Folgen des Eintritts bestimmter Gefahren versichert. Versicherbar sind in der Regel die Gefahren Feuer (inkl. Elementarereignissen), Wasserschaden, Diebstahl und Glasbruch. In bestimmten Bereichen sind auch andere Ereignisse versicherbar.	• Hausratversicherung • Gebäudesachversicherung • Geschäftssachversicherung • Transportversicherung • Wertsachenversicherung • Technische Versicherungen • Motorfahrzeugkaskoversicherung
Vermögensversicherungen	Versichert sind unerwünschte Vermögenseinbussen wegen des Eintritts eines versicherten Ereignisses.	• Haftpflichtversicherung • Rechtsschutzversicherung • Hagelversicherung • Betriebsunterbrechungsversicherung
Rückversicherung	Versicherung des Versicherers. Rückversichert werden in der Regel ganze Versicherungsbestände eines Versicherers.	

Wir erklären die einzelnen Versicherungsarten im Folgenden kurz:

Personenversicherung

- AHV und IV bilden die Grundlage des schweizerischen Sozialversicherungssystems (1. Säule). Versichert ist die gesamte Bevölkerung der Schweiz.
  - Die AHV bietet eine Existenzsicherung für die Gefahren Alter und Tod. Ausgerichtet werden Rentenleistungen.
  - Die IV bezweckt das Ein- bzw. Wiedereingliedern von durch Geburtsgebrechen, Krankheits- oder Unfallfolgen behinderten Personen in das Erwerbsleben. Wenn eine Ein- bzw. Wiedereingliederung ins Erwerbsleben nicht mehr oder nur teilweise möglich ist, werden Renten ausgerichtet.

- Die **Arbeitslosenversicherung (ALV)** sichert Arbeitnehmende für den Ausfall des Erwerbseinkommens wegen Arbeitslosigkeit ab.
- Die **Unfallversicherung** deckt die finanziellen Folgen von Unfällen (Wiederherstellungskosten, Ausfall des Erwerbseinkommens).
  - Sie ist für Arbeitnehmende zwingend durch das UVG vorgeschrieben.
  - Selbstständigerwerbende und Nichterwerbstätige müssen sich obligatorisch für die Widerherstellungskosten versichern (Einschluss in der obligatorischen Krankenpflegeversicherung oder private Unfallversicherung). Der Ausfall des Erwerbseinkommens kann freiwillig über eine private Unfallversicherungslösung versichert werden.
- Mit der **Lebensversicherung** lassen sich je nach konkreter Ausgestaltung die Gefahren Alter, Erwerbsunfähigkeit und / oder Tod versichern. Sie ist heute ein wichtiges Instrument zur Ergänzung der beiden Sozialversicherungen AHV und IV.
  - Als **kollektive Lebensversicherung** kommt sie im Rahmen der beruflichen Vorsorge (2. Säule) zum Zug, die für Arbeitnehmende obligatorisch ist. Die Einrichtungen der beruflichen Vorsorge (Pensionskassen) können z. B. ihre Mitglieder kollektiv für die Gefahren Tod und Erwerbsunfähigkeit versichern.
  - Als **Einzellebensversicherung** kommt sie vor allem im Rahmen der 3. Säule zum Zug. Arbeitnehmende versichern sich freiwillig über die 1. und die 2. Säule hinaus für die Gefahren Alter, Tod. Da Selbstständigerwerbende obligatorisch nur in der 1. Säule versichert sind, ist die Lebensversicherung auch für sie ein bedeutendes Instrument, um Ausfälle des Erwerbseinkommens bei Eintritt der Gefahren Alter und Tod abzusichern.

Sachversicherung

- **Die versicherbaren Grundgefahren Feuer / Elementarereignisse, Diebstahl, Wasser, Glasbruch.** Versicherungstechnisch gesehen ist jede dieser Gefahren eine separate Versicherung. Deshalb gibt es eine Feuerversicherung, eine Diebstahlversicherung, eine Wasserversicherung und eine Glasbruchversicherung, die für ein zu versicherndes Objekt je separat abgeschlossen werden können. In verschiedenen Bereichen bieten die Versicherer ihren Kunden aber Versicherungslösungen an, in denen diese Grundgefahren bereits kombiniert sind. Das gilt z. B. für
  - die **Hausratversicherung.** Sie schützt Privatpersonen vor den finanziellen Folgen der Beschädigung oder Zerstörung des Hausrats durch Feuer, Wasser, Diebstahl und / oder Glasbruch. Hausrat ist alles, was sich im Eigentum des Versicherten befindet und bei einem Umzug mitgenommen werden kann.
  - die **Gebäudesachversicherung.** Sie schützt Gebäudeeigentümer.
  - die **Geschäftssachversicherung.** Auch hier kennen die Versicherer kombinierte Versicherungslösungen, die auf die Sicherungsbedürfnisse bestimmter Kundensegmente zugeschnitten sind.

- **Versicherungslösungen mit zum Teil erweitertem / verändertem Versicherungsschutz.** In bestimmten Situationen besteht für Sachen ein Versicherungsbedarf, der durch die Grundgefahren der Sachversicherung nicht oder nur ungenügend abgedeckt ist. Beispiele dafür sind:
  - Die **Wertsachenversicherung.** Sie ist eine sogenannte All-Risk-Versicherung. Versichert ist im Prinzip jede Beschädigung oder Zerstörung des versicherten Objekts.
  - Die **Transportversicherung** deckt Verlust, Beschädigung, Diebstahl usw. von Sachen beim Transport.
  - **Technische Versicherungen** sind eine eigene Kategorie von Versicherungslösungen für technische Installationen und Maschinen. Beispiele sind die Maschinenversicherung, die Montageversicherung, die EDVA-Versicherung (datentechnische Anlagen), die Bauwesenversicherung usw.
  - **Motorfahrzeugkaskoversicherung.** Der Versicherungsschutz ist auf die Besonderheiten von Motorfahrzeugen zugeschnitten.

Vermögensversicherung

- Die **Haftpflichtversicherung** ersetzt Vermögenseinbussen der versicherten Person wegen berechtigter Ansprüche von Dritten aus Verschuldens- oder Kausalhaftung und wegen der Abwehr von unberechtigten Ansprüchen. Wir unterscheiden
  - die Privathaftpflichtversicherung,
  - die Betriebshaftpflichtversicherung,
  - die Produktehaftpflichtversicherung,
  - die Gebäudehaftpflichtversicherung und
  - die Motorfahrzeughaftpflichtversicherung.
- Die **Rechtsschutzversicherung** schützt vor den finanziellen Folgen von versicherten rechtlichen Streitigkeiten. Sie soll sicherstellen, dass jedem die Inanspruchnahme von Rechtsschutz zugänglich ist. Üblicherweise unterscheidet man zwischen der Privatrechtsschutzversicherung, der Betriebsrechtsschutzversicherung sowie der Verkehrsrechtsschutzversicherung.
- Die **Hagelversicherung** schützt den Landwirtschaftsbetrieb vor den finanziellen Folgen von Hagelschäden (Ernteausfall usw.).
- Die **Betriebsunterbrechungsversicherung** schützt vor Vermögenseinbussen wegen des Eintritts einer versicherten Gefahr (z. B. Betriebsstillstand wegen eines Brands).

Der Abschluss einer Versicherung

Im Bereich der Privatversicherung besteht der Versicherungsschutz nur dann, wenn ein Versicherungsvertrag zwischen dem Versicherungsnehmer und der Versicherungsgesellschaft abgeschlossen wird. Das Versicherungsvertragsgesetz (VVG) enthält detaillierte Regeln zum Abschluss und zur Beendigung des Vertrags, zu den Rechten und Pflichten der Vertragspartner sowie insbesondere auch zu den Folgen von Pflichtverletzungen im Hinblick auf den Versicherungsschutz.

Jeder Versicherungsvertrag ist in einer Versicherungspolice dokumentiert. Darin sind die Eckdaten der abgeschlossenen Versicherung enthalten (Versicherungsnehmer, versicherte Person, Art der Versicherung, Versicherungssumme usw.). Die Details, insbesondere die exakte Definition der versicherten Gefahren und der Ausschlüsse vom Versicherungsschutz, finden sich dagegen in den Allgemeinen Versicherungsbedingungen (AVB) und allenfalls in zusätzlich gültigen Besonderen Versicherungsbedingungen (BVB).

13.4.6 Derivative Finanzinstrumente

Unter derivativen Finanzinstrumenten versteht man Finanzprodukte, deren Preis vom Preis anderer Produkte abhängt oder davon abgeleitet wird. Das Grundprinzip eines Derivats ist, dass Leistung und Gegenleistung nicht Zug um Zug bei Vertragsabschluss ausgetauscht, sondern im Voraus für einen späteren Zeitpunkt vereinbart werden. Vertragsabschluss und Erfüllung fallen zeitlich auseinander.

Derivative Finanzinstrumente ermöglichen also, zum jetzigen Zeitpunkt den Preis für ein Gut zu fixieren, das erst zu einem späteren Zeitpunkt gehandelt wird. Damit können Risiken wie Wechselkursschwankungen, Zinssatzänderungen und Veränderungen von Rohstoffpreisen abgesichert werden.

Zu den derivativen Finanzinstrumenten zählen standardisierte, an den Börsen gehandelte Finanzprodukte, wie **Warrants, Futures** und **Optionen,** sowie nicht standardisierte Finanzprodukte, wie **Forwards** oder **Swaps.**

Man unterscheidet **bedingte** und **unbedingte** Termingeschäfte.

- **Unbedingte Termingeschäfte werden in jedem Fall erfüllt.** Beide Vertragspartner müssen erfüllen. Die Erfüllung erfolgt je nach Vereinbarung durch realen Vollzug (der Verkäufer liefert und der Käufer bezahlt den im Voraus vereinbarten Preis) oder durch blossen finanziellen Ausgleich der Wertdifferenz (= cash settlement). Zu den unbedingten Termingeschäften zählen Futures, Forwards und Swaps.
- **Bei bedingten Termingeschäften wird nicht in jedem Fall erfüllt.** Der Käufer des Termingeschäfts hat das Recht, nicht aber die Pflicht (!) die Erfüllung des vereinbarten Kontrakts zu verlangen. Der Verkäufer des Termingschäfts hat die Pflicht zu erfüllen, wenn der Käufer von seinem Recht Gebrauch macht. Wegen dieser Konstellation heissen bedingte Termingeschäfte Optionen (bzw. Warrants, wenn sie in einem Wertpapier verbrieft sind). In der Börsensprache haben sich folgende Begriffe herausgebildet:
  - Der **Käufer** einer Option heisst auch Optionär. Er übernimmt die **Long** Position. Long bedeutet also: das Wahlrecht haben.
  - Der **Verkäufer** einer Option heisst auch Stillhalter. Er übernimmt die **Short** Position. Short bedeutet also: erfüllen müssen, wenn der Optionär sein Recht ausübt.
  - Wenn der **Käufer** das **Recht** erwirbt, den Vertragsgegenstand zum vereinbarten Preis zu **erwerben,** spricht man von einer **Call**-Option (von engl. to call = abrufen; der Käufer kann den Vertragsgegenstand beim Verkäufer abrufen, wenn er das will).
  - Wenn der **Käufer** das **Recht** erwirbt, den Vertragsgegenstand zum vereinbarten Preis zu **verkaufen,** spricht man von einer **Put**-Option (von engl. to put = hinlegen; der Käufer kann den Vertragsgegenstand dem Verkäufer zur Übernahme hinlegen, wenn er das will).

Abb. [13-9] **Überblick über die wichtigsten derivativen Finanzinstrumente**

Instrument	Beschreibung
• Future • Forward	**Unbedingtes Termingeschäft** Die Lieferung eines Vertragsgegenstands in bestimmter Menge und Qualität zu einem bestimmten Zeitpunkt in der Zukunft wird zu einem bei Vertragsabschluss festgelegten Preis vereinbart. Der Future ist standardisiert (standardisierte Menge und Qualität sowie Erfüllungszeitpunkte); der Forward ist nicht standardisiert; die Vertragspartner handeln die Merkmale individuell aus.
Swap	**Unbedingtes Termingeschäft** Es handelt sich um ein Tauschgeschäft, wobei die Tauschmengen bei Vertragsabschluss und der Erfüllungszeitpunkt bei Vertragsabschluss festgelegt werden (z. B. Austausch von XX US-$ gegen YY CHF in 6 Monaten).
Option (Warrant)	**Bedingtes Termingeschäft** Der Käufer einer Option erwirbt vom Verkäufer das Recht, den Vertragsgegenstand zu einem bei Vertragsabschluss bestimmten Preis innerhalb eines bestimmten Zeitraums oder zu einem bestimmten Zeitpunkt zu kaufen (Call) oder zu verkaufen (Put). Standardisierte Optionen werden an den Terminbörsen gehandelt (z. B. Eurex). Sie können aber auch in einem Wertpapier verbrieft werden und so an der Effektenbörse gehandelt werden.

Ein Beispiel soll die Funktionsweise von derivativen Finanzinstrumenten als Instrumente der Risikoüberwälzung erläutern:

Beispiel

Ein Schweizer Unternehmen hat in den USA eine Maschine für seine Produktionsanlage bestellt. Die Lieferung erfolgt erst in 6 Monaten. Der Kaufpreis beläuft sich auf 900 000 US-Dollar. Der aktuelle Wechselkurs für US-Dollar beträgt CHF 1.22 pro US-Dollar. Das Schweizer Unternehmen will sich gegen das Risiko steigender Wechselkurse absichern. Da das Schweizer Unternehmen nicht schon zum jetzigen Zeitpunkt US-Dollar kaufen und damit viele Mittel binden will, kauft es sich Call-Optionen auf den Kauf von 900 000 US-Dollars in 6 Monaten zu einem Kurs von CHF 1.22 pro US-Dollar. Für die Call-Optionen bezahlt das Schweizer Unternehmen CHF 7 000.

Wie erfolgt nun die Absicherung? Wir untersuchen zwei mögliche Szenarien:

Szenario 1: Der Wechselkurs in 6 Monaten liegt bei CHF 1.33 pro US-Dollar

- Ohne Absicherung würde der Kauf der Maschine CHF 1 197 000 (= 1.33 · 900 000) kosten.
- Mit Absicherung kann das Schweizer Unternehmen die Call-Option ausüben und bezahlt nur CHF 1 105 000 (= 1.22 · 900 000 + 7 000 [Optionspreis]). Die Ersparnis beträgt CHF 92 000.

Szenario 2: Der Wechselkurs in 6 Monaten liegt bei CHF 1.12 pro US-Dollar

Das Schweizer Unternehmen verzichtet auf die Ausübung der Option (ihres Kaufrechts) und kauft die benötigten US-Dollar am Markt. Die Kosten belaufen sich auf CHF 1 015 000 (= 1.12 · 900 000 + 7 000 [Optionspreis]).

Fazit: Der Kaufpreis für die Option entspricht einer Versicherungsprämie: Wenn sich der Wechselkurs günstig entwickelt (hier: sinkt), so wird die Option nicht ausgeübt und der Kaufpreis der Option ist verloren. Wenn sich der Wechselkurs ungünstig entwickelt (hier: steigt), so wird die Option ausgeübt und wirkt wie eine Versicherung, indem der Kaufpreis abgesichert ist (auf maximal CHF 1 105 000). (Überprüfen Sie diese Behauptung unter Annahme von z. B. einem Wechselkurs von 1.41, 1.27 und 1.09.)

Zusammenfassung

Das Ziel eines optimal funktionierenden **Informationsmanagements** ist es, den einzelnen Mitarbeitenden die für die Erfüllung ihrer Aufgaben notwendigen Informationen in der geeigneten Form am gewünschten Ort und zur richtigen Zeit zur Verfügung zu stellen.

Das Informationssystem in einem Unternehmen umfasst drei Teilsysteme:

- Das operative Informationssystem, das die für die Tagesarbeit notwendigen Informationen liefert
- Das Managementinformationssystem (MIS), das die Informationen zu Entscheidungsgrundlagen für die Führungskräfte verdichtet
- Das Wissensmanagement, das personengebundenes Know-how für das Unternehmen nutzbar macht und somit die Basis für eine gezielte Weiterentwicklung schafft

Das **Personalmanagement** bewegt sich im Spannungsfeld zwischen den wirtschaftlichen Zielen und den sozialen Zielen.

Der Personalmanagementprozess besteht aus vier Hauptaufgaben: Personalgewinnung, Personalerhaltung, Personalförderung und Personalverabschiedung. Deren Umsetzung orientiert sich an der Personalpolitik des Unternehmens.

Weil Unternehmen regelmässig mit **Rechtsfragen** konfrontiert werden, braucht es im Unternehmen selber oder aber als externe Fachstelle die Rechtsspezialisten, die die Unternehmensinteressen gegenüber anderen Anspruchsgruppen vertreten.

Compliance-Massnahmen dienen der Sicherstellung des regelkonformen Verhaltens eines Unternehmens, d. h. dem Einhalten der gesetzlichen Gebote und Verbote wie auch der definierten Werte und Verhaltensgrundsätze im Umgang mit den Anspruchsgruppen des Unternehmens.

Der **Risikomanagementprozess** besteht aus vier Schritten:

1. Risiken erkennen: Potenzielle Risiken werden in die Kategorien strategische, operative, finanzielle und soziale Risiken unterteilt.
2. Für die Bewertung von Risiken sind die Ursachen für das Eintreten des Risikos, die Eintrittswahrscheinlichkeit und die Tragweite für das Unternehmen zu beachten.
3. Bei der Bewältigung von Risiken gibt es folgende Möglichkeiten: Risiken vermeiden, Risiken vermindern oder begrenzen, Risiken überwälzen, mit Risiken leben.
4. Die Risikoüberwachung wird auch als Risiko-Controlling bezeichnet. Es geht darum, Risiken regelmässig zu überwachen, zu dokumentieren und entsprechende Massnahmen abzuleiten.

Instrumente der Risikoüberwälzung sind: Outsourcing, Franchising, Versicherung oder derivative Finanzinstrumente.

- Unter **Outsourcing** versteht man die Auslagerung von betrieblichen Prozessen, also das Überwälzen von Risiken auf Dritte.
- **Franchising** bedeutet das entgeltliche Zurverfügungstellen eines Geschäftskonzepts an Dritte.
- **Versicherungen** können für verschiedene Risiken abgeschlossen werden. Wir unterscheiden Personen-, Sach- und Vermögensversicherungen.
- **Derivative Finanzinstrumente** sind Finanzprodukte, deren Preis vom Preis anderer Produkte abhängt oder davon abgeleitet wird. Zu den derivativen Finanzinstrumenten zählen unter anderem Futures, Optionen, Termingeschäfte und Swaps.

72 Zeigen Sie anhand des Beispiels «Wochenumsatzliste für die Produktgruppe X» stichwortartig die sechs Anforderungen an ein gut aufgebautes Informationssystem auf.

73 Beschreiben Sie in drei bis fünf Sätzen die Bedeutung und die Ziele von Compliance im Unternehmen.

74 Ordnen Sie folgende Risiken aus dem Unternehmensalltag eines grossen, im Exportgeschäft tätigen Papierfabrikanten den folgenden Kategorien zu.

Kategorien: A) Strategische Risiken, B) Operative Risiken, C) Finanzrisiken, D) Soziale Risiken

Risiko	Risiko-kat.	Begründung
Der Schweizer Franken erfährt eine massive Aufwertung, d. h., er wird im Vergleich zu ausländischen Währungen massiv teurer.	______	______
Eine neue Technologie wird entdeckt und bewirkt, dass unsere Produkte nicht mehr zu von den Kunden erwarteten Qualitätsstandards angeboten werden können.	______	______
Die Medien berichten, dass eines unserer Verwaltungsratsmitglieder in einen Bestechungsskandal verwickelt sei. Dadurch leidet unser Image in der Bevölkerung.	______	______
Verursacht durch einen landesweiten Stromausfall, stehen unsere Maschinen mehrere Stunden lang still.	______	______
Wir halten eine Beteiligung von 40% des Aktienkapitals eines börsenkotierten Konkurrenzunternehmens. Die Aktien verlieren an der Börse massiv an Wert.	______	______
Änderungen der gesetzlichen Regelungen betreffend Altersvorsorge erhöhen unsere Personalkosten um 12%.	______	______

75 Zählen Sie drei Ziele des Wissensmanagements auf.

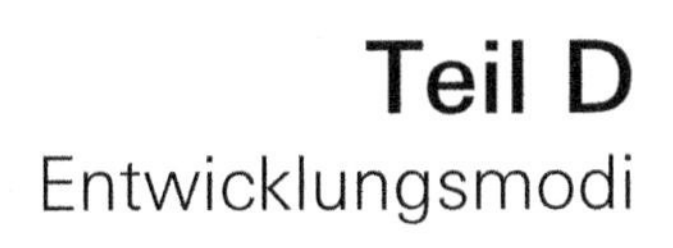

Teil D

Entwicklungsmodi

14 Optimierung: Qualitätsverbesserung

Lernziele

Nach der Bearbeitung dieses Kapitels können Sie ...

- erklären, warum Qualität und Qualitätsmanagement wichtig sind für ein Unternehmen.
- Modelle zur Optimierung und Qualitätsverbesserung beschreiben.

Schlüsselbegriffe

Benchmarking, betriebliches Vorschlagswesen, Deming-Zyklus, EFQM-Modell, ISO-Normen 9000 ff., Kaizen, Lean Management, Organisationsentwicklung, PDCA-Zyklus, Qualität, Qualitätslenkung, Qualitätsmanagement, Qualitätsmanagementprozess, Qualitätsplanung, Qualitätssicherung, Total Quality Management

Unternehmen müssen ihre Produkte, Prozesse und Organisationsformen immer wieder anpassen. Erfolgt die Anpassung in kleinen Schritten, spricht man von **Optimierung.** Grundlegende Anpassungen nennt man **Erneuerung.**

Den Ausgangspunkt bilden die **bestehenden Abläufe;** diese werden auf Schwachstellen untersucht und schrittweise optimiert. Bestehende Stärken werden genutzt und schrittweise ausgebaut.

Wir stellen Ihnen in diesem Kapitel einige gängige Modelle zur Optimierung bzw. Qualitätsverbesserung aus der Praxis vor.

14.1 PDCA-Zyklus

Der **PDCA-Zyklus** wurde vom Amerikaner William Edwards Deming entwickelt und ist in der internationalen Fachliteratur auch unter der Bezeichnung **Deming-Zyklus** bekannt.

Demings Modell basiert auf der Idee, die **Faktoren, die den Produktionsprozess beeinflussen, zu identifizieren und zu quantifizieren.** Durch die fortlaufende Verbesserung des Produktionsverfahrens können abweichende Prozessergebnisse kontinuierlich reduziert werden. Zunächst müssen die Prozessergebnisse anhand bestimmter Grössen beschrieben werden. Danach werden für diese Grössen statistisch ermittelte Idealwerte festgelegt. Aus einem Vergleich dieser Idealwerte mit fortlaufend gemessenen Werten kann schliesslich die **Qualität der Prozessergebnisse** beurteilt werden.

Deming hat sein Modell so entwickelt, dass sich der Verbesserungszyklus nicht nur für Produktionsprozesse eignet, sondern auch eine **qualitätsorientierte Verbesserung des gesamten Unternehmens** erlaubt. Zu diesem Zweck hat er ein Vorgehensmodell mit folgenden Phasen ausgearbeitet:

Abb. [14-1] Der PDCA-Zyklus

Phase	Bezeichnung	Beschreibung
1	Plan (Planung)	Hier werden die Ziele und Prozesse sowie der Mitteleinsatz für eine Planungsperiode festgelegt. Um realistische Planwerte zu erhalten, werden die Erfahrungen der Vergangenheit berücksichtigt.
2	Do (Umsetzen)	Hier werden die Prozesse und Aktivitäten zur Erreichung der Ziele durchgeführt und die Prozessergebnisse gemäss Planung gemessen und dokumentiert.
3	Check (Prüfen)	Hier werden die Messergebnisse und andere relevante Prozessinformationen (z. B. aus dem Controlling oder aus den Audits) ausgewertet. Dabei wird versucht, systematische Ursachen für Fehler oder Probleme zu identifizieren.
4	Act (Handeln)	Hier werden die Analyseergebnisse von den Verantwortlichen beurteilt sowie Entscheidungen über die Veränderung der Ziele, Prozesse und über den Mitteleinsatz getroffen und für die nächste Planungsperiode vorgesehen.

Die folgende Abbildung fasst das Prinzip des PDCA-Modells zusammen:

Abb. [14-2] **Phasen und Inhalte des Deming-Zyklus**

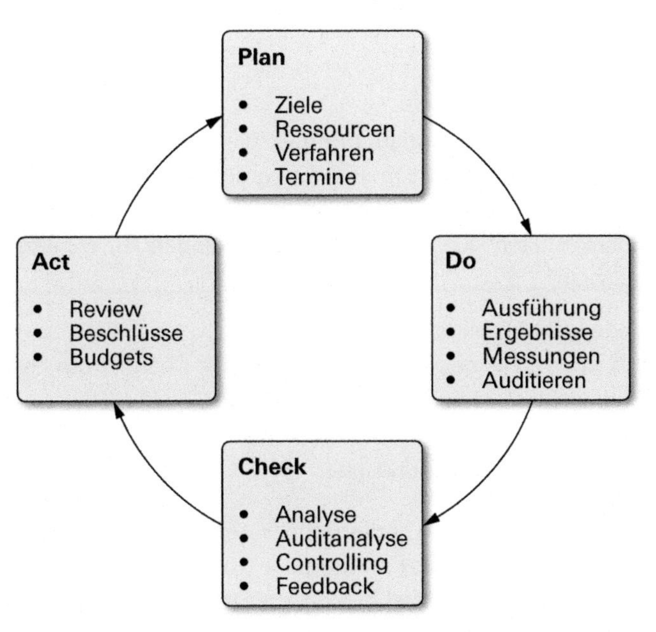

14.2 Qualitätsmanagement

Qualität optimiert den Wert von Produkten und Dienstleistungen, erhöht den **Kundennutzen** und schafft **Wettbewerbsvorteile** gegenüber Konkurrenzangeboten. Sie stellt einen entscheidenden Erfolgsfaktor für jedes Unternehmen dar. Im Umfeld eines verschärften Wettbewerbs und gestiegener Kundenansprüche gewinnt ein nachhaltiges Qualitätsmanagement daher stark an Bedeutung.

Im allgemeinen Sprachgebrauch wird **Qualität** mit der positiven Bewertung eines Produkts oder einer Dienstleistung in Zusammenhang gebracht, die im einzelnen Fall sehr subjektiv geprägt sein kann.

Im **Qualitätsmanagement** wird der Ansatz verfolgt, die Qualität möglichst objektiv und präzise zu beschreiben, um sie auch überprüfbar (messbar) zu machen. Zu diesem Zweck wird die Qualität eines Produkts oder einer Dienstleistung durch eine Reihe von Merkmalen festgelegt, die den Anforderungen des Kunden entsprechen. Eine **gute Qualität** ist dann gegeben, wenn die gestellten Anforderungen möglichst gut erfüllt sind.

Beispiel Eine Softwareapplikation muss zunächst einmal einwandfrei funktionieren und eine Vielzahl von Anwendungsmöglichkeiten bieten. Dies beschreibt das Qualitätsmerkmal «Funktionalität». Zusätzlich kann die Anforderung gestellt werden, dass sie leicht zu bedienen ist. Das entspricht dem Qualitätsmerkmal «Bedienerfreundlichkeit».

Unter **Qualitätsmanagement** (QM) versteht man die Konzeption (Planung, Entscheidung), Durchführung und Kontrolle von Massnahmen, mit denen die Leistungserstellung von Produkten und Dienstleistungen verbessert wird und die somit einen höheren Kundennutzen schaffen.

14.2.1 Aufgabenbereiche des Qualitätsmanagements

Das **Qualitätsmanagement als Führungsaufgabe** kann in die Funktionen Qualitätsplanung, Qualitätslenkung und Qualitätssicherung gegliedert werden.

A] Qualitätsplanung

Ausgangspunkt für die **Qualitätsplanung** ist die Qualitätspolitik. Die Qualitätspolitik ist Teil der Unternehmenspolitik und somit der übergeordnete «Wegweiser» für die Belegschaft eines Unternehmens, welche Absichten in qualitativer Hinsicht verfolgt werden. Diese Absichten manifestieren sich in **allgemeinen Aussagen zur Qualität** wie beispielsweise folgende Grundsätze:

- «Der Kunde steht im Mittelpunkt.»
- «Fehler machen ist keine Schande, sondern eine Chance zum Lernen.»
- «Mitarbeitende sind unser wichtigstes Kapital.»
- «Qualität kommt vor Terminen und Kosten.»
- «Wir produzieren umweltfreundlich.»

Solche Grundaussagen werden in der Regel in einem **Leitbild** festgehalten und erlauben es, **Qualitätsziele** zu definieren. Die **Funktion der Qualitätsplanung** besteht darin, Qualitätsziele zu definieren, geeignete Qualitätskriterien auszuwählen, zu klassifizieren, zu gewichten und Qualitätsanforderungen unter Berücksichtigung des Anspruchsniveaus sowie der Realisierungsmöglichkeiten zu konkretisieren. Dazu gehören folgende **Aufgaben:**

- Qualitätsmerkmale festlegen.
- Massnahmen zur Erreichung der Qualitätsziele definieren.
- Ressourcen zur Umsetzung der Massnahmen ermitteln.
- Ergebnisse der Qualitätsplanung dokumentieren.

Qualitätsplanung kann also als Aufgabenbereich des Qualitätsmanagements betrachtet werden, der sich um die Festlegung der Qualitätsziele und der dafür notwendigen Ausführungsprozesse und Ressourcen kümmert. Im Rahmen eines Projekts werden hier die Projektziele bezüglich der Termine, Kosten und Anforderungen sowie die prozess- und produktbezogenen Qualitätsmerkmale definiert und das weitere Vorgehen geplant.

B] Qualitätslenkung

Die **Funktion der Qualitätslenkung** besteht darin, die Erfüllung der Qualitätsanforderungen zu ermöglichen, indem geeignete vorbeugende, überwachende und korrigierende Massnahmen ergriffen werden. Dazu gehören folgende **Aufgaben:**

- Ergebnisse der Qualitätsprüfung mit den Vorgaben der Qualitätsplanung vergleichen.
- Bei Abweichungen angemessene Massnahmen einleiten.
- Methoden und Techniken zur Überwachung der Qualität zur Verfügung stellen und einsetzen.
- Beschwerdemanagement einrichten.
- Ursachen qualitativ unbefriedigender Prozesse und Ergebnisse beseitigen.
- Qualitätsdokumente verwalten.

Qualitätslenkung kann also als Aufgabenbereich des Qualitätsmanagements aufgefasst werden, der auf die **Erfüllung** der Qualitätsanforderungen mithilfe geeigneter Methoden und Instrumente (z. B. mittels ICT-Unterstützung) ausgerichtet ist.

C] Qualitätssicherung

Die **Funktion der Qualitätssicherung** besteht darin, während des Entstehungsprozesses und auch danach sicherzustellen, dass ein Produkt bzw. eine Dienstleistung die gestellten Qualitätsanforderungen erfüllt. Zur Qualitätssicherung gehört sowohl die Qualitätsprüfung als auch die Qualitätsmanagementdarlegung (QM-Darlegung).

Die **Qualitätsprüfung** stellt fest, inwieweit ein Prüfobjekt die vorgegebenen Anforderungen erfüllt. Dabei werden sowohl die Ist-Werte der Qualitätsmerkmale ermittelt als auch die Entwicklung der Qualitätswerte beurteilt. Die **QM-Darlegung** beschreibt alle geplanten und systematischen Tätigkeiten des Qualitätsmanagements, um Vertrauen zu schaffen, dass eine Leistung die festgelegten bzw. vorausgesetzten Anforderungen erfüllt. Dabei wird zwischen **interner QM-Darlegung** (für Unternehmensführung, Mitarbeitende) und **externer QM-Darlegung** (für Kunden, Behörden, Zertifizierungsstellen etc.) unterschieden.

Wichtige Elemente einer Qualitätssicherung sind beispielsweise:

- **Erstbemusterung:** Damit erbringt der Lieferant den Nachweis, dass seine Produkte die vom Kunden geforderten Qualitätsanforderungen erfüllen.
- **Wareneingangsprüfung:** Um allfällige Mängel beanstanden zu können und weitere Qualitätsmängel zu vermeiden, überprüft der Kunde eine Lieferung unverzüglich auf Fehler.
- **Lieferantenbewertung:** Anhand der Wareneingangsprüfung gewonnene Informationen werden zur Bewertung der Lieferanten herangezogen. Wichtige Bewertungskriterien sind z. B. Lieferqualität, Liefertreue und Termintreue.
- **Fertigungsprüfung:** Hier wird ein Produkt im Herstellungsprozess überwacht.
- **Prüfmittelverwaltung:** Hier werden geeignete Prüf- und Messinstrumente beschafft, instand gehalten und im Hinblick auf nachvollziehbare Messergebnisse überwacht.
- **QS-Dokumentation:** Hier werden die Massnahmen der Qualitätssicherung und die Ergebnisse der Qualitätsprüfungen dokumentiert sowie gemäss den gesetzlichen Fristen aufbewahrt.

Qualitätsplanung, Qualitätslenkung und Qualitätssicherung stellen die zentralen Funktionen des Qualitätsmanagements dar. Dieser Zusammenhang lässt sich wie folgt visualisieren:

Abb. [14-3] **Aufgabenbereiche des Qualitätsmanagements im Überblick**

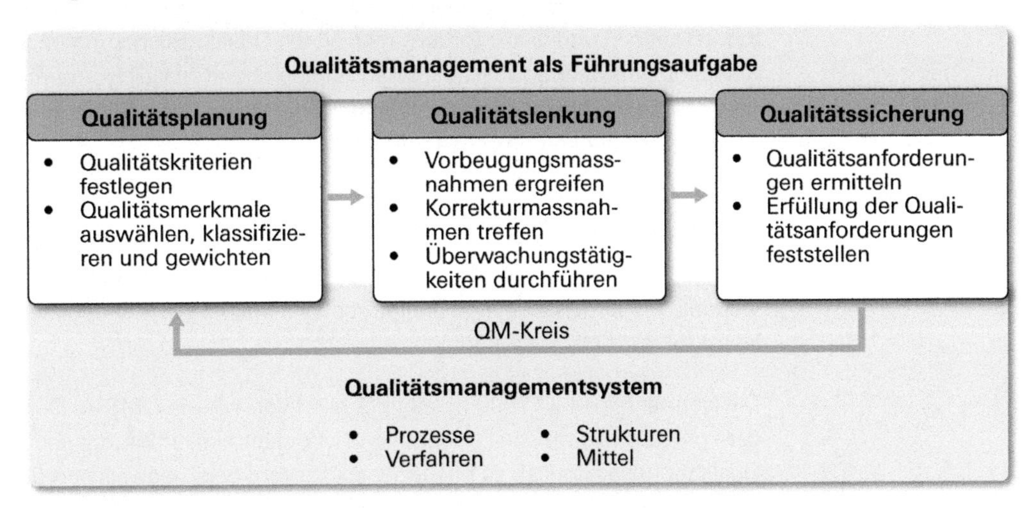

Erläuterungen zur Grafik:

- Der **Qualitätsmanagementkreis** symbolisiert die wiederholte Abfolge aller QM-Funktionen, wobei einzelne Aufgaben sich zeitlich überschneiden oder wegfallen können.
- Das **Qualitätsmanagementsystem** umfasst alle Strukturen, Verfahren, Prozesse und Mittel, die für sämtliche QM-Funktionen benötigt werden.

14.2.2 Qualitätsmanagementprozess

Der **Qualitätsmanagementprozess** basiert auf dem allgemeinen Managementprozess: Planen, Entscheiden, Umsetzen und Kontrollieren.

Abb. [14-4] **Qualitätsmanagementprozess**

1. Planen	• Messbare lang-, mittel- und kurzfristige Ziele zur Qualitätsverbesserung formulieren. • Umsetzungsmassnahmen festlegen.
2. Entscheiden	Qualitätsaktionsplan mit Zuweisung der Verantwortlichkeiten.
3. Umsetzen	Tragende Säulen einer erfolgreichen Umsetzung sind: • **Commitment:** Qualitätsmanagement muss auf allen Stufen des Unternehmens eine langfristige Selbstverpflichtung bedeuten. Dazu gehört, dass den Mitarbeitenden die notwendigen Ressourcen für die Umsetzung zur Verfügung gestellt werden. • **Culture:** Die Bemühungen um eine kontinuierliche Verbesserung sind alltäglich und selbstverständlich und somit Teil der Unternehmenskultur. Dazu gehören auch die Bereitschaft zu Veränderungen und die Kundenorientierung. • **Costs:** Verschwendung und Ineffizienz müssen mit Nachdruck verhindert werden.
4. Kontrollieren	• Abweichungen von Zielen und Ursachen für Probleme analysieren: Qualitätsniveau, Kundenbedürfnisse, Qualitätsbewusstsein der Mitarbeitenden, Kostenfolgen von Qualitätsfehlern usw. • Benchmarking: Vergleich eigener Leistungen mit denjenigen der in der Branche erfolgreichsten Unternehmen oder internes Benchmarking zwischen verschiedenen Produktbereichen. • Ableiten neuer Ziele und Verbesserungsmassnahmen.

14.2.3 Qualitätsmanagementsysteme

Qualitätsmanagementsysteme zeigen, wie ein solches Qualitätsmanagement gestaltet ist. Die bekanntesten sind:

- ISO-Normen 9000 ff.
- Total Quality Management
- EFQM-Modell for Excellence

A] ISO-Normen 9000 ff.

Die **ISO-Normen 9000 ff.** definieren die Grundlagen und die Effizienz von Qualitätsmanagementsystemen und die Anforderungen an die Qualitätssicherung im Rahmen eines Qualitätsmanagementsystems. Wird ein QMS entsprechend dieser Normenreihe gestaltet, bedeutet das, dass die unternehmerischen Qualitätsbestrebungen einen hohen Stellenwert haben und kontinuierlich weiterentwickelt werden.

Eine **Zertifizierung** nach ISO 9000 ff. ist ein unabhängiger Nachweis, dass die Umsetzung des Qualitätsmanagements einem bestimmten Standard entspricht. Die Zertifizierung wird als öffentliche Anerkennung gewertet und zum Nachweis des Standards gegenüber Dritten verwendet. Moderne Qualitätsmanagementsysteme werden daher meist in Anlehnung an die Norm ISO 9000 ff. aufgebaut.

Die Normenreihe ISO 9000 ff. schreibt nicht vor, wie ein QMS im Detail aussehen muss, sondern gibt nur vor, welche Elemente und Massnahmen erfahrungsgemäss notwendig sind, um Qualität organisatorisch zu beherrschen. So wird beispielsweise vorgegeben, dass eine Lieferantenbewertung durchzuführen ist. Wie das genau geschehen soll, bleibt dem jeweiligen Unternehmen selbst überlassen.

B] Total Quality Management

Total Quality Management (TQM, auch umfassendes Qualitätsmanagement genannt) ist ein ganzheitlicher Ansatz, der Qualität als Ziel von höchster Priorität einführt und dauerhaft sichert. Dabei wird Qualität nicht nur im Sinn von qualitativ hochwertigen Produkten (technische Sichtweise) verstanden, sondern als die konsequente **Ausrichtung auf die Kundenanforderungen**. Qualität soll als oberstes Gebot im Unternehmen gelten, von allen Mitarbeitenden getragen werden und so zu einer strategischen Erfolgsposition des Unternehmens werden. Dieses Ziel kann nur unter Mitwirkung aller Mitglieder der Organisation erreicht werden. Die einzelnen **Begriffe des TQM-Konzepts** lassen sich wie folgt interpretieren:

- **Total** bedeutet, dass eine Organisation in ihrer Gesamtheit betroffen ist. Dazu gehören alle Organisationseinheiten und alle Anspruchsgruppen wie beispielsweise Inhaber, Teilhaber und Mitarbeitende, Kunden und Lieferanten, Partner und Behörden sowie Umwelt und Gesellschaft.
- **Quality** steht für die Qualität der Organisation und ihrer Prozesse, woraus die Qualität der Produkte und Dienstleistungen entsteht. Qualität beschränkt sich somit nicht auf die Erfüllung von Kundenanforderungen, sondern ist als übergeordnetes Ziel für alle unternehmerischen Aktivitäten zu verstehen.
- **Management** beinhaltet alle Planungs-, Führungs-, Überwachungs- und Steuerungsaufgaben. Dabei geht es nicht nur darum, Qualität zielgerichtet zu verbessern, sondern auch um die Qualität der Planung, Führung, Überwachung und Steuerung selbst.

Folgende Abbildung soll das Konzept des Total Quality Managements veranschaulichen:

Abb. [14-5] **TQM-Konzept im Überblick**

Ein TQM-Konzept lässt sich durch folgende **Eigenschaften** charakterisieren:

- Qualität orientiert sich an internen und externen Kunden.
- Qualität bezieht sich nicht nur auf Produkte und Dienstleistungen, sondern auf alle Aktivitäten des Unternehmens.
- Qualität umfasst mehrere Dimensionen, die mithilfe geeigneter Kriterien überwacht und gesteuert werden.
- Qualitätsverbesserung wird zum zentralen und ständigen Managementauftrag.
- Qualität wird von oben nach unten durchgesetzt (Top-down-Ansatz).
- Zur Fehlervermeidung werden Präventivmassnahmen ergriffen.
- Wichtige Qualitätsaspekte werden umfassend ausgebildet und geschult.

Für die Umsetzung des TQM-Konzepts sind folgende **Voraussetzungen** von zentraler Bedeutung:

- Qualitätspolitik wird in die Unternehmenspolitik integriert.
- Die gesamte Belegschaft des Unternehmens wird in einen Qualitätsplan einbezogen.
- Wichtige Qualitätsziele fliessen in die Zielvereinbarung der Mitarbeitenden ein.
- Qualität wird als unternehmensweite Aufgabe verstanden, die von allen Mitarbeitenden auf allen Stufen erarbeitet werden muss.
- Alle Prozesse im Unternehmen werden so gestaltet, dass Produkte und Dienstleistungen aus Kundensicht stetig verbessert werden.
- Qualitätsbezogene Aufgaben, Kompetenzen und Verantwortung sind klar geregelt.
- Das Management übernimmt bezüglich der Qualität eine Vorbildfunktion.

- Das neue Qualitätsverständnis wird auf allen Ebenen des Unternehmens gefördert.
- Das Unternehmen investiert substanziell in Aus- und Weiterbildung der Belegschaft.
- Für die Qualitätsprüfung und -bewertung stehen geeignete Methoden, Techniken und Kriterien zur Verfügung. Wichtigster Qualitätsmassstab ist die Kundenzufriedenheit.
- In allen Bereichen wird eine Kultur der kontinuierlichen Qualitätsverbesserung gelebt.
- Ein ausgereiftes Informationssystem ermöglicht die Erfassung und Analyse aller relevanten Kunden-, Lieferanten-, Prozess- und Konkurrenzdaten.
- Anreizsysteme belohnen besonders gute Arbeiten und Ergebnisse.

Folgende Tabelle fasst die wesentlichen **Unterschiede** zwischen der traditionellen Qualitätskontrolle bzw. -sicherung und dem umfassenden Qualitätsmanagement nach TQM zusammen:

Abb. [14-6] **Unterschiede zwischen der traditionellen Qualitätskontrolle und dem TQM**

Qualitätskontrolle/-sicherung	Total Quality Management
Herstellerorientierter Qualitätsbegriff	Mehrdimensionaler Qualitätsbegriff
Eng begrenzter Kundenbegriff	Erweiterter Kundenbegriff (interner und externer Kunde)
Unternehmen als geschlossenes System	Unternehmen als offenes System
Funktionale Qualitätspolitik	Integrative Qualitätspolitik
Qualität ist die Aufgabe weniger Mitarbeitender	Qualität ist die Aufgabe aller Mitarbeitenden
Produkt- und fertigungsbezogene Qualitätskontrolle bzw. -sicherung	Unternehmensweites Qualitätsmanagement
Einhaltung von Toleranzen und Erfüllung bestimmter Kundenanforderungen	Minimierung der Fehler und Maximierung der Kundenzufriedenheit
Qualität als operative Aufgabe	Qualität als strategisches Ziel
Qualität gegen Produktivität (Widerspruch)	Produktivität durch Qualität (Ergänzung)
Ergebnisbezogene Qualitätsmassnahmen	Präventive Qualitätsmassnahmen

Die **positiven Auswirkungen** des Total Quality Managements sind vielfältig:

- Das «Wissen» über Qualität steht allen Mitarbeitenden im Unternehmen zur Verfügung und fördert ein einheitliches, umfassendes Qualitätsdenken.
- Anstelle von geplanten Nacharbeiten werden von vornherein fehlerfreie Prozesse und Ergebnisse angestrebt. Für die Beurteilung der Produktqualität sind die Merkmale im gesamten Lebenszyklus entscheidend.
- Jeder Mitarbeitende ist selbst für die Qualitätsprüfung verantwortlich. Dadurch wird eine teure und schwerfällige Qualitätssicherungsbürokratie hinfällig.
- Qualitätsverbesserungen werden vorrangig durch vorbeugende Massnahmen zur Fehlerverhütung erzielt. Diese sind im Allgemeinen günstiger und dauerhafter als reaktive Massnahmen.
- Das neue Qualitätsverständnis verändert das Verhalten der Mitarbeitenden und verbessert die Wettbewerbsfähigkeit des Unternehmens nachhaltig.
- Die Aktivitäten der Kunden und Lieferanten sowie ökologische und soziale Aspekte werden vermehrt in die Qualitätsgestaltung und -verbesserung miteinbezogen. Dadurch wird die Einstellung von Kunden, Lieferanten und der Gesellschaft gegenüber dem Unternehmen positiv beeinflusst und das Image des Unternehmens wird verbessert.
- Eine bessere Nutzung menschlicher, technischer und finanzieller Ressourcen im Rahmen der kontinuierlichen Qualitätsverbesserung trägt dazu bei, dass die Unternehmensziele langfristig verwirklicht werden.

C] EFQM-Modell for Excellence

Das **EFQM-Modell** for Excellence der European Foundation of Quality Management (EFQM) beruht auf dem Grundgedanken der kontinuierlichen Verbesserung von Prozessen, die zu exzellenten Leistungen und Kosteneinsparungen führt und somit die Wettbewerbsvorteile des Unternehmens nachhaltig sichert.

Der Begriff «**Excellence**» bedeutet Vorzüglichkeit. Die **European Foundation of Quality Management**[1] **(EFQM)** definiert Excellence als «überragende Praktiken in der Führung und beim Erzielen von Ergebnissen, basierend auf Grundkonzepten der Excellence».[2] Mit **Business Excellence** ist eine hervorragend geführte, besonders erfolgreiche Organisation gemeint, die auch in schwierigen Zeiten Spitzenergebnisse erbringt. Business Excellence basiert auf einem **umfassenden, auf Nachhaltigkeit ausgerichteten Managementsystem.** Dieses wurde seit den 1980er-Jahren kontinuierlich weiterentwickelt und lässt sich wie folgt charakterisieren:

- Managementsystem, dessen Wirksamkeit nachgewiesen ist
- Pragmatisches Instrumentarium, das von Fachleuten aus der Praxis für die Praxis entwickelt wurde
- Toolset zur Selbstbewertung und Förderung hervorragender Leistungen
- Methodengestützte[3] Vorgehensweise[4], die eine gemeinsame Sprache, bestimmte Denkweise und Art des Handelns fördert und die Organisation über alle Fachbereiche hinweg verbindet
- Ordnungsrahmen, der verschiedene Projekte und Initiativen aufnehmen kann und hilft, Doppelarbeiten zu vermeiden und «weisse Flecken» zu entdecken

14.3 Betriebliches Vorschlagswesen

Das **betriebliche Vorschlagswesen** ist ein traditionsreiches Mitwirkungsinstrument. Es hat folgende Ziele:

- Verantwortliches Mitdenken möglichst vieler Mitarbeitender
- Verbesserung der Zusammenarbeit
- Optimierung der Arbeitsprozesse und -ergebnisse
- Motivation der Mitarbeitenden durch grössere Selbstständigkeit und Honorierung von Vorschlägen

Das Vorschlagswesen sollte einfach angelegt und grosszügig gehandhabt werden. Durch Wettbewerbe, Belohnungen, Prämien oder durch die Bekanntgabe der Vorschläge in der Firmenzeitung wird das Mitmachen attraktiver.

[1] Englisch für: Europäische Stiftung für Qualitätsmanagement.
[2] EFQM und SAQ (2003).
[3] Eine Methode (z. B. Stakeholder-Analyse) unterstützt bestimmte Aktivitäten oder Vorgehensweisen.
[4] Gegliederter Ablauf (mit Phasen bzw. Schritten) zur Lösung eines Problems oder zur Erreichung eines Ziels (z. B. Selbstbewertung). Eine Vorgehensweise kann also ein mehr oder weniger komplexer Prozess sein. Eine methodengestützte Vorgehensweise verbindet die einzelnen Phasen oder Schritte mit geeigneten Methoden.

14.4 Weitere Konzepte zur Optimierung

In der nachfolgenden Tabelle finden Sie einige weitere Konzepte für die Optimierung.

Abb. [14-7] **Konzepte zur Optimierung**

Ansatz	Kurzbeschreibung
Kaizen (japanisch, bedeutet: Verbesserung)	In westlichen Unternehmen wurde Kaizen unter der Bezeichnung **«Kontinuierlicher Verbesserungsprozess (KVP)»** eingeführt. Insgesamt soll Kaizen zu einer höheren Identifikation der Mitarbeitenden mit dem Unternehmen und letztlich zu einer stetigen Verbesserung der Wettbewerbsposition beitragen. Eine verbreitete Anwendung des Kaizen-Gedankens sind **Qualitätszirkel** in Unternehmen. Prinzipien des Kaizen: • Perfektionierung des betrieblichen Vorschlagswesens • Investition in die Weiterbildung der Mitarbeitenden • Mitarbeiterorientierte Führung • Prozessorientierung • Einführung eines Qualitätsmanagements
Lean Management	Das Hauptanliegen des «Lean Thinking» sind die **Vermeidung von Verschwendung** und die Konzentration auf wertsteigernde Aktivitäten. Prinzipien des Lean Managements: • Ausrichtung aller Tätigkeiten auf den Kunden • Konzentration auf die eigenen Stärken • Laufende Optimierung von Geschäftsprozessen • Ständige Verbesserung der Qualität • Interne Kundenorientierung als Leitprinzip • Eigenverantwortung, Empowerment[1] und Teamarbeit • Dezentrale, kundenorientierte Strukturen • Führen ist Service am Mitarbeiter • Offene Information und Feedback-Prozesse • Einstellungs- und Kulturwandel im Unternehmen
Benchmarking	Das **systematische Vergleichen** von Dienstleistungen, Prozessen, Methoden und Praktiken mit denjenigen der Konkurrenten lässt eigene Stärken und Schwächen erkennen. **Prinzip** des Benchmarkings: Vergleich und Orientierung an **«Best Practices»**: an der Art und Weise, wie andere dieselben oder ähnliche Herausforderungen besser meistern
Organisationsentwicklung (OE)	**Ganzheitlicher, kontinuierlicher Entwicklungs- und Veränderungsprozess** unter Einbezug aller Betroffenen mit dem Ziel, gleichzeitig die Leistungsfähigkeit der Organisation als System und die Qualität des Arbeitslebens zu verbessern. Organisationsentwicklung ist langfristig angelegt und nur bei einer starken Verankerung in der Unternehmensführung wirkungsvoll einsetzbar. Hinter der Organisationsentwicklung steht die Idee der **lernenden Organisation,** d. h. • das gemeinsame Reflektieren von Konzepten, Handlungen und deren Ergebnissen, • das Entwickeln von Ideen für Veränderungen und • das Umsetzen in Strukturen, Prozessen und Massnahmen. Die lernende Organisation baut auf einem systematischen Informations- und Wissensmanagement auf.

[1] Empowerment: Übertragung von Verantwortung.

Zusammenfassung

Man spricht von **Optimierung**, wenn Unternehmen ihre Produkte, Prozesse und Organisationsformen in kleinen Schritten an die Marktgegebenheiten anpassen.

Der **PDCA-Zyklus** umfasst die Phasen: **P**lan, **D**o, **C**heck und **A**ct. Das Modell bezweckt, durch die fortlaufende Verbesserung des Verfahrens abweichende Ergebnisse zu reduzieren.

Das Unternehmen muss durch ein ständiges **Qualitätsmanagement** die Leistungserstellung seiner Produkte und Dienstleistungen kontrollieren und verbessern.

Es hat folgende Aufgaben:

- **Qualitätsplanung:** Qualitätsziele definieren, geeignete Qualitätskriterien auswählen, klassifizieren, gewichten und Qualitätsanforderungen unter Berücksichtigung des Anspruchsniveaus sowie der Realisierungsmöglichkeiten konkretisieren.
- **Qualitätslenkung:** Erfüllung der Qualitätsanforderungen ermöglichen, indem geeignete vorbeugende, überwachende und korrigierende Massnahmen ergriffen werden.
- **Qualitätssicherung:** Während des Entstehungsprozesses und danach sicherstellen, dass ein Produkt bzw. eine Dienstleistung die gestellten Qualitätsanforderungen erfüllt. Dazu gehören sowohl die Qualitätsprüfung als auch die QM-Darlegung.

Die bekanntesten **Qualitätsmanagementsysteme** sind:

- ISO-Normen 9000 ff.
- Total Quality Management
- EFQM-Modell for Excellence

Das **betriebliche Vorschlagswesen** ist ein Mitwirkungsinstrument, das die Optimierung der Arbeitsprozesse und -ergebnisse, aber auch das verantwortliche Mitdenken der Mitarbeitenden und ihre Motivation bezweckt.

Weitere Modelle zur Optimierung sind Kaizen, Lean Management, Benchmarking und die Organisationsentwicklung.

76

Ordnen Sie die folgenden Begriffe den Erklärungen in der Tabelle zu. Und notieren Sie nur den zutreffenden Buchstaben.

A	Betriebliches Vorschlagswesen
B	Lean Management
C	Kaizen
D	EFQM-Modell of Excellence
E	Organisationsentwicklung

Erklärung	Begriff
Ganzheitlicher, kontinuierlicher Entwicklungs- und Veränderungsprozess unter Einbezug der Betroffenen mit dem Ziel, die Leistungsfähigkeit der Organisation und die Qualität des Arbeitslebens zu verbessern.	
QM-System, das eine hervorragend geführte Organisation anstrebt.	
Modell, bei dem die Vermeidung von Verschwendung und die Konzentration auf wertsteigernde Aktivitäten im Vordergrund stehen.	
Traditionelles Mitwirkungsinstrument, das verantwortliches Mitdenken der Mitarbeitenden bezweckt.	
Kontinuierlicher Verbesserungsprozess, u. a. durch Perfektionierung des betrieblichen Vorschlagswesens und durch mitarbeiterorientierte Führung.	

77

Wie heissen die vier Phasen des Deming-Zyklus in der richtigen Reihenfolge?

A] Plan, Do, Correct, Act

B] Act, Check, Do, Plan

C] Plan, Do, Check, Analyse

D] Plan, Design, Check, Act

E] Plan, Do, Check, Act

F] Plan, Diagnose, Check, Act

78

Welche Grundsätze sind bei der erfolgreichen Umsetzung eines Verbesserungsmodells zu beachten (mehrere Antworten möglich)?

A] Einbezug aller beteiligten und betroffenen Personen

B] Festhalten an der beschlossenen Vorgehensweise

C] Orientierung an Zielen

D] Flexible Anwendung

E] Genügend Ressourcen

F] Anwendung möglichst vieler Kennzahlen

15 Erneuerung: Innovation

Lernziele

Nach der Bearbeitung dieses Kapitels können Sie …

- Impulse für Innovationen und die Innovationsarten nennen.
- den Ablauf des Innovationsprozesses erläutern.

Schlüsselbegriffe

Innovation, Innovationsarten, Innovationsimpulse, Innovationsmanagement, Innovationsprozess, Produktinnovationen, Prozessinnovationen, soziale Innovationen

15.1 Innovation und Innovationsmanagement

Eine **Innovation** ist eine Erneuerung, die im Markt wirtschaftlich erfolgreich umgesetzt wurde. Nicht jede Idee führt zu einer Innovation. Erst wenn die Idee in Produkte und Dienstleistungen umgesetzt wurde, die sich am Markt behaupten, liegt eine Innovation vor.

Innovationsmanagement ist die systematische Planung, Steuerung und Kontrolle von Innovationen in Organisationen. Das Ziel des Innovationsmanagements ist die Verwertung von Ideen bzw. deren Umsetzung in wirtschaftlich erfolgreiche Produkte bzw. Dienstleistungen.

15.2 Innovationsimpulse

Impulse für Innovationen können Kundenbedürfnisse, zufällige Entdeckungen oder Notlagen sein, die die Unternehmen zwingen, neue Leistungen zu erbringen. Zudem können ökonomische oder technologische Änderungen Innovationsimpulse geben:

- **Verschärfter globaler Wettbewerb:** Immer leistungsfähigere Transport- und Kommunikationsmöglichkeiten machen eine weltweite wirtschaftliche Verflechtung möglich. Diese Globalisierung der Märkte eröffnet den Unternehmen **Chancen auf neue Absatzmärkte** und auf eine Ausdehnung der eigenen Aktivitäten, aber auch **Risiken durch ausländische Konkurrenten,** die wesentlich kostengünstiger produzieren können.
- **Strukturwandel:** Auslöser für den Strukturwandel, der die letzten Jahrhunderte geprägt hat, sind technische Errungenschaften in Form von **Basisinnovationen.** Dementsprechend geschieht der Strukturwandel nicht plötzlich, sondern verläuft **über längere Zeiträume** und berührt alle Lebensbereiche des Menschen. Es handelt sich dabei um einen eigentlichen Reorganisationsprozess der gesamten Gesellschaft.
- **Kürzere Produktlebenszyklen:** Durch Schaffung immer neuer Produkte suchen Unternehmen den Wettbewerbsvorteil; gleichzeitig entsteht dadurch ein hoher **Innovationsdruck** für das einzelne Unternehmen, wenn es am Markt bestehen will. Die Produktinnovation wird durch die Entwicklung und Anwendung neuer Technologien und Methoden unterstützt.
- **Kürzere «Halbwertszeit» von Wissen:** Mit der technologischen Entwicklung gehen die Anforderungen an spezialisiertes Wissen einher. Doch nicht nur die Wissensintensität nimmt stetig zu, auch die Halbwertszeit des Wissens wird immer kürzer: Was heute noch als Fachkompetenz gilt, wird schon morgen überholt sein. Dies führt bei den Mitarbeitenden zu einem stetig hohen **Anpassungs- und Leistungsdruck.**
- **Veränderungen der Umwelt:** Immissionen, wie z. B. Umweltverseuchungen durch Ölpest, Luftverschmutzung durch Schadstoffemissionen, Bodenverseuchung durch Radioaktivität, Überdüngung usw., führen zu gravierenden Veränderungen in der physischen Umwelt.
- **Knapper werdende Ressourcen:** Die Ausbeutung von nicht erneuerbaren Rohstoffen verknappt mittel- bis langfristig die Ressourcen, sodass Alternativen zu den bisherigen Rohstoffquellen gefunden werden müssen.

15.3 Innovationsarten

Je nachdem, worauf sich die Innovation bezieht, lassen sich folgende **Innovationsarten** unterscheiden:

- **Produktinnovationen**
- **Prozessinnovationen**
- **Soziale Innovationen**

Produktinnovationen beziehen sich auf die Entwicklung oder Erneuerung eines Produkts oder einer Dienstleistung.

Prozessinnovationen beziehen sich auf die Neugestaltung von Prozessen. Man nennt diese Innovationen auch Business Process Reengineering (BPR). Die Kernidee des BPR besteht darin, mit der Reorganisation buchstäblich auf der grünen Wiese anzufangen und alle Prozesse und Organisationsstrukturen neu zu definieren. Hauptziel ist, die Wünsche **interner und externer Kunden** auf effektive und effiziente Weise zu befriedigen und die **Wettbewerbsfähigkeit** des Unternehmens zu verbessern.

Soziale Innovationen sind Erneuerungen im Führungs- und Organisationsbereich des Unternehmens. Ein Ziel kann die Erhöhung der Arbeitszufriedenheit der Mitarbeitenden sein.

Beispiel

In einem Fertigungsunternehmen wird Gruppenarbeit eingeführt. Dadurch erhalten die Mitarbeitenden mehr Eigenverantwortung. Das steigert ihre Arbeitsmotivation.

15.4 Innovationsprozess

Zunächst muss das Unternehmen eine **Innovationsstrategie** festlegen. Die Wahl der Innovationsstrategie hängt von der übergeordneten Unternehmensstrategie und von weiteren Faktoren wie der Wettbewerbssituation, den Ressourcen, den Kundenbeziehungen etc. ab.

Danach erfolgt der eigentliche **Innovationsprozess.** Grundsätzlich lassen sich folgende **Schritte** unterscheiden:

- Ideengewinnung und -bewertung
- Ideenauswahl
- Chancen und Risiken abwägen
- Konzept entwickeln
- Prototyp bzw. Pilotprojekt realisieren und evaluieren
- Umsetzung der Innovation und Markteinführung

Es gibt verschiedene Modelle für den Innovationsprozess. Beim **Stage-Gate-Modell** wird der Innovationsprozess in verschiedene sequenzielle Phasen zerlegt. Nach jeder Phase wird an einem Gate der Projektfortschritt kontrolliert und über weitere Schritte entschieden.

Bei **neueren Modellen** gibt es iterative Schleifen und die einzelnen Phasen werden mehrmals durchlaufen.

Zusammenfassung

Eine **Innovation** ist eine Erneuerung, die im Markt wirtschaftlich erfolgreich umgesetzt wurde. **Innovationsmanagement** ist die systematische Planung, Steuerung und Kontrolle von Innovationen in Organisationen.

Es gibt viele **Impulse für Innovationen,** z. B. der verschärfte globale Wettbewerb, der Strukturwandel, kürzere Produktlebenszyklen, Veränderungen der Umwelt und knapper werdende Ressourcen.

Man unterscheidet drei **Arten** von Innovationen:

- **Produktinnovationen**
- **Prozessinnovationen**
- **Soziale Innovationen**

Beim **Innovationsprozess** lassen sich folgende Schritte unterscheiden:

- Ideengewinnung und -bewertung
- Ideenauswahl
- Chancen und Risiken abwägen
- Konzept entwickeln
- Prototyp bzw. Pilotprojekt realisieren und evaluieren
- Umsetzung der Innovation und Markteinführung

Repetitionsfragen

79	Wie wirkt sich die Globalisierung auf die Innovationen aus? Beantworten Sie die Frage in einigen Sätzen.
80	Geben Sie ein Beispiel für eine Innovation in Ihrem Unternehmen und beschreiben Sie eine Auswirkung auf das Unternehmen oder die Mitarbeitenden.

Teil E
Anhang

Antworten zu den Repetitionsfragen

1 Seite 17

Den Aussagen lassen sich folgende Bedürfnisarten zuordnen:

Bedürfnis	Aussage
A	Herr De Weck kauft Milch und Brot im Supermarkt.
E	Als Ausgleich zum Berufsleben malen Sie in der Freizeit Bilder.
C	Marcel Rossi geht samstags in sein Stammlokal, um Freunde zu treffen.
E	Corinne bildet sich mit Abendkursen weiter.
C	Zwei Freundinnen verkaufen auf dem Markt billig Secondhandkleider.
D	Stefan freut sich über ein Lob seiner Vorgesetzten.
C	Daniel Gerber verbringt den Abend vor dem Computer, um zu chatten.
B	Ein Ehepaar installiert eine Alarmanlage im Haus.

2 Seite 17

Folgende Aussagen sind richtig:

Richtig?	Aussage
☐	Jedes Bedürfnis ist wirtschaftlich interessant.
☐	Bedarf entsteht, wenn Kaufkraft dazukommt.
☒	Nachfrage = Bedarf + Kaufkraft.
☒	Freie Güter sind für die Wirtschaft nicht interessant.
☒	Die Nachfrage nach einem wirtschaftlichen Bedürfnis kann erst durch Kaufkraft realisiert werden.

3 Seite 18

Die Beispiele entsprechen folgenden Güterarten:

Güterart	Beispiel
A / C	Neue Kaffeeröstanlage in einer Rösterei
F / G	Beratungen durch Steuerberater
F / B	Patente für die Herstellung von Energie aus Kompost
A / D	Putzmittel im Haushalt
A / E	Autos von Privatpersonen
F / G	Haarschnitte beim Coiffeur
A / C	Zwei moderne Autowaschanlagen
A / D	Medikamente gegen Migräne

4 Seite 18

Die markierten Faktoren sind tatsächlich Produktionsfaktoren:

Produktionsfaktoren	Faktoren
☒	Know-how
☒	Arbeit
☐	Arbeitslosigkeit
☒	Werkstoffe
☒	Betriebsmittel
☐	Ressourcen
☐	Konsumgüter

5 Seite 18

Richtige Antworten bei der Güterart:

Richtig?	Aussagen
☐	Ein Schraubenzieher gehört zur Kategorie der Verbrauchsgüter.
☒	Milch für den Sohn ist ein Konsumgut.
☒	Ein Auto für ein Taxiunternehmen ist ein Investitionsgut.
☐	Immaterielle Güter und freie Güter zählen nicht zu den Wirtschaftsgütern.
☒	Luft gilt als freies Gut.

6 Seite 18

Bedürfnisebenen nach Maslow:

A] Alexander: Achtung, Anerkennung: Der Ferrari ist ein typisches Prestigeobjekt.

B] Barbara: das körperliche Grundbedürfnis nach gesunder Sehkraft.

C] Carlo: Selbstverwirklichung in Form von Reisen.

D] Denise: Selbstverwirklichung in Form eines eigenen Unternehmens.

E] Eric: Sicherheit.

7 Seite 19

Die wirtschaftliche Nachfrage entsteht erst dann, wenn folgende Bedingungen erfüllt sind: Das Bedürfnis muss mit einem herstellbaren Gut befriedigt werden können und jemand muss bereit sein, dafür Geld auszugeben (= Bedarf). Er muss zudem das dafür nötige Geld haben (= Kaufkraft).

8 Seite 19

Ein befriedigtes Bedürfnis führt zu einem weiteren. Es genügt Vanessa nicht, ihr Bedürfnis durch den Kauf irgendeiner Sporthose zu befriedigen. Sie will ein ganz bestimmtes Modell von einer ganz bestimmten Marke (Puma) haben. Damit befriedigt sie ihr Bedürfnis nach Anerkennung, denn sie will sich dadurch ein bestimmtes Image geben.

9 Seite 19

Einteilung der Wirtschaftsgüter:

A] Dienstleistung

B] Verbrauchsgut

C] Recht (immaterielles Gut)

D] Dienstleistung

E] Verbrauchsgut (Konsumgut)

F] Einfamilienhaus für Familie X: Gebrauchsgut – Betriebsgebäude für das Unternehmen Y: Investitionsgut

10 Seite 19

Produktionsfaktoren im Coiffeursalon von Claudio Cescutti:

- Arbeit: das Empfangen der Kunden, das Waschen, Schneiden, Föhnen der Haare usw., die Abrechnung der Dienstleistungen
- Know-how: Kundenmarketing, Frisurenentwürfe, Schnitttechniken, Frisiertechniken usw.
- Betriebsmittel: Salonräumlichkeiten, Waschtisch, Coiffeurstuhl, Scheren, Föhn, Wasser, Strom usw.
- Werkstoffe: Shampoo, Haarlack, Haarfärbemittel, Kunsthaar usw.

11 Seite 19

Beschaffungsmärkte:

A] Möbelproduzent: Rohstoffmarkt für Holz, Halbfabrikatemarkt für Leim, Beschläge usw., Arbeitsmarkt für Schreiner

B] Immobilienhändler: Bodenmarkt für Grundstücke oder Gebäude, Dienstleistungsmarkt für Bankdienstleistungen (vor allem Hypothekarkredite)

C] Airline: Rohstoffmarkt für Kerosin, Investitionsgütermarkt für Flugzeuge, Arbeitsmarkt für Flugpersonal

12 Seite 19

Zuteilung der Personengruppen in den entsprechenden Markt:

Beschaffungs-markt	Absatzmarkt	Personengruppe
☒	☐	Lieferanten
☐	☒	Kunden
☐	☒	Konkurrenz
☒	☐	Mitarbeitende
☒	☐	Kapitalgeber

13 Seite 33

Folgende Aussagen sind richtig:

Richtig?	Aussage
☐	Die Materialwirtschaft ist zuständig für Lagerung, Verteilung und Entsorgung der Güter. Den Einkauf übernimmt das Marketing.
☐	Damit kein Produktionsunterbruch entsteht, ist es sinnvoll, möglichst grosse Lager zu unterhalten.
☒	Unter Transformation versteht man die Umformung von Produkten.
☒	Die Produktion sollte möglichst flexibel gestaltet werden.
☐	Die Wirtschaftlichkeit ist bei der Produktion kein zentrales Ziel.

14 Seite 33

Der Verkauf via Internet zählt zu den **direkten** Vertriebssystemen.

15 Seite 33

Bei der Beschaffungsplanung kann es einen Zielkonflikt zwischen **Wirtschaftlichkeits- und Sicherheitszielen** geben: Weil durch die Lagerhaltung Kapital gebunden wird, werden aufgrund von Wirtschaftlichkeitsüberlegungen möglichst kleine Lagerbestände angestrebt. Aus Sicherheitsüberlegungen werden hingegen möglichst grosse Lagerbestände angestrebt, um Lieferengpässe und die damit verbundenen Nachschubprobleme zu vermeiden.

16 Seite 33

- Promotion (Kommunikation)
- Place (Distribution)
- Product (Produkt)
- Promotion (Kommunikation)

17 Seite 33

Aufgaben innerhalb der primären und sekundären Aktivitäten:

A] Personalmanagement (Personalgewinnung)

B] Rechnungswesen

C] Materialwirtschaft (Einkauf / Beschaffung)

D] Marketing

18 Seite 33

Die Tätigkeiten können folgenden Aktivitäten zugeordnet werden:

Aktivität	Tätigkeit
Finanzierung	Beschaffung des nötigen Kapitals
Personalwesen	Beschaffung, Betreuung und Weiterbildung von Mitarbeitenden
Produktion	Termingerechte Herstellung von Gütern in der notwendigen Menge und Qualität

Aktivität	Tätigkeit
Marketing	Vermarktung von Gütern und Dienstleistungen
Rechnungswesen	Dokumentation der finanziellen Tätigkeiten
Investition	Ausstattung des Unternehmens mit Vermögenswerten

19 Seite 33

Unternehmen nennen

- die Materialwirtschaft, die Produktion und den Absatz **primäre Aktivitäten,** weil diese **direkt** der Leistungserstellung des Unternehmens und damit seiner Wertschöpfung dienen.
- das Personalwesen, die Organisation, das Recht, den Finanzbereich sowie Forschung und Entwicklung **sekundäre Aktivitäten,** weil diese nur **indirekt** der Leistungserstellung dienen.

20 Seite 33

A] Das Rechnungswesen dokumentiert die finanziellen Tätigkeiten des Unternehmens und ist ein Führungsinstrument.

B] In der **Finanzbuchhaltung** werden alle wertmässigen Transaktionen des Unternehmens innerhalb des Unternehmens oder zwischen dem Unternehmen und seiner Umwelt erfasst. Die **Betriebsbuchhaltung** wird auch Kostenrechnung genannt und erfasst die Kosten für die betriebliche Leistung in einer Rechnungsperiode, ermittelt den Betriebserfolg und stellt Unterlagen für die Kosten- und Erfolgskontrolle bereit.

21 Seite 34

Eine Aussage ist korrekt, die andere falsch:

Richtig?	Aussage
☒	Eine hohe Produktivität ist erreicht, wenn mit geringem Input ein mengenmässig hoher Output erzielt werden kann.
☐	Für ein Unternehmen ist es wichtiger, eine hohe Produktivität zu haben, als eine hohe Wirtschaftlichkeit zu erzielen.

22 Seite 34

Kennzahlen der Wirtschaftstätigkeit berechnen:

A] Vorleistung = Materialaufwand, alles was eingekauft wird = CHF 200 000

B] Betriebskosten = CHF 300 000

C] Selbstkosten: Kosten der Produktion (ohne Gewinnanteil), also Vorleistung + Betriebskosten = CHF 200 000 + CHF 300 000 = CHF 500 000

D] Verkaufserlös = Umsatz CHF 600 000

E] Betriebliche Wertschöpfung = im Betrieb geschaffener Wert, also Umsatz – Vorleistungen = CHF 600 000 – CHF 200 000 = CHF 400 000

F] Erfolg = Ertrag – Aufwand oder Verkaufserlös – Selbstkosten = also Gewinn oder Verlust = CHF 600 000 – CHF 500 000 = CHF 100 000

23 Seite 34

Kalkulation von Produktivität und Rentabilität:

A] Mitarbeiterproduktivität je Mitarbeiter: 20 000 Türen / 5 Mitarbeitende = 4 000 Türen je Mitarbeiter

B] Mitarbeiterproduktivität je Stunde: 20 000 Türen / (5 Mitarbeitende · 2 000 Stunden) = 2 Türen je Stunde

C] Maschinenproduktivität je Maschinenstunde: Maschinenproduktivität 20 000 Türen / 4 000 Einsatzstunden = 5 Türen je Stunde

D] Wirtschaftlichkeit des Gesamtunternehmens: 20 000 Türen · CHF 500 Umsatz je Tür = CHF 10 Mio. Ertrag / CHF 8 Mio. Aufwand = 1.25

E] Eigenkapitalrentabilität: CHF 2 Mio. Gewinn / CHF 1 Mio. Eigenkapital = 200%

F] Umsatzrentabilität: CHF 2 Mio. Gewinn / CHF 10 Mio. Umsatz = 20%

---

24 Seite 34

Kalkulation von Kennzahlen der Wirtschaftstätigkeit:

A] Eine sinnvolle Produktivitätskennzahl Ihrer Wahl = Logiernacht je Mitarbeiter: 18 200 Logiernächte / 40 Mitarbeitende = 455 Logiernächte je Mitarbeiter

B] Die Wirtschaftlichkeit des Hotelbereichs = Gesamtumsatz / Gesamtaufwand = 3.2 Mio. / 2.9 Mio. = 1.1

C] Die Eigenkapitalrentabilität = Gewinn in % vom Eigenkapital = 0.3 Mio. / 2 Mio. · 100 = 15%

D] Die Umsatzrentabilität = Gewinn in % vom Umsatz = 0.3 Mio. / 3.2 Mio. · 100 = 9.4%

---

25 Seite 35

A] Man kann die Wirtschaftlichkeit oder den Erfolg errechnen.

B] Christa produziert wirtschaftlicher als Eleanora. Die Differenz zwischen dem Verkaufserlös (Ertrag) und dem ursprünglichen Aufwand (Stoff) beträgt bei Christa CHF 2 000, bei Eleanora nur CHF 1 800.

C] Diese Antwort gilt aber nur, wenn die Umstände in beiden Fällen dieselben sind, d. h., wenn Christa und Eleanora gleich viel Arbeit (Arbeitszeit × Stundenlohn) für den Einkauf, die Verarbeitung des Stoffs und für das Verkaufen der T-Shirts aufwenden. Auch die übrigen Produktionsfaktoren (Betriebsmittel, Werkstoffe, Know-how) müssen sich entsprechen.

---

26 Seite 35

A] Vorteile und Nachteile eines hohen Lagerbestands:

Vorteil / Nachteil	Erklärung
Vorteil	Sicherheit; tiefere Beschaffungskosten
Nachteil	Hohe Lagerkosten (Miete, Kapitalzinsen), administrativer Aufwand, eventuell Schwund und Verderb

B] Wirtschaftlichkeit misst den Wert des Outputs im Verhältnis zum Wert des Inputs:

$$\text{Wirtschaftlichkeit} = \frac{\text{Wert des Outputs in Geldeinheit (Ertrag)}}{\text{Wert des Inputs in Geldeinheit (Aufwand)}}$$

C] Zwei mögliche Massnahmen zur Erhöhung der Wirtschaftlichkeit im Abholmarkt:

- Massnahme 1: Ertragserhöhung durch Werbemassnahmen
- Massnahme 2: Kostensenkung durch Reduzierung der Lagerkosten

---

27 Seite 45

Begriff	Begriffskategorie
Optimierung	Entwicklungsmodi
Normen und Werte	Interaktionsthemen
Strukturen	Ordnungsmomente
Operative Führungsprozesse	Managementprozesse
Informationsmanagement	Unterstützungsprozesse
Kundenprozesse	Geschäftsprozesse
Kapitalgeber	Anspruchsgruppen
Technologie	Umweltsphären

28 Seite 46

Richtig?	Aussage
☐	Das St. Galler Management-Modell ist ein Instrument, das sich vorwiegend der Innensicht eines Unternehmens widmet.
☒	Das Prozessverständnis ist im St. Galler Management-Modell zentral, weil es davon ausgeht, dass alle Aktivitäten im Unternehmen verzahnt sind und sich gegenseitig beeinflussen.
☒	Das St. Galler Management-Modell vereint die innere und die äussere Perspektive eines Unternehmens und betont so die Einbettung in seine Umwelt.
☒	Unternehmensführung (Management) findet auf drei Ebenen statt: normativ, strategisch, operativ.
☒	Interaktionsthemen beschreiben, wie das Unternehmen mit seinen Anspruchsgruppen interagiert – wie es also diese Beziehungen konkret gestaltet.
☐	Bei den Strukturen geht es darum, wie strukturiert ein Unternehmen die Umweltsphären beobachtet und aus den Entwicklungen Massnahmen ableitet.

29 Seite 46

Richtig?	Aussage
☒	… komplex (viele Elemente wirken zusammen).
☒	… sozioökonomisch (Zusammenspiel von Mensch und Technik).
☐	… mechanisch (immer gleiche, klare Abfolge von Tätigkeiten).
☒	… ökonomisch orientiert (Tätigkeiten auf wirtschaftliche Ziele ausgerichtet).
☒	… dynamisch (es entwickelt sich ständig weiter).
☐	… statisch (einmal geschaffene Strukturen bleiben bestehen und geben Halt).
☒	… offen (beeinflusst von Geschehnissen aus der Umwelt).

30 Seite 46

Prozess	Tätigkeit
A	Als Vision wird festgelegt, dass man erreichen möchte, dass sich künftig alle Menschen nur noch von regionalen Produkten ernähren.
B	Es wird fleissig an neuen Produktinnovationen getüftelt.
C	Eine Personalfachfrau wählt zwischen unzähligen Bewerbungsdossiers die Personen aus, die sie zu einem Bewerbungsgespräch einladen möchte.
C	Ein Jurist ist gerade damit beschäftigt, abzuklären, ob ein neu entwickeltes Spielzeug den gesetzlichen Sicherheitsanforderungen entspricht.
B	Man ist auf der Suche nach neuen Lieferanten, die bessere Konditionen anbieten.
A	Es wird die Strategie verfolgt, Produkte an viele Leute zu einem möglichst niedrigen Preis zu verkaufen, um sich so von der Konkurrenz abzuheben.

31 Seite 47

Aufgabe	Managementebene
C	Normatives Management
A	Strategisches Management
B	Operatives Management

32 Seite 58

Die Unternehmensumwelt besteht aus vier Sphären:

Sphäre der Unternehmensumwelt	Sphäre
☒	Ökologische Sphäre
☐	Weltliche Sphäre
☒	Technologische Sphäre

Sphäre der Unterneh-mensumwelt	Sphäre
☒	Gesellschaftliche Sphäre
☒	Ökonomische Sphäre
☐	Überirdische Sphäre

33 Seite 58

Richtige Zuordnung der Umweltsphären zu den Themen:

Umweltsphäre	Thema
D	Arbeitslosigkeit
A	Im Engadin feiert man die Tradition Chalanda Marz
B	Schneemangel belastet die Skigebiete
A	Kulturelle Veränderungen in der Gesellschaft
D	Die Nationalbank reduziert den Leitzins
A, B	Neue Umweltschutzgesetzgebung
A	Heute wird auf der Strasse nicht mehr gegrüsst
A	Abstimmung über Altersvorsorge (AHVplus)
D	Wirtschaftswachstum
D	Inflation nimmt zu
A	Bevölkerung wird immer älter
C	Digitalisierung
A	Politische Verhältnisse
D	Starker Frankenkurs belastet Exportunternehmen
A	Volk stimmt über ein neues Gesetz ab
C	Neue Produktionsanlagen ermöglichen effizientere Produktion

34 Seite 59

Anspruchsgruppe	Ansprüche
D	Erhaltung der Arbeitsplätze
A	Bezahlung der ausstehenden Rechnungen
E	Einigung über eine partnerschaftliche Zusammenarbeit
D	Zahlung der Löhne
B	Qualitativ hochwertige Produkte
C	Hohe Zinsen

35 Seite 59

Umweltsphären:

A] Gesellschaftliche Sphäre (soziales Umfeld): Der Lebensstil der Konsumenten hat sich geändert.

B] Technologische Sphäre: Das Produkt mit einer neuen Technologie verdrängt bisherige Produkte.

C] Ökologische Sphäre: Die Bauern wollen umweltfreundlicher produzieren.

D] Ökonomische Sphäre (gesamtwirtschaftliche Einflüsse): Die Wechselkursentwicklung hat Einfluss auf die gesamtwirtschaftliche Situation eines Landes.

36 Seite 59

Mögliche Anspruchsgruppen und ihre Erwartungen:

Anspruchsgruppe	Ansprüche
Lieferanten	Wollen Aufträge nicht verlieren
Mitarbeitende	Wollen Arbeitsplatz nicht verlieren
Kapitalgeber	Wollen einen möglichst hohen Gewinnanteil
Kunden	• Wollen gute Qualität. • Wollen günstige Preise.
Konkurrenz	Will Fairness (z. B. Marktpreise nicht massiv unterschreiten)
Staat	• Will Arbeitsplätze sichern. • Will keine Steuereinnahmen verlieren.

37 Seite 59

Unternehmen stehen unter hohem Innovationsdruck. Manche Unternehmen können nicht mithalten und überleben nicht. Arbeitsplätze verschwinden oder werden in andere Sektoren verschoben. Die Technologie verkürzt zudem die Lebensdauer von Produkten und Wissen, Unternehmen und Mitarbeitende müssen sich deswegen ständig anpassen. Dies kann bei den Mitarbeitenden zu einem hohen Leistungsdruck führen.

38 Seite 59

Restaurants auf Schweizer Berggipfeln übersetzen ihre Speisekarte neu ins Russische, Chinesische und in weitere Fremdsprachen. Zudem führen sie neue Gerichte, etwa aus Asien, ein.

In Grossbritannien wird Mode von japanischen Designern immer beliebter.

39 Seite 60

Umweltsphären:

A] Ökonomische Sphäre

B] Ökonomische Sphäre

C] Gesellschaftliche Sphäre

D] Gesellschaftliche Sphäre

40 Seite 60

Beispiele von Einflüssen aus den Umweltsphären des Viersternhotels in Lugano:

Gesellschaft: kulturelle Herkunft und somit Essgewohnheiten oder das Freizeitverhalten der potenziellen Hotelgäste, Tourismusförderungsprogramme der Stadt Lugano, des Kantons Tessin oder des Bundes usw.

Natur: Wasserverbrauch für die Hotelwäsche, Heizölverbrauch durch Hotelbetrieb und Hotelgebäude, Verwendung von Bioprodukten in der Küche, Verwertung von Lebensmittelabfällen usw.

Technologie: Internetanschluss im Hotelzimmer, Infrastruktur in den Seminarräumen, in der Hotelküche usw.

Wirtschaft: Konjunkturentwicklung in der Schweiz und in den Ländern, aus denen die Touristen kommen, Wechselkursentwicklung, andere Viersternhotels in Lugano, Konzentration in der Branche durch Hotelketten usw.

41 Seite 60

Mögliche Zielkonflikte zwischen den Anspruchsgruppen:

A] Ziel der Gewerkschaften als Interessengruppe der Arbeitnehmer: mehr Ferien ohne Lohneinbussen. Ziel der Kapitalgeber: Möglichst grosse Gewinne erwirtschaften. Mehr Ferien bedeutet mehr Personalbedarf für die gleiche Leistungserbringung oder höhere Personalkosten und somit tiefere Gewinne.

B] Ziel der Regierung (des Staats): tiefere Kosten bei den Gesundheitsdienstleistungen dank der Zusammenlegung von Spitalabteilungen. Ziel der Spitalmitarbeitenden: Sicherung des Arbeitsplatzes, bei einer Zusammenlegung würden jedoch Arbeitsplätze verloren gehen. Ziel der Patientinnen (Kundinnen): eine optimale Versorgung möglichst nahe beim Wohnort.

C] Ziel der Kunden: ein optimaler Sonnenschutz zu einem günstigen Preis. Ziel der Medien: mehr Einschaltquoten für die Sendung erzielen dank Tests, die spektakuläre Ergebnisse liefern, d. h., «gute» und «schlechte» Produkte ausfindig machen. Ziel der Konkurrenz: Ein besseres Testergebnis und somit eine Kaufempfehlung erreichen.

42 Seite 66

Zuordnung zu den strategischen Zielbereichen:

A] Leistungsziel (Marktziel)

B] Soziales Ziel (gesellschaftsbezogenes Ziel)

C] Soziales Ziel (mitarbeiterbezogenes Ziel)

D] Finanzziel (Sicherungsziel)

43 Seite 67

Das Renditeziel ist übergeordnet, Umsatz- und Kostenziel sind untergeordnet.

44 Seite 67

A] Das Ziel ist konkret (20%) und gut messbar, weil es den Umsatz betrifft. Ebenso ist der Zeitrahmen klar und das Resultat ist eindeutig. Ob es realistisch ist, können wir nicht beurteilen, weil uns dafür weitere Informationen fehlen. Beispielsweise müssten wir das Marktvolumen, unseren Marktanteil und den Marktanteil der Konkurrenz sowie Wachstumszahlen in diesem Markt kennen.

B] Quantitativ, weil es keine Aussage über beispielsweise die Qualität der Bilderbücher macht.

45 Seite 67

Zielkonflikt	Zielharmonie	Zielneutralität	
☐	☒	☐	Umsatz und Gewinn
☒	☐	☐	Kundenzufriedenheit und Preis
☐	☐	☒ (Die Marge ist immer 50%, also unabhängig vom Umsatz.)	Umsatz und Marge

46 Seite 82

Die Entwicklung von Wertvorstellungen und Verhaltensgrundsätzen ist insbesondere für die Gestaltung und die Pflege der Beziehungen zu den verschiedenen Anspruchsgruppen des Unternehmens wichtig. Ebenso braucht jedes Unternehmen Ziele, auf die es seine unternehmerische Tätigkeit ausrichten will. Diese Leitplanken zeigen sich in den ethischen Grundsätzen, in der Unternehmenskultur und im Unternehmensleitbild. Das neue St. Galler Management-Modell ordnet die damit verbundenen Aufgaben den normativen Managementprozessen zu.

47 Seite 82

Auf eine **Differenzierungsstrategie** lassen die folgenden Aussagen schliessen:

- ... Produktion und Vertrieb von technologisch führenden Hörsystemen: Phonak setzt auf einzigartige Leistungen. Abgrenzung zur Strategie der Kostenführerschaft: Der Preisvorteil kommt im Porträt nicht zum Ausdruck.
- ... zu den weltweit führenden Hörgeräteherstellern: Phonak sieht sich weltweit als wettbewerbsfähig. Abgrenzung zur Nischenstrategie: Unternehmen mit einer Nischenstrategie schränken sich bewusst auf bestimmte Produkte, Regionen oder Kundenzielgruppen ein.

48 Seite 82

A] Sie schafft im Innern ein Gefühl der Zusammengehörigkeit, der Stabilität und koordiniert das Verhalten mit wenig bürokratischem Aufwand; eine starke Unternehmenskultur schafft auch Stolz und Begeisterung (zum Unternehmen zu gehören) und verleiht ihm Ausstrahlung nach aussen; die Unternehmenskultur kann bewirken, dass die Ziele der Unternehmenspolitik tatkräftig umgesetzt werden.

B] Ja, durch allzu starke Nivellierung und Einstimmung auf bestimmte Überzeugungen und Verhaltensweisen kann die Anpassung an Umweltveränderungen erschwert werden; es kann auch zu einem Mangel an neuen Impulsen, an Interesse für Veränderung überhaupt kommen.

Eine gute Unternehmenskultur soll zwar durch ein Gefühl der Einheit genügend Stabilität schaffen, aber sie darf nicht statisch und änderungsfeindlich werden.

49 Seite 82

Sie zeigt, wie viele Produkte eines Unternehmens im Wachstums- oder Gewinnbereich liegen und wie viele Problem- und fragliche Produkte es gibt. Damit wird erkennbar, ob die Verteilung von Gewinnaussichten und Risiken sinnvoll ist und wo die wichtigen strategischen Ansatzpunkte sind.

50 Seite 82

Portfolio-Kategorie	Strategieempfehlung
Stars	**Investitionsstrategie** Ausbauen bei hoher Reinvestition des Cashflows und bewusster Inkaufnahme eines Risikos.
Cashcows	**Abschöpfungsstrategie** Geringe Investitionen (nur für die weitere Rationalisierung), Risiken so klein wie möglich halten.
Question Marks (Fragezeichen)	**Investieren bzw. Desinvestieren** Selektiver Aufbau von Produkten mit hohem Entwicklungspotenzial unter Einsatz hoher Investitionen oder: Verkauf der weniger aussichtsreichen Produkte.
Dogs	**Desinvestitionsstrategie** Abbau, bei Gelegenheit Verkauf oder Stilllegung.

51 Seite 91

Es handelt sich um eine typische Spartenorganisation.

Jeder Produktbereich bildet eine Einheit im Unternehmen (Haushaltgeräte, Kleinmaschinen für Handwerker, Bohrmaschinen für professionelle Hersteller), da die Kundengruppen sehr unterschiedlich sind. Die Funktionsbereiche Materialwirtschaft, Produktion und Marketing werden den einzelnen Produktbereichen untergeordnet.

Als Zentral- oder Stabsabteilungen werden das Rechnungswesen, die Finanz- und Personalabteilung geführt. Sie sind der Unternehmensleitung unterstellt.

52 Seite 91

Aufbau-org.	Ablauforg.	Aussage
☐	☒	Nach der Qualitätskontrolle wird das Produkt verpackt.
☒	☐	Die Geschäftsleitungsassistenz ist als Stabsstelle direkt der Geschäftsleiterin unterstellt.
☐	☒	Die Bestellungen werden in der Reihenfolge des Eingangs bearbeitet.
☒	☐	Die Abteilung Kinderbekleidung hat 25 Mitarbeitende in der Produktion.
☒	☐	Mein Vorgesetzter leitet die Marketingabteilung.

53 Seite 92

A]

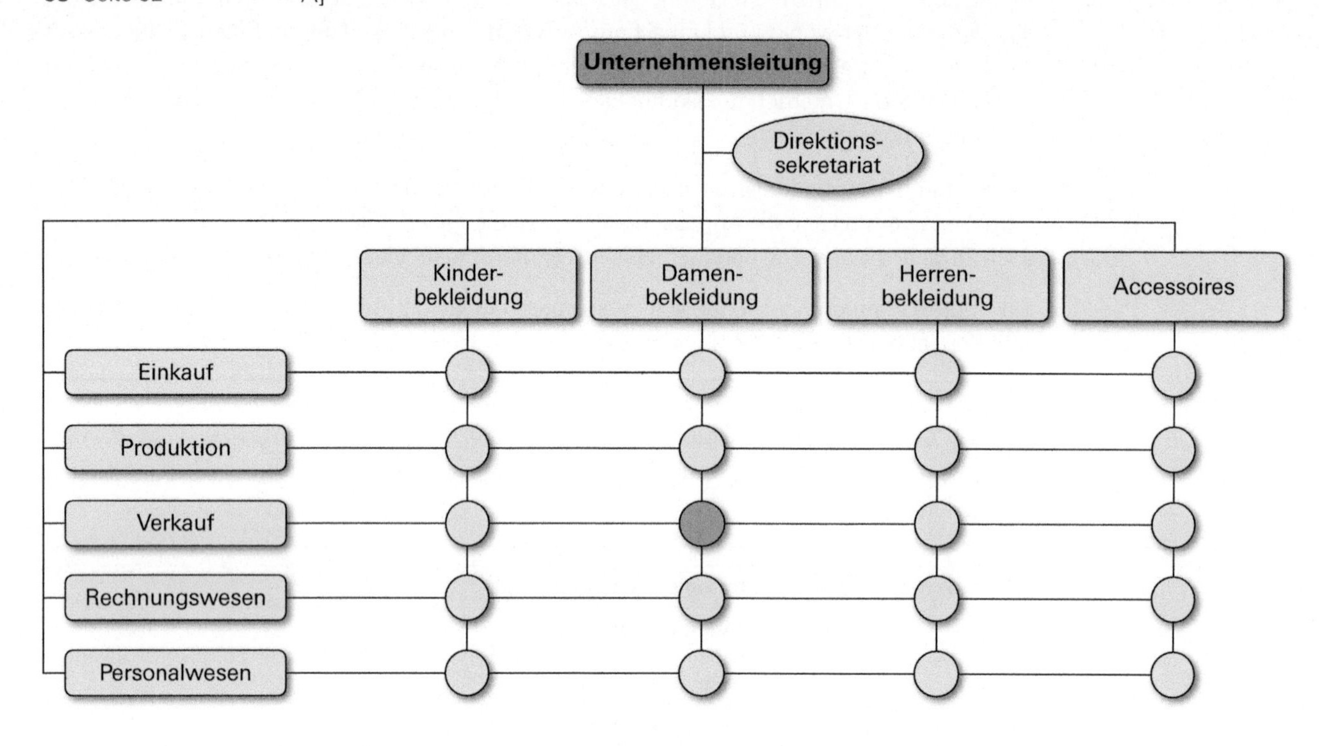

B] Leiter bzw. Leiterin «Damenbekleidung» und Leiter bzw. Leiterin «Verkauf»

C]

- Wenn die vorgesetzten Personen nicht gut miteinander auskommen, steht der Mitarbeiter bzw. die Mitarbeiterin zwischen den Fronten.
- Diese Stelle erhält von zwei vorgesetzten Personen Aufträge, was allenfalls hohe Ansprüche an die Kooperations- und Koordinationsfähigkeiten stellt.
- Die Informations- und Kommunikationswege sind kompliziert. Missverständnisse und Konflikte können entstehen.

---

54 Seite 99

A] Mitteleinsatz planen

B] Ausgangslage analysieren

C] Kontrolle

D] Realisierung

---

55 Seite 99

(eigener Kommentar)

Mögliche Beurteilung: Dieser Auftrag ist unklar und unvollständig. Weder weiss Herr Meier, was er genau zu tun hat, noch bis wann, wie usw. – Sofern es sich hier jedoch um ein eingespieltes Team handelt und Herr Meier ausreichend Erfahrung in der Auftragsbearbeitung hat bzw. diese weitgehend selbstständig erledigt, kann eine solch unklare Auftragserteilung natürlich dennoch ausreichen.

56 Seite 104

Begriff	Passende Aussage
1. Ökobilanz	E
2. Interner Nutzen eines Umweltmanagementsystems	A
3. Ökologiepolitik	H
4. ISO 14001	C
5. Vorsorgeprinzip	F
6. Energieeffizienz	D
7. Ökologiemanagement-Prozess	B
8. Produktlinienanalyse	G

57 Seite 104

Vermeiden von …	• Einsatz umweltbelastender Lacke und Lösungsmittel (Nutzen: Imagegewinn) • Verwendung von Tropenhölzern (Nutzen: Imagegewinn) • unnötigem Energieverbrauch durch Verwendung von Energiesparglühbirnen (Nutzen: Senkung der Energiekosten)
Vermindern von …	• Lärmemissionen durch geeigneten Schallschutz (Nutzen: Imagegewinn in der Nachbarschaft) • Abfällen durch effiziente Nutzung der Rohstoffe (Nutzen: geringere Rohstoffkosten) • unnötigen Papierabfällen im Büro durch effizienteres Bewirtschaften der Verwaltung (Nutzen: geringere Kosten)
Verwerten von …	• Abfallprodukten wie Sägemehl: z. B. Weiterverkauf an Hobbygärtner als Streugut für Gartenwege (Nutzen: Zusatzeinnahmen) • Holzresten: Verschenken an Schulen als Bastelmaterial (Nutzen: Imagegewinn) • Glasresten durch Sammlung und Übergabe in den Recycling-Prozess (Nutzen: geringere Entsorgungsgebühren)
Entsorgen von …	• Abfällen aller Art unter Beachtung der Abfalltrennung (Nutzen: geringere Entsorgungsgebühren) • Sonderabfall (Farben, Lösungsmittel und elektronische Geräte) unter Beachtung der gesetzlichen Vorschriften (Nutzen: Imagegewinn bei Behörden) • «Ladenhütern» (nicht verkaufbare Möbel) durch Verschenken an Hilfswerke für Bedürftige (Nutzen: Imagegewinn)

58 Seite 104

Interne Nutzen:

- Kostenminimierung durch Einsparung von Rohstoffen
- Vermeidung von Haftung
- Erkennen von Schwachstellen

Externe Nutzen:

- Verbesserte Wettbewerbsfähigkeit durch Imagegewinn
- Verbesserte Verhandlungsposition im Umgang mit Behörden, Banken und Versicherungen
- Verbesserte Kreditwürdigkeit

59 Seite 109

Typische Entwicklungen bei der Standortwahl eines Textilproduktionsunternehmens:

- Kostenvorteile: Die Textilproduktion ist nach wie vor arbeitsintensiv, z. B. das Nähen. Der wachsende Kostendruck zwingt zu einer Auslagerung der Produktion an Niedriglohnstandorte, wie z. B. China, Malaysia oder Osteuropa.
- Kundennähe für Zulieferer: Für einen Stoffproduzenten kann es ebenfalls sehr interessant sein, möglichst nahe am Verarbeitungsort des Stoffs zu sein. Daher bietet sich eine Verlagerung des Produktionsstandorts hin zu den grossen Kunden an, die den Stoff verarbeiten.

- Kostenvorteile dank Datenaustausch: Auch bei den Kleiderproduzenten im Luxussegment hat eine Verlagerung der Produktionsstandorte stattgefunden. Das Design wird nach wie vor am Hauptsitz des Unternehmens in Westeuropa gemacht, die Produktion kann dank der Vernetzung problemlos an Niedriglohnstandorten erfolgen.
- Kostenvorteile dank verbesserten Qualifikationen: Es gibt heute auch in den Niedriglohnländern gut qualifizierte Mitarbeitende und ein besseres Qualitätsbewusstsein. So können heute auch höher qualifizierte Arbeiten wie das Schnittzeichnen ins Ausland verlagert werden, die früher am Hauptsitz erfolgten.
- Wachstumsmärkte: Dank den veränderten Lebensumständen und dem grösseren Wohlstand in China oder Osteuropa haben sich neue Absatzmärkte eröffnet. Die Nachfrage nach Kleidern im westlichen Stil ist dort sehr stark gewachsen.

60 Seite 109

Sehr wichtig	Weniger wichtig	Standortfaktoren
☒	☐	Anschluss an das Verkehrsnetz, kurze Gehzeiten zum öffentlichen Verkehrsnetz
☒	☐	Grundstückpreise; niedrige Bodenpreise, da hoher Platzbedarf, auch für Parkplätze
☐	☒	Angenehmes Klima, nicht zu heiss im Sommer (da die Besucher ja ohnehin schwitzen), gute Luft
☒	☐	Absatzmöglichkeiten; grosse potenzielle Kundenzahl in der Nähe
☐	☒	Arbeitskräfte; genug speziell ausgebildete Arbeitskräfte vorhanden
☒	☐	Herrschende Gesetze; keine strengen Beschränkungen, z. B. gegen Lärm, da das Studio vorwiegend in den Randstunden (Abend, Wochenende) betrieben wird

61 Seite 127

Beschaffungsorganisation:

- Einkaufsorganisation
- Lieferantenauswahl
- Bedarfsermittlung
- Beschaffungsabwicklung
- Bestellabwicklung
- Warenannahme
- Rechnungswesen
- Lagerung
- Verteilung

62 Seite 127

Bei der Make-or-Buy-Entscheidung stellt sich die Frage, ob ein bestimmter Artikel selbst hergestellt oder extern bezogen werden soll. Dabei stehen folgende Aspekte und Fragen im Vordergrund:

- Kosten: Vergleich zwischen Herstellungskosten und Einstandspreisen. Entscheidende Frage: Kann der auf dem Markt erhältliche Artikel günstiger selbst hergestellt werden bzw. ist das selbst hergestellte Produkt auf dem Markt zu tieferen Gesamtkosten erhältlich?
- Qualität: Vorhandensein geeigneter Lieferanten. Entscheidende Frage: Gibt es einen Lieferanten, der den Artikel qualitativ besser herstellt, bzw. ist der selbst hergestellte Artikel auf dem Markt in besserer Qualität erhältlich?
- Termine: Beschaffungszeit bei kurzfristigem Bedarf. Entscheidende Frage: Kann der auf dem Markt erhältliche Artikel in der benötigten Zeit zur Verfügung gestellt werden bzw. ist der selbst hergestellte Artikel schneller erhältlich?

63 Seite 127

Das JIT sieht vor, dass die für die Produktion erforderlichen Materialien immer genau dann zur Verfügung stehen, wenn sie von der jeweiligen Fertigungsstufe benötigt werden. Dadurch soll weder unnötiges Kapital gebunden noch unnötiger Lagerraum beansprucht werden. JIT setzt eine enge Koordination der Prozesse zwischen Lieferanten und Herstellern voraus und lässt sich wie folgt charakterisieren:

- Abstimmung der Beschaffungs- und der Produktionslogistik
- Flexibler Personaleinsatz
- Kopplung der Produktionsprozesse
- Sicherstellung der Qualität
- Standardisierte Prozesse
- Vereinbarung von Fixgeschäften
- Verzicht auf Problempuffer

64 Seite 127

- Bei der Fertigung nach dem Verrichtungsprinzip werden die Betriebsmittel in Organisationseinheiten zusammengefasst, die gleichartige Verrichtungen durchführen.
- Bei der Fertigung nach dem Objekt- oder Flussprinzip werden die Betriebsmittel entsprechend dem Arbeitsablauf bzw. nach der Abfolge der einzelnen Arbeitsschritte angeordnet.
- Bei der Fertigung nach dem Gruppenprinzip werden das Verrichtungs- und das Objektprinzip so kombiniert, dass ein optimaler Materialfluss erreicht wird.

65 Seite 127

Rohstofflieferant, Produkthersteller, Handelsunternehmen, Logistikdienstleister

66 Seite 127

Lager	Vorteile
Eigenes Lager (wir sind Besitzer des Lagers)	• Wir sind unabhängig. • Einteilung / Installationen je nach Bedarf. • Imagefaktor. • Flexibilität. • Günstiger bei grossen Lagern (grosse Lagerflächen sind teuer zum Mieten). • Bessere Kontrolle.
Fremdes Lager (wir haben das Lager gemietet)	• Kann gekündigt werden, wenn Nachfrage klein ist. • Keine Kapitalbindung. • Verträge sind kündbar.

67 Seite 127

Lager	Nachteile
Eigenes Lager (wir sind Besitzer des Lagers)	• Fixkosten bei geringem Bedarf (gebundenes Kapital) • Standortgebunden (unflexibel, wenn sich Situation ändert) • Teurer Unterhalt
Fremdes Lager (wir haben das Lager gemietet)	• Abhängigkeit vom Vermieter (z. B. Kündigung bei Eigenbedarf) • Nicht genau nach Bedarf zugeschnitten • Preis eher höher

68 Seite 127

A] Unter Transport-Outsourcing versteht man die Auslagerung des Transports an ein fremdes Transportunternehmen. Der eigene Fuhrpark wird abgebaut und die Transporte werden professionellen Logistik-Unternehmen überlassen.

B] Vorteile: Das Logistik-Unternehmen hat ein besseres Transport-Know-how. Das Produktionsunternehmen kann sich auf seine Stärken konzentrieren (also auf die Produktion) und den Transport den Spezialisten überlassen. Dadurch können Kosten eingespart werden (Lastwagen, Garage, Personal).

C] Das Outsourcing eignet sich besonders bei einer weit verstreuten Kundschaft, wenn weite Distanzen zurückgelegt werden müssen und wenn die Liefermengen pro Kunde relativ klein sind.

---

69 Seite 144

Verkäufermarkt: Die Nachfrage ist grösser als das Angebot, d. h., der Verkäufer kann selbst bestimmen, wem er sein Produkt zu welchem Preis verkaufen will. Der Konsument muss das akzeptieren, wenn er das Produkt will.

Beispiel: Wer in der Hochsaison in die Ferien verreist, ist bereit, für das gleiche Hotelzimmer einen höheren Preis zu bezahlen als in der Vor- oder Nachsaison.

Käufermarkt: Das Angebot ist grösser als die Nachfrage, d. h., der Käufer kann aus einem grossen Angebot auswählen. Die Anbieter müssen deshalb genau auf die Bedürfnisse der Kunden eingehen, die Preise dem Markt anpassen. Sonst wählt der Käufer das Konkurrenzprodukt.

Beispiel: In den meisten Märkten haben wir heute einen Käufermarkt, d. h., wir als Käufer sind in der komfortablen Lage und können meist zwischen vielen Angeboten auswählen.

---

70 Seite 144

Marketing beantwortet die Frage, warum der Kunde überhaupt bei diesem KMU bestellt und nicht bei einem anderen. Heutzutage hat jedes Unternehmen Konkurrenten und die Kunden haben damit Auswahl. Die Aktivitäten der Marketingabteilungen in Verbindung mit dem Verkauf führen dazu, dass die Kunden das Angebot kennen und sich dafür entscheiden und im besten Fall auch Kunden bleiben. Ohne Kunden haben Unternehmen keinen Umsatz und keinen Gewinn und gehen ein. Zudem findet Marketing nicht nur in der Marketingabteilung statt. Auch Ihr Kollege betreibt Marketing, wenn er seine Aufgabe mit einer konsequenten Kundenorientierung erledigt.

---

71 Seite 144

Bei Investitionsgütern sind die Käufer viel besser informiert als die Kunden bei einem Konsumgut. In der Regel ist die Auswahl viel kleiner und der Kaufentscheid wird eher aufgrund der Produkteigenschaften oder der Dienstleistungsqualität gefällt und weniger aufgrund des Images.

---

72 Seite 163

Anforderungen an das Informationssystem am Beispiel «Wochenumsatzliste für die Produktgruppe X» – die Information muss

1. **richtig und genau** sein: alle Umsätze aller Produkte der Produktgruppe X der betreffenden Woche.
2. beim Empfänger **wirksam** sein: Die Wochenumsatzliste ist so detailliert, wie sie der Empfänger als Führungsinstrument braucht, d. h. beispielsweise für den Product Manager von X sehr detailliert, für die Verkaufsdirektorin die wichtigsten Entwicklungen zusammengefasst.
3. **rationell** verarbeitet werden: Aufgrund der Tagesumsätze wird die Wochenumsatzliste im EDV-System automatisch erzeugt.
4. **rechtzeitig** erfolgen: Die Wochenumsatzliste der vergangenen Woche steht jeweils am Montagmorgen um 10 Uhr zur Verfügung.
5. die **richtigen Empfänger** erreichen: nur ausgewählte Personen, die die Wochenumsatzliste als Führungsinstrument brauchen.

6. für den Empfänger **verständlich** und **so umfangreich wie nötig** sein: Die Wochenumsatzliste ist so aufbereitet, wie sie der Empfänger braucht, d. h. beispielsweise für den Product Manager von X in Form von detaillierten Umsatzzahlen und Abweichungen zur Vorwoche pro Produkt, für die Verkaufsdirektorin die Umsatzzahlen und Abweichungen pro Produktbereich.

73 Seite 163

Compliance ist vor allem wegen der Entwicklungen im rechtlichen und im gesellschaftlichen Umfeld bedeutend geworden. Stichworte dafür sind: zunehmende Komplexität und Ausmass an einzuhaltenden Rechtsnormen, Reputationsschäden und das Risiko von Strafen aufgrund eines regelwidrigen Verhaltens.

Das Ziel von Compliance-Massnahmen ist die Sicherstellung eines regelkonformen Verhaltens hinsichtlich der gesetzlichen Auflagen und der Werte und Verhaltensprinzipien des Unternehmens.

74 Seite 163

Risiko	Risiko-kat.	Begründung
Der Schweizer Franken erfährt eine massive Aufwertung, d. h., er wird im Vergleich zu ausländischen Währungen massiv teurer.	C	Für ein in der Exportindustrie tätiges Unternehmen bedeutet eine Aufwertung des Schweizer Frankens einen Rückgang der Nachfrage, weil die Produkte für das Ausland teurer werden. Die Gewinnmarge für die einzelnen Produkte wird zwar grösser, der Mengenrückgang im Absatz führt jedoch zu geringeren Gesamteinnahmen. Bei einer langfristig bestehenden Aufwertung des Schweizer Frankens kann dieses Risiko auch als ein strategisches Risiko (Kategorie A) bezeichnet werden.
Eine neue Technologie wird entdeckt und bewirkt, dass unsere Produkte nicht mehr zu von den Kunden erwarteten Qualitätsstandards angeboten werden können.	A	Die Entwicklung von technologischen Neuerungen kann von einem Unternehmen über eine ausgebaute F&E-Abteilung beeinflusst werden. Wenn ein Konkurrent wider Erwarten eine technologische Neuerung auf den Markt bringt, so muss die Strategie neu überdacht werden.
Die Medien berichten, dass eines unserer Verwaltungsratsmitglieder in einen Bestechungsskandal verwickelt sei. Dadurch leidet unser Image in der Bevölkerung.	D	Negative Pressemeldungen können – ob sie der Wahrheit entsprechen oder nicht – das Nachfrageverhalten der Konsumenten negativ beeinflussen.
Verursacht durch einen landesweiten Stromausfall, stehen unsere Maschinen mehrere Stunden lang still.	B	Ein Produktionsausfall verursacht durch «höhere Gewalt» führt aufgrund der kurzfristig fixen Kosten und den entgangenen Einnahmen zu hohen Kostenbelastungen im operativen Bereich.
Wir halten eine Beteiligung von 40% des Aktienkapitals eines börsenkotierten Konkurrenzunternehmens. Die Aktien verlieren an der Börse massiv an Wert.	C	Der Wertverlust der Beteiligung ist ein Finanzrisiko. Sinkt der Wert der Aktien aufgrund eines schlechten Geschäftsgangs oder einer nachhaltigen Erfolglosigkeit des Unternehmens, an dem die Beteiligung gehalten wird, so kann das Risiko auch als strategisches Risiko bezeichnet werden. (Beteiligungen werden meistens aufgrund von strategischen Absichten gehalten)
Änderungen der gesetzlichen Regelungen betreffend Altersvorsorge erhöhen unsere Personalkosten um 12%.	A	Die Änderung der gesetzlichen Bestimmungen kann vom Unternehmen nicht direkt beeinflusst werden. Ist die Wirkung der Änderung nachhaltig, so stellt sie ein strategisches Risiko dar. Dazu kommt, dass die Personalkosten kurzfristig fix sind und aufgrund der Sozialpartnerschaft (zwischen Arbeitgebern und Arbeitnehmern) auch mittel- bis langfristig nur geringfügig reduziert werden können.

75 Seite 163

Ziele des Wissensmanagements:

- Gemachte Fehler sollen in Zukunft vermieden werden.
- Genauere Prognosen sollen ermöglicht werden.
- Bessere Entscheidungen sollen herbeiführt werden.
- Die Effektivität der Mitarbeitenden soll erhöht werden.
- Die Effizienz des Unternehmens soll erhöht werden.

76 Seite 176

Erklärung	Begriff
Ganzheitlicher, kontinuierlicher Entwicklungs- und Veränderungsprozess unter Einbezug der Betroffenen mit dem Ziel, die Leistungsfähigkeit der Organisation und die Qualität des Arbeitslebens zu verbessern.	E
QM-System, das eine hervorragend geführte Organisation anstrebt.	D
Modell, bei dem die Vermeidung von Verschwendung und die Konzentration auf wertsteigernde Aktivitäten im Vordergrund stehen.	B
Traditionelles Mitwirkungsinstrument, das verantwortliches Mitdenken der Mitarbeitenden bezweckt.	A
Kontinuierlicher Verbesserungsprozess, u. a. durch Perfektionierung des betrieblichen Vorschlagswesens und durch mitarbeiterorientierte Führung.	C

77 Seite 176 E, das heisst: Plan, Do, Check, Act oder eben PDCA

78 Seite 176 A, C, D und E

79 Seite 179 Die Globalisierung ermöglicht weltweite Wirtschaftsbeziehungen. Dadurch haben die Unternehmen Chancen auf grössere Absatzmärkte. Andererseits gibt es auch viele ausländische Konkurrenten, die kostengünstiger produzieren können.

80 Seite 179 Eigenes Beispiel

Stichwortverzeichnis

Bildungsmedien nach Mass

Kapitel für Kapitel zum massgeschneiderten Lehrmittel

Was der Schneider für die Kleider, das tun wir für Ihr Lehrmittel. Wir passen es auf Ihre Bedürfnisse an. Denn alle Kapitel aus unseren Lehrmitteln können Sie auch zu einem individuellen Bildungsmedium nach Mass kombinieren. Selbst über Themen- und Fächergrenzen hinweg. Bildungsmedien nach Mass enthalten genau das, was Sie für Ihren Unterricht, das Coaching oder die betriebsinterne Schulungsmassnahme brauchen. Ob als Zusammenzug ausgewählter Kapitel oder in geänderter Reihenfolge; ob ergänzt mit Kapiteln aus anderen Compendio-Lehrmitteln oder mit personalisiertem Cover und individuell verfasstem Klappentext, ein massgeschneidertes Lehrmittel kann ganz unterschiedliche Ausprägungsformen haben. Und bezahlbar ist es auch.

Kurz und bündig:
Was spricht für ein massgeschneidertes Lehrmittel von Compendio?

- **Sie wählen einen Bildungspartner mit langjähriger Erfahrung in der Erstellung von Bildungsmedien**
- **Sie entwickeln Ihr Lehrmittel passgenau auf Ihre Bildungsveranstaltung hin**
- **Sie können den Umschlag im Erscheinungsbild Ihrer Schule oder Ihres Unternehmens drucken lassen**
- **Sie bestimmen die Form Ihres Bildungsmediums (Ordner, broschiertes Buch, Ringheftung oder E-Book)**
- **Sie gehen kein Risiko ein: Erst durch die Erteilung des «Gut zum Druck» verpflichten Sie sich**

Auf der Website www.compendio.ch/nachmass finden Sie ergänzende Informationen. Dort haben Sie auch die Möglichkeit, die gewünschten Kapitel für Ihr Bildungsmedium direkt auszuwählen, zusammenzustellen und eine unverbindliche Offerte anzufordern. Gerne können Sie uns aber auch ein E-Mail mit Ihrer Anfrage senden. Wir werden uns so schnell wie möglich mit Ihnen in Verbindung setzen.

Modulare Dienstleistungen

Von Rohtext, Skizzen und genialen Ideen zu professionellen Lehrmitteln

Sie haben eigenes Material, das Sie gerne didaktisch aufbereiten möchten? Unsere Spezialisten unterstützen Sie mit viel Freude und Engagement bei sämtlichen Schritten bis zur Gestaltung Ihrer gedruckten Schulungsunterlagen und E-Materialien. Selbst die umfassende Entwicklung von ganzen Lernarrangements ist möglich. Sie bestimmen, welche modularen Dienstleistungen Sie beanspruchen möchten, wir setzen Ihre Vorstellungen in professionelle Lehrmittel um.

Mit den folgenden Leistungen können wir Sie unterstützen:

- **Konzept und Entwicklung**
- **Redaktion und Fachlektorat**
- **Korrektorat und Übersetzung**
- **Grafik, Satz, Layout und Produktion**

Der direkte Weg zu Ihrem Bildungsprojekt: Sie möchten mehr über unsere Verlagsdienstleistungen erfahren? Gerne erläutern wir Ihnen in einem persönlichen Gespräch die Möglichkeiten. Wir freuen uns über Ihre Kontaktnahme.

Compendio Bildungsmedien AG, Neunbrunnenstrasse 50, 8050 Zürich
E-Mail: postfach@compendio.ch, Telefon 044 368 21 11, www.compendio.ch